Claus-Artur Scheier

Nietzsches Labyrinth

Claus-Artur Scheier

Nietzsches Labyrinth

Das ursprüngliche Denken und die Seele

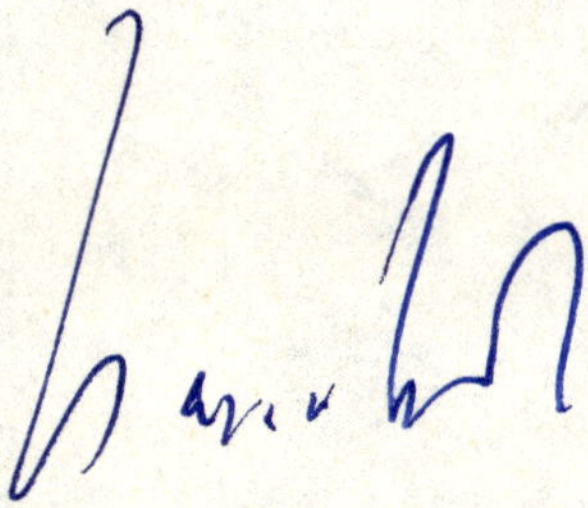

Verlag Karl Alber Freiburg/München

CIP-Kurztitelaufnahme der Deutschen Bibliothek

Scheier, Claus-Artur:
Nietzsches Labyrinth: d. ursprüngl. Denken u. d.
Seele / Claus-Artur Scheier. – Freiburg (Breisgau);
München: Alber, 1985.
ISBN 3-495-47578-8

Herstellung: Weihert-Druck GmbH, Darmstadt
ISBN 3-495-47578-8

INHALT

VORWORT

> L'absence a des effets singuliers.
>
> Fromentin

Nietzsche machte sich noch zuletzt die Warnung zur Pflicht, ihn nicht zu verwechseln, und er erriet, soweit die Zukunft der Gegenwart anzusehen sein mag, sein Los allerdings. Es sollte in der Tat nicht nur "die Erinnerung an etwas Ungeheures" sein, sondern verwechselt und mißbraucht zu werden wie kein anderer Denker je. Im hyperbolischen Versuch, dieser dem geschichtlichen Ort seiner Besinnung eigentümlichen Gefahr durch eine Beschwörung zu begegnen, gab er sich zu verstehen als den "ersten tragischen Philosophen" - man verwechselt ihn bereits, wenn man anderswoher zu wissen meint, was da tragisch, was ein Philosoph und also auch, was ein tragischer Philosoph, oder, geläufiger, was da Macht und was der Wille zu ihr, was die Moral und was das Christentum, wer Apoll ist und wer Dionysos usw. Nietzsche nicht zu verwechseln heißt darum, solche unmittelbar ganz unbestimmte Namen innerhalb seines Denkens nach-zu-denken, statt es mit ihnen zu beschreiben (um es auf diese Weise, mit oder wider Willen historisierend oder aktualisierend, zu verbrauchen).

Insofern kam es darauf an, das, was Nietzsche gesagt hat - und das pflegt ja nach Sätzen genommen zu werden, wie Frege auf ein altes Vorurteil rechnen durfte, als er befand, der Gedanke sei der Sinn eines Satzes -, Nietzsches "Sprüche" also, unbrauchbar zu machen. Das Buch hat in diesem Sinn den Ernst der heideggerschen Frage nach Nietzsches Zarathustra erinnert, wiewohl nicht ihre Absicht (es wäre sonst überflüssig).

Von vielem, wodurch Nietzsche zu Ehren und Unehren gekommen ist, wird demnach nicht mit dem herkömmlichen Vorverständnis die Rede sein. Das Thema ist der - philosophische: "tragische" - Begriff der Seele, der die Bedeutung des nietzscheschen Gedankens im Ganzen dessen bestimmt, was ich im Buch über Kierkegaards Ärgernis "das ursprüngliche Denken" genannt habe. Diesmal war es nötig - schon um der bisher verkannten Rolle gerecht zu werden, die Wagner für Nietzsche spielen mußte -, den durch die Namen Schopenhauer, Feuerbach, Kierkegaard und Marx bezeichneten Grundriß der "Ursprungsgeschichte" des ursprünglichen Denkens zu geben, das mit jenem Begriff der Seele zu der Krisis kommt, durch die es in seine "Verzichtsgeschichte" umschlägt.

Bei Nietzsche (bei ihm allein) gilt: SI PHILOSOPHUS CALCULAT FIT LIBER, und weil der Menschen-Gott nicht ankam, nicht ankommen konnte, trat das nach-nietzschesche Denken zunächst in einer Gestalt auf, in der es sich genau als Calculatio fragwürdig geworden war, so daß es, der Ursprünglichkeit seines Motivs gehorsam, fundamental-onto-logisch oder "technisch" wurde - eine Folgerung, die hier nicht mehr sein kann als eine, freilich zur Sache gehörende und darum philosophische, Bemerkung.

Frau Pinkert-Hübener möchte ich danken für den unermüdlichen Fleiß bei der Reinschrift des Typoskripts und meiner Frau für die Erstellung des Registers.

I. INCIPIT TRAGOEDIA

Das Buch, mit dem Nietzsches Gedanke sich zur Welt bringt, heißt "Die Geburt der Tragödie aus dem Geiste der Musik", fünfzehn Jahre später "Die Geburt der Tragödie. Oder: Griechentum und Pessimismus". Die Titel bezeugen einen Wechsel der Perspektive ebenso wie die Unverwechselbarkeit der Sache - nur scheinbar Gegenstand antiquarischer Bildung (Wilamowitz-Moellendorff hatte es erraten) -, zu der das Denken sich schickt als die Sammlung der Bedingungen der "Geburt" eines neuen "tragischen" Zeitalters, seiner geschichtlichen Schöpfung.

Das Denken entspringt zu seiner Aufgabe, Geburtshelfer zu sein - nicht einer universalen Frucht, die im Schoß des Bisherigen schon gereift wäre und nur noch, mittels Reform oder Revolution, produziert werden müßte wie Marx' kommunistische Gesellschaft oder Feuerbachs Konversation des Menschen mit dem Menschen, sondern jener Geburt selber, Geburtshelfer also des sich gebärenden Gebärens: des sich schaffenden Schaffens. Das ist die Paradoxie des nietzscheschen Gedankens; daß das Gebären dem Gott gehört, war Kierkegaards Einsicht.[1]

Im Schluß-Stück der "Götzen-Dämmerung" heißt es: "Das Jasagen zum Leben selbst noch in seinen fremdesten und härtesten Problemen; der Wille zum Leben, im O p f e r seiner höchsten Typen der eignen Unerschöpflichkeit frohwerdend - d a s nannte ich dionysisch, d a s erriet ich als die Brücke zur Psychologie des t r a g i s c h e n Dichters (...) um, über Schrecken und Mitleid hinaus, <u>die ewige Lust des Werdens s e l b s t</u>

z u   s e i n , - jene Lust, die auch noch die L u s t am V e r n i c h t e n in sich schließt ... Und damit berühre ich wieder die Stelle, von der ich einstmals ausging - die 'Geburt der Tragödie' war meine erste Umwertung aller Werte: damit stelle ich mich wieder auf den Boden zurück, aus dem mein Wollen, mein K ö n n e n wächst -."[2] In "Ecce homo" erinnert Nietzsche hieran und fährt fort: "In diesem Sinne habe ich das Recht, mich selber als den ersten t r a g i s c h e n P h i l o s o - p h e n zu verstehn - das heißt den äußersten Gegensatz und Antipoden eines pessimistischen Philosophen."[3]

Nietzsches Gedanke versteht sich als antipodisch - das Wozu verrät auch die späte Fassung des Titels jener ersten "Umwertung": zum Pessimismus. Damit ist eine Zeitströmung bezeichnet, aber Antipoden sind vom selben Typus: der Gedanke muß dem Gedanken antipodisch sein, und der einzige, der sich jemals das Epitheton "pessimistisch" zusprach, ist der schopenhauersche. Deshalb heißt es unmittelbar vor den zitierten Sätzen aus der "Götzen-Dämmerung": "Die Tragödie ist so fern davon, etwas für den Pessimismus der Hellenen im Sinne Schopenhauers zu beweisen, daß sie vielmehr als dessen entscheidende Ablehnung und Gegen-Instanz zu gelten hat." Das Griechentum, wie es hier entdeckt - erfunden - wird, ist nicht pessimistisch, geschweige optimistisch, sondern tragisch, und daß Nietzsche der tragischen Welt-Anschauung durch das Medium der pessimistischen Philosophie inne wird, sagt die frühe Fassung des Titels: "aus dem Geiste der Musik".

Schopenhauer nämlich bestimmt die Musik zu einer so unmittelbaren "Objektivation und Abbild des ganzen Willens, wie die Welt selbst es ist, ja wie die Ideen es sind, deren vervielfältigte Erscheinung die Welt der einzelnen Dinge ausmacht. Die Musik ist also keineswegs, gleich den anderen Künsten, das Abbild der Ideen; sondern Abbild des Willens selbst, dessen Objektität auch die Ideen sind: deshalb eben ist die Wirkung der Musik so sehr viel mächtiger und eindringlicher, als die der anderen Künste: denn diese reden nur vom Schatten, sie aber vom Wesen." [4] Die Dinge sind die vervielfältigte Erscheinung der Ideen, die Künste die Widerspiegelung der Ideen und die Ideen selber die erste Gegenständigkeit des Ab-Grunds der Welt, ihres Ursprungs, des Willens zum Leben - und das ist auch die Musik. In ihr ist der Abgrund da als ein Klingen, das schon vor aller Individuation zu Klängen, vor allem zeit-räumlichen Dasein die Welt-Stimmung ist, das unverschattete Scheinen der Erscheinungen wie ihrer Urbilder, der Untergrund der schopenhauerschen "Reflexion". Diese rein in sich erzitternde Dinglichkeit der Dinge ist es, die Nietzsche vernimmt als den Geist: "Die Geburt der Tragödie aus dem Geiste der Musik" - aus diesem Sichgehören des Welt-Ursprungs vor aller akustischen Täuschung, aus dem tiefen Es, das der Anfang des "Rheingold" nachahmt, der Ewigkeit aller Dinge, die mit dem zehnten und elften Glockenschlag des "anderen Tanzlieds" dem Willen der Lust zugesprochen war von der tiefen Mitternacht [5]....

Die "Götzen-Dämmerung" schließt mit den Worten: "- ich, der letzte Jünger des Philosophen Dionysos, - ich, der Lehrer der ewigen Wiederkunft ..." In "Ecce homo" erläutert Nietzsche diese Selbst-Bestimmung: "Vor mir gibt es diese Umsetzung des Dionysischen in ein philosophisches Pathos nicht: es fehlt die t r a - g i s c h e W e i s h e i t , - ich habe vergebens nach Anzeichen davon selbst bei den g r o ß e n Griechen der Philosophie, denen der zwei Jahrhunderte v o r Sokrates, gesucht" [6], und fügt bezeichnend hinzu: "Ein Zweifel blieb mir zurück bei Heraklit", bei jenem "Dunklen" nämlich, den die Tradition als den "Antipoden" des Parmenides kennt, des ersten Denkers des Seins.

Nietzsche ist der letzte Jünger des Philosophen Dionysos - Nietzsche ist der erste tragische Philosoph. Das Werk des Gott-Philosophen war, durch und durch Kunstwerk, die tragische Welt-

Anschauung, das Drama. Selber Dichter und Musiker, ist der Wiederentdecker der Ursprünglichkeit dieses Werks der letzte Jünger seines Schöpfers und der letzte Jünger, weil die Ursprünglichkeit, wiederentdeckt, nicht sein kann, was sie war. Denn die Wiederentdeckung und -erweckung ist angestoßen nicht zuerst von der gegenwärtigen Kunst und ihrer Not, sondern vom gegenwärtigen Gedanken. Indem der Philolog zu sich erwacht als Jünger des ursprünglichen Philosophen, entdeckt er sich selber als Philosoph, und die Wiedergeburt der Tragödie aus dem Geiste der Musik ist die Verwandlung des alten Werks, die Erneuerung der tragischen Welt-Anschauung zur tragischen Philosophie, antipodisch zur pessimistischen.

Die Unwiederholbarkeit ist gleichwohl Verwandlung von Einem, des sich gehörenden Abgrunds der Geschichte, wie Dionysos selber wiedergeboren wird, verwandelt, aus seiner Zerstückelung als Zagreus. Die hellenische Welt ist unwiederholbar, nicht so ihr Geist als Ursprung, woraus.... Die rein wiederholte Existenz ist aber ihre Gegenwart als Innerlichkeit, und die ihre Grenze wagende Innerlichkeit ist der Gedanke - Weisheit, sagt Nietzsche, nicht: Wissen. Diese Weisheit ist antipodisch, weil ihre Sache selber - zu sich selber - antipodisch ist, "tragisch" als der sich entspringende und wieder seinem sich Entspringen und also zu sich entspringende Ursprung. Sie setzt sich darum ihren Anstoß als ihre zu verneinende - zu überwindende - Verneinung voraus, als eine Weisheit von derselben Tiefe, aber der Gegen-Tiefe: das geschichtliche Resultat des Nicht-mehr-Verstehens der Tragik des Abgrunds, der Taten des Gott-Philosophen.

Dies Nicht-mehr-Verstehen, der logische und moralische Optimismus - 'Tugend ist Wissen; es wird nur gesündigt aus Unwissenheit; der Tugendhafte ist der Glückliche' [7] - trat triumphierend auf als der Besieger und Erbe des dionysischen Werks und ist die Schöpfung eines "theoretischen" Kopfes, dem sich Nietzsche genau in der Mitte seines philosophischen Erstlings, im dreizehnten Kapitel, zuwendet nach einem das Gewicht der kommenden Entscheidung fühlen lassenden Vorhalt im zwölften: "Bevor wir diesen anderen Zuschauer bei Namen nennen" [8]... Dieser "Zuschauer" hat das mit dem Pessimismus entspringende Denken schon einmal gefordert: das in der geschichtlichen Mitte zwischen ihm und dem nietzscheschen zu sich gekommene Kierkegaards. Gemeint ist Sokrates.

In diesen vier Termini ist der nietzschesche Grundriß der Geschichte aufgetan:

1) die tragische Welt-Anschauung des Dionysos und antipodisch zu ihr
2) die optimistische Wissenschaft des Sokrates -
3) die pessimistische Philosophie Schopenhauers und antipodisch zu ihr
4) die tragische Weisheit Nietzsches.

Der sokratische Optimismus und der schopenhauersche Pessimismus sind der Qualität nach eins und dasselbe: Logik und Moral als Verneinung des Tragischen überhaupt. Diese Verneinung verneint folgerichtig - ihrem Wesen nach - sich selber, und die bisherige Geschichte ist als die "Geschichte eines Irrtums" [9] der Lauf des Zwangs, sich aufzulösen, an sich zu zweifeln und endlich zu verzweifeln - die Selbstvernichtung des Optimismus in den Pessimismus, der zuletzt Nihilismus heißen muß: "Während das im Schoße der theoretischen Kultur schlummernde Unheil allmählich den modernen Menschen zu ängstigen beginnt, und er, unruhig, aus dem Schatze seiner Erfahrungen nach Mitteln greift, um die Gefahr abzuwenden, ohne selbst an diese Mittel recht zu glauben; während er also seine eigenen Konsequenzen zu ahnen beginnt: haben große allgemein angelegte Naturen, mit einer unglaublichen Besonnenheit, das Rüstzeug der Wissenschaft selbst zu benützen gewußt, um die Grenzen und die Bedingtheit des Erkennens überhaupt darzulegen und damit den Anspruch der Wissenschaft auf universale Geltung und universale Zwecke entscheidend zu leugnen: bei welchem Nachweise zum ersten

Male jene Wahnvorstellung als solche erkannt wurde, welche, an der Hand der Kausalität, sich anmaßt, das innerste Wesen der Dinge ergründen zu können. Der ungeheuren Tapferkeit und Weisheit Kants und Schopenhauers" - des Kant der "Kritik der Kantischen Philosophie" [10] - "ist der schwerste Sieg gelungen, der Sieg über den im Wesen der Logik verborgen liegenden Optimismus, der wiederum der Untergrund unserer Kultur ist." [11]

Wie für Marx' kritische Wissenschaft der politischen Ökonomie die bisherige Geschichte als die "Vorgeschichte" die Entwicklung des Widerspruchs der Produktion der materiellen Existenz ist - "Die bürgerlichen Produktionsverhältnisse sind die letzte antagonistische Form des gesellschaftlichen Produktionsprozesses" [12] -, ist sie für Nietzsches kritische Weisheit die Heraufkunft des Widerspruchs der Geburt der geistigen Existenz, die Geschichte der optimistisch-pessimistischen Weisheit als der sich ausbreitenden, in ihre Grenze kommenden und darin sich auflösenden Wissenschaft. Deshalb macht die <u>tragische</u> Philosophie näher nicht nur den Unterschied gegen die tragische Welt-Anschauung des dionysischen Dramas und gegen die andre, verneinende, Philosophie als gegen die optimistisch-pessimistische; sie ist vielmehr die erste, die da ist <u>als Weisheit</u>, weder nur Welt-Anschauung noch auch prima philosophia - und das war noch, beanspruchte jedenfalls noch zu sein, die "Metaphysik" Schopenhauers.

Das nietzschesche Denken schickt sich demnach an, den quantitativen Fortgang der Wissenschaft als ihre endlos verendende Geschichte abzusprengen um des (qualitativen) Sprungs willen, in dem die vor-metaphysische Weisheit empfangen würde als die unentbundene Möglichkeit künftiger Geschichte. Nietzsche ist der letzte Jünger des Philosophen Dionysos und also der erste tragische Philosoph; seine Philosophie empfängt sich antipodisch zur bisherigen Geschichte als die <u>Wiederholung</u> jener tragischen Welt-Anschauung, die ihrerseits schon Überwinderin war, indem sie sich die untragische, wenngleich nicht optimistische, die apollinische Welt-Anschauung unterwarf als den Vor-Schein der theoretischen Kultur.

Die Geschichte beginnt als Schöpfung, d. h. menschlicherweise: mit der Kunst, denn Schöpfer (nicht nur Produzent) - diese Identität bleibt dem nietzscheschen Gedanken unabdingbar - ist der Mensch allein als Künstler: das Kunstwerk ist sein Geschöpf, und jedes seiner Geschöpfe, gelungen oder mißlungen, ist Kunstwerk. Die Schöpfung aber ist der antipodischen Natur des Abgrunds wegen ein Kampf widerstreitender Mächte und das Resultat nicht Neutralisation, sondern die, versöhnliche, Herrschaft der einen über die andre, das dionysische Kunstwerk: "So wäre wirklich das schwierige Verhältnis des Apollinischen und des Dionysischen in der Tragödie durch einen Bruderbund beider Gottheiten zu symbolisieren: Dionysus redet die Sprache des Apollo, Apollo aber schließlich die Sprache des Dionysus: womit das höchste Ziel der Tragödie und der Kunst überhaupt erreicht ist."[13]

Was geschichtlich folgt (ohne doch daraus zu folgen), ist der siegreiche Kampf der theoretischen Kultur gegen diese ursprüngliche Welt-Anschauung und -Schöpfung, und der Verstand, der, Verneiner, nicht versteht, Sieger zu sein, wird sich gegen sich selber wenden und seinen Optimismus in Pessimismus verkehren, der als das nihilistische Herz der Gegenwart den Schein optimistischer Anfänglichkeit nur noch zu seiner phosphoreszierenden Hülle hat. Der Antagonismus von tragischer Welt-Schöpfung und optimistischer Wissenschaft ist so in den von pessministischer Kausalitätskritik und tragischer Weisheit verwandelt, der jene sich asymptotisch nähert, ohne dies "letzte Ziel" auch nur ahnen zu können, weil sie "Metaphysik" bleibt.

In einer Aufzeichnung aus der Mitte der siebziger Jahre mit dem Titel "Wissenschaft und Weisheit im Kampfe"[14] unterscheidet Nietzsche: "Wissenschaft (...) entsteht 1) wenn die Götter nicht gut gedacht werden. Großer Vorteil irgend etwas als f e s t zu erkennen" - fundamentum inconcussum; "2) der Egoismus treibt den Einzelnen an, bei gewissen Beschäftigungen z. B. Schiffahrt seinen Nutzen zu suchen, durch Wissenschaft" - utilitas; "3) etwas für vornehme Leute, die Muße haben. Neugierde" - curiositas; "4) im wilden Hin und Her der Meinungen des Volks will der Einzelne ein festeres Fundament" - Dialektik ... "Weisheit zeigt sich 1) im unlogischen Verallgemeinern und zum letzten Ziele Fliegen" - Sprung; "2) in der Beziehung dieser Resultate auf das Leben" - Existenz; "3) in der unbedingten Wichtigkeit, welche man seiner Seele beilegt. Eins ist Not" - Innerlichkeit.

Auf die eine Seite kommen zu stehen die vielfältigen Bedürfnisse des äußern Daseins, das sich die Ziele nur vorsetzt, um die Mittel zu haben - das, im doppelten Sinn, unterhalten sein will; auf die andere die Eine Not der innern Existenz, die keine Zeit hat für Unterhaltung, weil sie um jeden Preis das Ziel wollen muß, das sie zuletzt selbst ist, PSYCHÄ, das Leben. Die Weisheit ist als sein innerlichstes Sichwiederholen die gespannteste Erscheinung des aus dem sich Entspringen (in die Veräußerlichung, Verneinung, Verarmung) zu sich entspringenden Ursprungs, dessen reines In-sich-Scheinen der Geist ist. Selber geistig - der "doppelt reflektierte" [15] Ursprung - vernimmt sie ihn als das Klingen der Welt-Musik, als ihr eignes ursprüngliches Gestimmtsein: die Stimmung - wieder ist es Kierkegaard, der zuerst ihre existentielle Bedeutung gedacht hat - ist die Mutter des tragischen Kunstwerks.

Das dionysische Pathos, das Nietzsche in "Ecce homo" beruft, ist dies Gestimmtsein zur Welt-Schöpfung, zum Kunstwerk, in dem sich nicht nur der Künstler, ein Volk, eine Zeit genießt, sondern das Leben selber, das keinen "Willen" mehr hinter sich hat, weil es selber der ganze ist, der "Wille zur Macht" als der ursprünglich sich entspringende Ursprung. Das andre Pathos, das sokratische, ist das des Kampfs - einer Spiegelfechterei - gegen die nicht mehr verstandene Tragödie. An ihr entzündet sich sein abkünftiges Motiv, die ursprüngliche Schwäche, das Nichtverstehen, dem abzuhelfen es sich zur "zuschauenden" (theoretischen) Kultur auslegt.

Euripides, der Verderber der Tragödie - Nietzsche braucht zu seinem Gewährsmann den Aristophanes gerade wie Kierkegaard ihn für seinen anti-platonischen Sokrates brauchte -, Euripides saß, "unruhig grübelnd, im Theater, und er, der Zuschauer, gestand sich, daß er seine großen Vorgänger nicht verstehe. Galt ihm aber der Verstand als die eigentliche Wurzel alles Genießens und Schaffens, so mußte er fragen und um sich schauen, ob denn Niemand so denke wie er und sich gleichfalls jene Inkommensurabilität eingestehe" [16], und er fand den Sokrates: die theoretische Kultur, deren Fazit der "Pessimismus der Schwäche" ist, der Nihilismus, trat ihren Siegeszug an mit der Allianz eines Theatermanns und eines Philosophen. Sollte sie mit einer solchen Allianz nicht auch ihr Ende nehmen?

Den Anfang der von Nietzsche gedachten Wissenschaft macht das Nichtverstehen so, daß es sich die Logik und die Moral erfindet und im Beilager mit dieser doppelköpfigen Galatea "jene Wahnvorstellung" erzeugt, die "sich anmaßt, das innerste Wesen der Dinge ergründen zu können". Aber sie "ergründet" gar nichts (es sei denn zuletzt sich selber), kehrt das Nichtverstehen nur um in den Schein seines Gegenteils: die Wissenschaft ist nur das verkehrte Nichtverstehen. Dem philosophischen Wissen hingegen und seiner Metaphysik, deren Larve jene "Wahnvorstellung" ist, wurde die Sache methodisch offenbar - KATHOLOY -, weil sich ihm der Anfang von Allem offenbar gemacht hatte als der Grund, und auch Kants praktische Vernunft wäre nicht einmal möglich ohne den "Vernunftglauben" [17], der - Jacobi hat das festgehalten und Fichte hat es ihm gedankt - die neuzeitlich gedachte Offenbarung selbst ist.

Das Analogon heißt tragische Weisheit: nicht verkehrtes oder unbefangenes Nichtverstehen, sondern - wider jene Vernunft im Glauben - ab-gründiges Schon-Verstandenhaben. "Ja, was ist dionysisch?" fragt Nietzsche im "Versuch einer Selbstkritik" zur "Geburt der Tragödie" aus dem Jahr 1886: " - In diesem Buche steht eine Antwort darauf, - ein 'Wissender' redet da, der Eingeweihte und Jünger seines Gottes." [18] Nicht Gottes, des Gottes (Kierkegaard), eines Gottes: seines Gottes. Die tragische Weisheit ist für sich selber, anders als Marx' Kritik der politischen Ökonomie und Feuerbachs neue Philosophie, aber in nächster Nähe zu Kierkegaards "indirekter Mitteilung" und Schopenhauers Lehre von der Welt als Wille und Vorstellung, ein geschichtlich ebenso nötiges, "not-wendiges", wie zufälliges Ereignis, ein göttlicher Zu-Fall im strengen Sinn - in dem geschichtlichen Augenblick, wo der Nihilismus offenkundig wird.

Hier ist es, wo sich der Nietzsche der "Geburt der Tragödie", auf zweideutige Weise, "vergreift", wie Schopenhauer sich mit seiner Bestimmung der Tragödie "vergriffen" hatte[19]. Im Anfang der theoretischen Kultur findet der Dramatiker für sein Nichtverstehen im Philosophen einen Alliierten - in ihrem Ende sucht sich der eingeweihte Philosoph den eingeweihten Musik-Dramatiker. Im "Vorwort an Richard Wagner" heißt es, denen, die der Kunst den "Ernst des Daseins" gegenüberstellen, "diene zur Belehrung, daß ich von der Kunst als der höchsten Aufgabe und der eigentlich metaphysischen Tätigkeit dieses Lebens im Sinne des Mannes überzeugt bin, dem ich hier, als meinem erhabenen Vorkämpfer auf dieser Bahn, diese Schrift gewidmet haben will" [20]. Dieses Lebens - das ist verräterisch, indem es ein Jenseits festhält, das von der Schrift gleichwohl energisch bestritten wird: sie denkt die Kunst schon als die höchste Aufgabe und die eigentlich metaphysische Tätigkeit des Lebens und muß sie so denken, weil sie in die geschichtliche Geburt der Tragödie aus dem Geiste der Musik zurückspringt aus Schopenhauers Pessimismus. Denn dessen "unlogisches Verallgemeinern" fliegt zu seinem letzten Ziel als zum Nichts eines Lebens, das, abkünftig, verneinend und sich selber verneinend im Schein des Bejahens, nur den gelegentlichen Aufschub kennt, "eine kurze Feierstunde, eine ausnahmsweise, ja eigentlich nur momentane Losmachung vom Dienste des Willens" [21], die Kunst. Dieses Leben, pendelnd zwischen Schmerz und Langerweile[22], ist nur auszuhalten im augenblicklichen Durchgang durch die Mitte zwischen seinen Polen, in jener Grenze, wo seine Flut, weder aufgewirbelt vom Schmerz noch von der Langenweile brackig geworden, durchsichtig wird.

"Während die Wissenschaft, dem rast- und bestandlosen Strom vierfach gestalteter Gründe und Folgen nachgehend, bei jedem erreichten Ziel immer wieder weiter gewiesen wird und nie ein letztes Ziel, noch völlige Befriedigung finden kann (...); so ist dagegen die Kunst überall am Ziel (...): das Rad der Zeit hält sie an: die Relationen verschwinden ihr: nur das Wesentliche, die Idee, ist ihr Objekt. - Wir können sie daher geradezu bezeichnen als die Betrachtungsart der Dinge unabhängig vom Satze des Grundes" [23]. Insofern ist sie die Schwester der Philosophie, aber: "Das ganze Wesen der Welt abstrakt, allgemein und deutlich in Begriffen zu wiederholen, und es so als reflektiertes Abbild in bleibenden und stets bereit liegenden Begriffen der Vernunft niederzulegen: dieses und nichts anderes ist Philosophie." [24]

Kunst und Philosophie sind von der Wissenschaft beide darin unterschieden, daß sie die Dinge unabhängig vom Satz des Grundes betrachten; während aber die Philosophie das Wesen der Welt in Begriffen wiederholt, die, stets bereit liegend, das Fundament ausmachen, auf dem einzig der Turm der Wissenschaften sicher steht, kontempliert die Kunst die Ideen: "Der Begriff ist abstrakt, diskursiv, innerhalb seiner Sphäre völlig unbestimmt, nur ihrer Grenze nach bestimmt, Jedem der nur Vernunft hat erreichbar und faßlich, durch Worte ohne weitere Vermittelung mitteilbar, durch seine Definition ganz zu erschöpfen. Die Idee dagegen, allenfalls als adäquater Repräsentant des Begriffs zu definieren, ist durchaus anschaulich und, obwohl eine unendliche Menge einzelner Dinge vertretend, dennoch durchgängig bestimmt: vom Individuo als solchem wird sie nie erkannt, sondern nur von dem, der sich über alles Wollen und über alle Individualität zum reinen Subjekt des Erkennens erhoben hat." [25] Die Philosophie müßte also hinter der Kunst als deren gleichsam blutleere Dublette zurückstehen, hätte die Hinterwelt der Ideen nicht ihrerseits noch ein Meta, das die Kunst nicht mehr fassen kann: den Abgrund selber, dessen erster "Schleier" nämlich schon die Ideen sind.

Darum rühmt die "Geburt der Tragödie" die Kunst als die "eigentlich metaphysische Tätigkeit dieses Lebens": während der Reflexion das Leben so schmerz- wie lustlos verschwindet, ist die Kunst die Lust seines Sichgehörens. Indem Nietzsche die tragische Philosophie der pessimistischen entgegensetzt, erscheint diese Lehre vom Abgrund aller Gründe mit ihrem doppelten Meta folgerichtig als die Neige der wissenschaftlichen Welt-Anschauung, als das gespenstische Finale der euripideisch-sokratischen Begriffs-Kultur, und die neue Welt-Weisheit, Protagonistin des aus dem logisch-moralischen Zug zum Nichts befreiten Lebens, kann, es rechtfertigend in der Verachtung seines Meta, sich selber nur dadurch rechtfertigen, daß sie sich als eine Gestalt der Kunst, als die gegenwärtig notwendige Kunst zur Welt bringt: als die tragische Weisheit.

Das ist die unaufgelöste Dissonanz der "Geburt der Tragödie". Der Umkehrung der schopenhauerschen Bewertung des Lebens halber mußte der sich selber noch unbekannte Gedanke, um überhaupt Gegenwart zu gewinnen, es mit einem Kunstwerk versuchen, in dessen tragisch-musikalischer Kraft als der ursprünglichen Geistigkeit die verendende Verstandes-Kultur überwunden wäre, aber der Versuch allein konnte auch an den Tag bringen, was es mit dem gegenwärtigen Kunstwerk auf sich hatte. Es ist daher keineswegs Anmaßung oder Retusche, wenn Nietzsche darauf besteht: "Diese Schrift war (...) im Leben Wagners ein Ereignis: von da an gab es erst große Hoffnungen bei dem Namen Wagner. Noch heute erinnert man mich daran, unter Umständen mitten aus dem Parsifal heraus: wie i c h es eigentlich auf dem Gewissen habe, daß eine so hohe Meinung über den K u l t u r - W e r t dieser Bewegung obenauf gekommen sei"[26] - was seinem Denken erst später, nach dem Versuch mit "dieser Bewegung", deutlich wurde und deutlich werden konnte, war dies: daß die zeitgenössische Kunst überhaupt der tragischen Weisheit inkompatibel sein mußte. Was not war, die Wiederholung des tragischen Pathos als tragische Weisheit, und diese als Bedingung eines neuen tragischen Zeitalters, das allein konnte, trotz Bizet und Peter Gast, die gegenwärtig mögliche Kunst sein, nämlich die gegenwärtig einzig mögliche Lösung der "höchsten Aufgabe" des Lebens, freilich selber noch als eine vor-läufige Kunst - eine vor-mittägliche.

II. WIE DIE 'WAHRE WELT' ENDLICH ZUR FABEL WURDE

Die tragische Weisheit ist die vor-läufige Kunst eines neuen tragischen Zeitalters. Als Weisheit zwar gefeit gegen die Haltlosigkeit der Wissenschaft, bleibt sie doch, anders als das Wissen, unterwegs zwischen dem Nicht-mehr und dem Noch-nicht, näher: dem Immer-noch und dem Noch-nicht-wieder. Was das Immer-noch betrifft, ist sie "Götzen-Dämmerung" und lehrt, "wie man mit dem Hammer philosophiert", was das Noch-nicht, "Vorspiel einer Philosophie der Zukunft", und was das Noch-nicht-wieder, ist diese tragische Weisheit unterdessen "die fröhliche Wissenschaft".

"Oh diese Griechen!" - soeben war von der Wahrheit die Rede gewesen - "Sie verstanden sich darauf, zu l e b e n : dazu tut not, den Schein anzubeten, an Formen, an Töne, an Worte, an den ganzen Olymp des Scheins zu glauben!" Soweit Apoll - und nun Dionysos: "Diese Griechen waren oberflächlich - a u s T i e f e !" Dann das Motiv der doppelten Beschwörung: "Und kommen wir nicht eben darauf zurück, wir Wagehalse des Geistes, die wir die höchste und gefährlichste Spitze des gegenwärtigen Gedankens erklettert und uns von da aus umgesehn haben, die wir von da aus h i n a b g e s e h n haben?" Sprunghaft wird die kritische Umhersicht zur apollinischen Umsicht, die philosophische Hinabsicht zur dionysischen Einsicht: "Sind wir nicht eben darin - Griechen?" Schließlich die Vergegenwärtigung dieser vor-wissenschaftlichen, vor-metaphysischen, vor-sokratischen: vor-theoretischen Existenz: "Anbeter der Formen, der Töne, der Worte? Eben darum - Künstler?" [27], nämlich die Eingeweihten der einzigen Kunst, die den hohen Namen gegenwärtig ohne Schatten tragen darf, der Weisheit, die als Weisheit da ist und deren antipodische Bestimmung, deren Nein sich zuletzt ausspricht in dem Titel "Nietzsche contra Wagner".

Geschichte entspringt als die Überwindung des apollinischen durch das dionysische Pathos. Ihre erste Krisis ist das Aufkommen des euripideisch-sokratischen Menschentyps, der Sprung in das Nicht-mehr-Verstehen jenes Ursprungs, in die wissenschaftliche, d. h. logisch-moralische Kultur des Optimismus. Das diesseits seines Nicht sich einrichtende Verstehen versteht nicht nur nicht jenen Ursprung, es versteht folgerichtig ebensowenig den Sprung, dem es sich verdankt. Deshalb muß es seine Abkünftigkeit verkehren zum Schein von Ursprung als zu einem "stets bereit liegenden" Begriff, zum Grund - "Gründe erleichtern" [28] -: aus Gründen, die selber gefolgert sind, wird gefolgert: die Folgerung, das wissenschaftliche Verfahren KAT'EXOCHÄN, läßt den Sprung nicht zu. Kraft dieses Verdikts prägt die Wissenschaft Geschichte um zum Kontinuum: seit Sokrates ist sie "Platonismus", und das erste geschichtliche Umschlagen des Optimismus, das Christentum , "Platonismus fürs 'Volk'" [29].

Aber die Wissenschaft vermag nicht - denn als Folgern ist sie Bewegung - ihre Geschichtlichkeit überhaupt zu unterdrücken. Folgernd immer auf der Suche nach dem Grund - dem "Sein" - für ihre Gründe, richtet sie sich zugrunde, und das andre Extrem des Kontinuums ist der Pessimismus und seine end-gültige Herrschaft, der Nihilismus, in dem der Geist, der nicht springen kann, seinen perversen Sieg über das Leben zu feiern ansetzt, der "Geist der Schwere, und alles, was er schuf: Zwang, Satzung, Not und Folge und Zweck und Wille und Gut und Böse" [30].

Das Andre dazu, das Rettende, ist der nicht zu erfolgernde Einhalt des Kontinuums, das Geschick des Zu-Falls, die ursprüngliche Weisheit, die sich, zum letzten Ziele fliegend, darauf besinnt, nicht nur Sprung, sondern Rück-Sprung zu sein - ins tragische Pathos -, und die darum die ganze Geschichte an ihrem Maß, dem Ursprung, messen, d. h. bewerten muß. Diese Weisheit kommt nur so zu sich, erweist nur darin, "wie man wird, was man ist", überspringt nur dadurch die bisherige Geschichte, daß sie sie in ihrem Ursprung entdeckt, ihre "Genealogie" ist. Das Kapitel "Wie die 'wahre Welt' endlich zur Fabel wurde" aus der "Götzen-Dämmerung" nennt ihre Stadien ebenso wie die ihrer Überwindung.

> 1. Die wahre Welt erreichbar für den Weisen, den Frommen, den Tugendhaften, - er lebt in ihr, er ist sie./ (Älteste Form der Idee, relativ klug, simpel, überzeugend. Umschreibung des Satzes 'ich, Plato, bin die Wahrheit'.)

Was da ist, die jeweilige Gegenwart von Geschichte, ist die Welt. Sprunghaft ist sie, durch das euripideisch-sokratische Attentat, aus der apollinisch-dionysischen verkehrt in die wahre - 1) der Logik: des Weisen; 2) der Theologie (als der Religion aus Gründen): des Frommen; 3) der Moral: des Tugendhaften. Auch diese Welt ist Kunstwerk als die Selbstauslegung unvordenklicher Individualitäten und daher anzusprechen in den Namen Euripides, Sokrates, Platon... Dann kommt die im geschichtlichen Kontinuum folgerichtige Antitypie:

> 2. Die wahre Welt, unerreichbar für jetzt, aber versprochen für den Weisen, den Frommen, den Tugendhaften ('für den Sünder, der Buße tut'). / (Fortschritt der Idee: sie wird feiner, verfänglicher, unfaßlicher, - sie wird Weib, sie wird christlich...)

Der Unterschied: die Welt und die Hinterwelt. Vorausgesetzt, daß die Wahrheit nicht Plato ist, sondern ein Weib [31] wie die Musik [32], dann ist hier auch die Rede vom "abgründlichsten Antagonismus" "im Grundprobleme 'Mann und Weib'" [33]: das Schaffen, Entspringenlassen, hätte sich ergänzt zum ursprünglichen Empfangen, aber die theoretische Kultur kehrt, indem sie sich fortfolgert, nur ihren

Grund nach oben, das Nichtverstehen: die Unfruchtbarkeit. Endlich wird es so aussehn: "Haben Sie bemerkt (...), daß die Wagnerischen Heldinnen keine Kinder bekommen? - Sie können's nicht..." [34]

3. Die wahre Welt, unerreichbar, unbeweisbar, unversprechbar, aber schon als gedacht ein Trost, eine Verpflichtung, ein Imperativ. / (Die alte Sonne im Grunde, aber durch Nebel und Skepsis hindurch; die Idee sublim geworden, bleich, nordisch, königsbergisch.)

Der Optimismus hat sich zum Pessimismus vermittelt: in sein Gegenteil umgekehrt. Es ist Schopenhauers Lehre, die sich endigt mit jenem dreifachen Un-, "mit einer Negation (...) Sie kann hier nämlich nur von dem reden, was verneint, aufgegeben wird: was dafür aber gewonnen wird, ist sie genötigt (...) als Nichts zu bezeichnen, und kann bloß den Trost hinzufügen, daß es nur ein relatives, kein absolutes Nichts sei (...) Hier nun gerade ist es, wo der Mystiker positiv verfährt, und von wo an daher nichts, als Mystik übrig bleibt" [35] - oder Mystizismus:

4. Die wahre Welt - unerreichbar? Jedenfalls unerreicht. Und als unerreicht auch unbekannt. Folglich auch nicht tröstend, erlösend, verpflichtend: wozu könnte uns etwas Unbekanntes verpflichten?... / (Grauer Morgen. Erstes Gähnen der Vernunft. Hahnenschrei des Positivismus.)

Der Traum der wahren Welt ist ausgeträumt mit der geschichtlichen Entwicklung ihres Schlusses: 1) Optimismus (der Weise und die Logik) - 2) Christentum (der Fromme und die Theologie) - 3) Pessimismus (der Tugendhafte und die Moral). Die wahre Welt ist weder logisch tröstend, noch theologisch erlösend, noch moralisch verpflichtend. Damit ist ihre Konsequenz erschöpft. Das nächste kann nur der Absprung sein, die Besinnung auf das, was zunächst ist: "Jedenfalls unerreicht." Mit dieser Tatsache sind "wir" bei "uns" angekommen. Wie im vorigen nicht Kant, sondern Schopenhauer getroffen war, ist es hier nicht der Positivismus als die Gelehrsamkeit der "Mischmasch-Philosophen" [36], sondern der geschichtliche Unterschied, den er macht, der Hahnenschrei, der aus dem metaphysischen Schlummer reißt (auch noch aus dem positivistischen): "gegen den Positivismus, welcher bei dem Phänomen stehen bleibt 'es gibt nur Tatsachen', würde ich sagen: nein, gerade Tatsachen gibt es nicht, nur Interpretationen." [37] Dies "Jedenfalls unerreicht" ist die erste Interpretation der wahren Welt, die sie als Interpretation interpretiert. Es kommt daher nur noch darauf an, diese Interpretation, die sich für sich selber verkehrt, sich ihr selber als die wahre Welt insinuiert hat, vollständig zu interpretieren. Ganz "Götzen-Dämmerung" tritt sie nun - während die neue Wahrheit mit Taubenfüßen kommt [38] - mit Gänsefüßchen auf:

> 5. Die 'wahre Welt' - eine Idee, die zu nichts mehr nütz ist, nicht einmal mehr verpflichtend, - eine unnütz, eine überflüssig gewordene Idee, f o l g l i c h eine widerlegte Idee: schaffen wir sie ab! / (Heller Tag; Frühstück; Rückkehr des bon sens und der Heiterkeit; Schamröte Platos; Teufelslärm aller freien Geister).

In der Mitte der vorigen Schrittfolge kam der unfruchtbare Grund der wahren Welt zum Vorschein (2); die Mitte ihrer Widerlegung (5) läßt sie sich selber widerlegen: die logisch-theologisch-moralisch unnütze Idee ist "folglich" eine widerlegte Idee - das ist die Schamröte des großen Folgerers Plato (die Heiterkeit - manchen Todes "heimlichster süßester Vorgenuß" [39] - und der Teufelslärm aller freien Geister rühren daher, daß dies Abschaffen keine Arbeit macht: abgeschafft wird nur, was sich selber abschafft). Und nun das Resultat:

> 6. Die wahre Welt haben wir abgeschafft: welche Welt blieb übrig? die scheinbare vielleicht?... Aber nein! mit der wahren Welt haben wir auch die scheinbare abgeschafft! / (Mittag; Augenblick des kürzesten Schattens; Ende des längsten Irrtums; Höhepunkt der Menschheit; INCIPIT ZARATHUSTRA.

Es mochte scheinen, als sei die Abschaffung der wahren Welt ihre Umkehrung - wie der "spekulativen Philosophie" in die "neue" durch Feuerbach -, als würde etwas vom Kopf auf die Füße gestellt. Aber hier geschieht eine Umwertung: nicht eine wahre Welt ist abgeschafft worden - die wahre Welt, die Welt der Wahrheit, mithin der ganze Unterschied, den diese Wahrheit gemacht hat: der ihrer selbst vom Schein. Was übrig bleibt, ist die Welt, diesseits von Schein und Wahrheit. Wohl unterscheidet sie sich von jenen beiden dadurch, daß sie das Ende des "längsten Irrtums" ist, aber das Andre des Irrtums ist nicht die Wahrheit oder auch nur die Richtigkeit (des Positivismus), sondern das Ankommen: der längste Irrtum ist die längste Irre der wandernden Menschheit, ihre "Arbeit" nämlich als "Zwang, Satzung, Not und Folge und Zweck und Wille und Gut und Böse". Die wahre Welt der Wissenschaft, der Metaphysik, ist nicht die falsche, auch nicht die böse, sondern die schlechte. Zur Fabel geworden läßt sie ihre Abkünftigkeit sehen: "Denken wir uns jetzt das eine große Zyklopenauge des Sokrates auf die Tragödie gewandt (...) Wir wissen, welche einzige Gattung der Dichtkunst von ihm begriffen wurde, die a e s o p i s c h e F a b e l."[40]

Die wahre Welt mußte endlich zur Fabel werden, weil die Fabel einst zur wahren Welt geworden war: der Ring hat sich geschlossen. Die erste geschichtliche Krisis heißt: Fabel contra Tragödie, die zweite: Tragödie contra Fabel. Die Zeit des tragischen Künstlers, des Künstlers, ist wieder da - und sie ist wieder da oder: das tragische Pathos ist verwandelt in tragische Weisheit. Die zweite Hälfte jenes Stücks der "Götzen-Dämmerung", das mit den Worten endet: INCIPIT ZARATHUSTRA, wiederholt den Gedankengang, der das unmittelbar vorausgehende Kapitel "Die 'Vernunft' in der Philosophie" abschließt, wo es heißt: "Die Welt scheiden in eine 'wahre' und eine 'scheinbare' (...) ist nur eine Suggestion der décadence, - ein Symptom des niedergehenden Lebens... Daß der Künstler den Schein höher schätzt als die Realität, ist kein Einwand gegen diesen Satz. Denn 'der Schein' bedeutet hier die Realität noch einmal, nur in einer Auswahl, Verstärkung, Korrektur...[41] Der tragische Künstler ist k e i n Pessimist, - er sagt gerade Ja zu allem Fragwürdigen und Furchtbaren selbst, er ist d i o n y s i s c h ..."[42]

Der dionysische Künstler, freilich: der seinen Gott verleugnet, heißt Zarathustra. Er ist der Philosoph Nietzsche noch einmal, nur ausgewählt, verstärkt, korrigiert, der Philosoph Nietzsche, der in Schopenhauer seinen "Erzieher" hatte. Wiewohl da noch ein andrer ist, der schon Wagner und Keller "erzogen" hatte: "der lebende Philosoph"[43] Feuerbach mit seinem "Wort von der 'gesunden Sinnlichkeit'"[44]. Nietzsche deutet das an, wenn er von der "Geburt der Tragödie" bemerkt, sie röche "anstößig Hegelisch", sei "nur in einigen Formeln mit dem Leichenbitter-parfum Schopenhauers behaftet"[45], und erweist noch im Untertitel von "Jenseits von Gut und Böse" den "Grundsätzen der Philosophie der Zukunft" Reverenz. Dieser "Hegelianer" war es auch, der eine neue Poesie und Kunst prophezeit hatte, "die an Energie, Tiefe und Feuer alle bisherige übertreffen wird", weil "das entschiedene, zu Fleisch und Blut gewordene Bewußtsein, daß das Menschliche das Göttliche, das Endliche das Unendliche", ihre "Quelle" sei[46]. Mochte mit der Konjunktion von Feuer und Wasser immerhin mehr beschworen sein als die gleichsam unter Dampfdruck produzierte Modernität Flauberts oder Zolas - der dionysische Morgen war mit diesem "Hahnenschrei des Positivismus" jedenfalls noch nicht angebrochen.

Die Geschichte des Denkens im ganzen und also die Geschichte im ganzen (die "in Betracht kommt") vergegenwärtigt Nietzsche in den Konsequenzen des Unterschieds der wahren von der scheinbaren Welt, eines "metaphysischen" Unterschieds, aber der schopenhauerschen Metaphysik. Schopenhauer, nicht der Hegelianer, war "der letzte Deutsche, der in Betracht kommt"[47] (neben Goethe, Hegel selbst und dem andern "Hegelianer" Heine). Sein "bösartig genialer Versuch, zu Gunsten einer nihilistischen Gesamt-Abwertung des Lebens gerade die Gegen-Instanzen, die großen Selbstbejahungen des 'Willens zum Leben', die Exuberanz-Formen des Lebens ins Feld zu führen", erscheint als die Konklusion der geschichtlichen Prämissen Optimismus und Christentum. Sie sind aber, wie Nietzsche sie bestimmt - die nach-sokratische Philosophie als Optimismus, das Christentum als Religion des Mitleidens -, die in die Geschichte zurückgetriebenen Abstraktionen des konkreten Pessimismus, der die Gegenwart ist. Der schopenhauersche Gedanke ist die faktische Voraussetzung - jener Voraussetzungen ebenso wie des dionysischen Pathos der Tragödie.

"... wozu könnte uns etwas Unbekanntes verpflichten?" - Zum Untergang, hatte Kierkegaard gesagt [48].

III. VON DER WELT, DIE IHRE VERKLÄRUNG NOCH ZU GEWARTEN HAT

Hegels Phänomenologie des Geistes beschließt spekulativ die systematische Geschichte des natürlichen Bewußtseins oder der neuzeitlichen Seele, "welche die Reihe ihrer Gestaltungen, als durch ihre Natur ihr vorgesteckter Stationen durchwandert, daß sie sich zum Geiste läutere" [49]. Das Bewußtsein, an sich Wissenschaft, macht sich in seiner Läuterung diesem Begriff von sich adäquat und gibt sich seiner Form nach - bezogen (relativ) zu sein auf den "Gegenstand" - in das spekulative als das absolute Wissen auf, d. h. in die Wissenschaft des absoluten Geistes, der im Aufgehobensein des endlichen Selbst den Inhalt des Bewußtseins ebenso als den seinen rechtfertigt wie er als "Wissenschaft der Erfahrung des Bewußtseins" dessen Form schon gerechtfertigt hatte als seine eigne Erscheinung. Jenes Sich-Aufgeben, der (kraft des Beiunsseins und -seinwollens[50] des göttlichen Geistes) freie Entschluß des erfüllten Bewußtseins, ist eben darum keine Überwältigung (Subsumtion) durch den "Begriff": das natürliche Bewußtsein hat sich auf dem Weg seiner Vertiefung in sich schon selbst, weil seine Natürlichkeit, überwunden. Für sich fängt es an, geschichtlich wie systematisch, als der methodische Zweifel, dessen vollständige Realisierung die Verzweiflung ist [51], das Brechen seines "harten Herzens" [52], in das es sich zum schlechthin seiner selbst gewissen, aber auch nur seiner selbst gewissen Geist gesammelt hat.

Hier ist es als das an sich begreifende, aber auch nur an sich begreifende und darum noch nicht religiöse Bewußtsein sein reiner

Widerspruch, der sich - logisch - auf doppelte Weise auflöst: "Dies rastlose Verschwinden der Entgegengesetzten in ihnen selbst ist die nächste Einheit, welche durch den Widerspruch zu Stande kommt; sie ist die Null. / Der Widerspruch enthält aber nicht bloß das Negative sondern auch das Positive; oder die sich selbst ausschließende Reflexion ist zugleich setzende Reflexion; das Resultat des Widerspruchs ist nicht nur Null. - Das Positive und Negative machen das Gesetztsein der Selbstständigkeit aus; die Negation ihrer durch sie selbst hebt das Gesetztsein der Selbstständigkeit auf. Dies ist es, was in Wahrheit im Widerspruch zu Grund geht" [53]: das aufgehobene Gesetzt<u>sein</u> der Selbständigkeit des Wesens ist seine sich selbst <u>setzende</u> Selbständigkeit oder der Grund.

In der Phänomenologie des Geistes sind jene beiden Seiten (das Positive und das Negative) das Bewußtsein und das Selbstbewußtsein des erst nur an sich seienden Begriffs. Die Null ihres Widerspruchs ist die Erscheinung "einer Unmittelbarkeit, die allein die Mitte und Versöhnung des auf seine reine Abstraktion gesteigerten Gegensatzes, und die reines Sein oder das leere Nichts ist". Der Grund hingegen, "die selbstbewußte und daseiende Ausgleichung", ist "das Wort der Versöhnung" als "der daseiende Geist, der das reine Wissen ((Bewußtsein)) seiner selbst als allgemeinen Wesens in seinem Gegenteile, in dem reinen Wissen seiner als der absolut in sich seienden Einzelnheit ((Selbstbewußtsein)) anschaut, - ein gegenseitiges Anerkennen, welches der absolute Geist ist", nämlich "der erscheinende Gott mitten unter ihnen, die sich als das reine Wissen wissen" [54].

Dies Wissen ist als das <u>wahre</u> Selbstbewußtsein das Bewußtsein des wahren <u>Selbst</u>: die Religion. Der erscheinende Geist vollendet seine Erscheinung in ihr als in der offenbaren. Sie ist hiermit die adäquate Erscheinung des Begriffs in der Bedeutung, "daß der Inhalt der Philosophie und der Religion derselbe ist" [55], hat aber eben darum der Form nach, nämlich als Erscheinung überhaupt, noch die Seite des Entzweitseins. Die Versöhnung als der wahre Geist der Gemeinde "ist daher in ihrem Herzen, aber mit ihrem Bewußtsein noch entzweit, und ihre Wirklichkeit noch gebrochen. Was als das Ansich oder die Seite der reinen Vermittlung, in ihr Bewußtsein tritt, ist die jenseits liegende Versöhnung; was aber als gegenwärtig, als die Seite der Unmittelbarkeit und des Daseins, ist die Welt, die ihre Verklärung noch zu gewarten hat. Sie ist wohl ansich versöhnt mit dem Wesen; und vom Wesen wird wohl gewußt, daß es den Gegenstand nicht mehr als sich entfremdet erkennt, sondern in seiner Liebe als sich gleich. Aber für das Selbstbewußtsein hat diese unmittelbare Gegenwart noch nicht Geistsgestalt. Der Geist der Gemeinde ist so in seinem unmittelbaren Bewußtsein getrennt von seinem religiösen" [56].

Zum absoluten Wissen verhält sich das Selbstbewußtsein der Religion wie das Wesen überhaupt zum Begriff. Das erfüllte Wesen ist einerseits die reine Vermittlung mit sich und als solche der ewige Übergang in den Begriff - das <u>religiöse</u> Bewußtsein des Geists der Gemeinde -, andrerseits stellt es sich darin auch zur Unmittelbarkeit des Seins wieder her - das <u>unmittelbare</u> Bewußtsein -, zu einer Unmittelbarkeit freilich, die als die des Wesens nur die Bestimmung der Unwesentlichkeit haben kann[57]: sein unmittelbares Bewußtsein ist für den Geist der Gemeinde das unwesentliche als das der "Welt, die ihre Verklärung noch zu gewarten hat".

In der Tat ist die Welt verklärt, aber als Wissen - als Jenseits der Vorstellung -, nicht als Welt: die Welt an ihr selbst bleibt das Unverklärte. Das religiöse Bewußtsein der Gemeinde ist darum auch das ewige Tun, die eigne Unmittelbarkeit, in der es für sich das Unwesentliche ist, aufzuheben in seine Wesentlichkeit, das "Herz", als welches der Glaube ist. Und das Herz des Herzens ist der Gedanke, denn der Gedanke ist "das Innerste des Glaubens selbst" [58]. Das religiöse Bewußtsein ist dies Aufheben, aber das Aufgehobensein ist erst der aus der Innigkeit herausgetretene und zum "System der Wissenschaft" ausgebreitete Gedanke: die Philosophie "hat keinen anderen Gegenstand als Gott und ist so wesentlich rationelle Theologie und als im Dienste der Wahrheit fortdauernder Gottesdienst" [59].

Aus dieser Ausbreitung notwendig auch in sich zusammengegangen in die Innigkeit des Herzens, hat sie ein, gleichwohl unwesentliches, Äußeres, d. i. Äußerliches, an ihr, jenes unmittelbare Bewußtsein. Wie der Glaube immer den Übergang ins Wissen macht, sich auslegt als "ein objektiver, in sich reicher Inhalt, ein System der Lehre und der Erkenntnis" [60], entzieht sich das unmittelbare Bewußtsein, als existierendes zugleich für sich seiend oder Selbstbewußtsein[61], auch immer, die eigne Unwesentlichkeit zur Wesentlichkeit reflektierend, seinem Verhältnis zum Glauben und fällt damit aus der Sphäre der Religion überhaupt zurück in die des nur seiner selbst gewissen Geistes. Indem es dessen Versöhnung mit sich nicht annimmt, "das versöhnende JA, worin beide Ich von ihrem entgegengesetzten Dasein ablassen" [62], bleibt ihm allein die Null des aufgelösten Widerspruchs übrig oder es bringt "nur die geistlose Einheit des Seins hervor" [63]. Gegen das Wissen, in dem alles Bewußtsein oder Vorstellen aufgehoben ist, wird es also behaupten: 'Die Welt ist meine Vorstellung', und gegen den Glauben, die Versöhnung mit sich des seiner selbst gewissen Geistes: 'Die Welt ist meine Vorstellung' [64].

Dieser Widerstand, nicht des religiösen Bewußtseins, das als solches vielmehr das "Herz" der Wahrheit ist, sondern des unmittelbaren oder weltlichen, hat für das Nach-Denken mithin zugleich geschichtliche Bedeutung. Indem sich nämlich der Glaube gemäß der spekulativen Bestimmung der dritten göttlichen Person aufhebt in deren vollendete Wissenschaft, ist die Welt zwar verklärt - als Wissen; aber das Vorstellen als solches ist darum so wenig getilgt wie die Welt als Welt, die vielmehr gerechtfertigt ist - im Wissen, für das Wissen, aber auch nur für das Wissen, das von sich sagen darf: "Gott ist also hier offenbart, wie er ist; er ist so da, wie er an sich ist; er ist da, als Geist; (...) und dieses spekulative Wissen ist das Wissen der offenbaren Religion" [65]. Dem an sich festhaltenden oder unmittelbaren Vorstellen ist darin die geschichtliche Möglichkeit entzogen, zum sich aufgebenden oder religiösen, zum Glauben von sich abzulassen, denn dieser ist ihm jetzt manifest als das Andre seiner, die absolute Vermittlung (des neueren spekulativen Wissens).

Die Vollendung dieses Wissens vom Geist ist es also, die das unmittelbare oder weltliche Bewußtsein aus seiner bisherigen Bindung an den Glauben entläßt - es sich selber überläßt und seiner unverklärten und für es auch unverklärbaren Welt.

Es ist deshalb - "geistvoll" allein im weltlichen Sinn - für sich so geist- wie glaubenslos. Als fürsichseiendes, seiner selbst gewisses, ist es nichtsdestoweniger Denken wie das spekulative Wissen auch. Aber obgleich dessen Vollendung und das Auftreten jenes bloßen Denkens in denselben geschichtlichen Augenblick gehören, kommen sie nicht in geschichtlichen Konflikt miteinander. Geschichtliche Wirklichkeit hat das spekulative Wissen nämlich nur in seinem sich Vollenden, in dieser Bewegung, nicht im Vollendetsein, das vielmehr die reine Abgeschiedenheit als das Erfülltsein seines Triebs zu sich ist - des Triebs, der als solcher die Unverklärtheit, d. h. seine unverklärte Welt oder die geschichtliche Wirklichkeit war.

Das vollendete spekulative Wissen ist ein Gesicht der Ewigkeit und entläßt eben darum die Wirklichkeit, deren Trieb es war, der seine Geschichte bewegte, zu einer neuen Welt als zur geschichtlichen Wirklichkeit eines anderen Triebes, der allererst zu sich kommen will, um sich zu wissen. Indem das neuere spekulative Wissen sich vollendet, kann es jenes Vorstellens nicht anders inne sein denn als des unmittelbaren Bewußtseins des Geistes der Gemeinde und demzuvor als des "harten" Herzens des, empfindsam, seiner selbst gewissen Geists der in ihrem Widerspruch verschwindenden Moralität. Dies Vorstellen seinerseits kann sich weder als das eine noch als das andre denken, denn sich selbst überlassen ist es ebenso vom Glauben wie von derjenigen Moralität verschieden, die eine Gestaltung der neuzeitlichen Seele war (begriffen als Kants praktische Vernunft), und ist nurmehr ethisches Vorstellen.

In der spekulativen Vollendung der neueren Philosophie ist deren Gedanke vollständig heraus zum System, und zusammen mit diesem, neben ihm, gegen es ist auch der andere Gedanke da: der alte muß ihm schlechterdings unbegreiflich sein, aber umso stärker wird er am System Ärgernis nehmen. Denn dieses wird in der Generation der Schüler zur installierten Lehre, d. h. als der heimlich entseelte Leib des spekulativen Wissens zum Dogmatismus. Seine Innerlichkeit ist dann keine andre mehr als der neue Gedanke, den der Dogmatismus aber nicht kennt oder doch nicht anerkennen kann, während jener umgekehrt den Dogmatismus nur als die erstickende Hülse vorfindet, gegen die er sich spannt, um sie zu sprengen. In diesem Kampf der reinen inneren Unruhe gegen die Trägheit des "Bestehenden" muß die Unruhe - und wieder anders, als sie es meinte - allerdings siegen, eben weil sie das eigne Innere des Bestehenden (der "Restauration") ist [66].

Es ist daher nicht verwunderlich, daß der neue Gedanke, bis er sich selbst zum Reichtum wenn nicht einer Architektonik so doch, seiner Ursprünglichkeit wegen, einer Tektonik ausgebreitet hat, auftreten muß als Kritik am Bestehenden, zuhöchst am "System", das er zwar beim Wort nimmt als das des spekulativen Wissens, bei der Sache aber nur als dessen dogmatischen Überstand fassen kann. Hegel hat zweifellos historisch bedeutende, auf vielfältige Weise in ihre Zeit eingreifende Schüler (Nietzsche nennt sie "die eigentlichen

Erzieher der Deutschen dieses Jahrhunderts" [67]), aber als die Schüler interpretieren sie nur und verändern im sicheren Bewußtsein geschichtlicher Kontinuität das "System", während der neue Gedanke sich geschichtlich verwandelt: springt. Er allein hat das Recht der Selbstischkeit als die Macht der Zukunft an der Gewalt, die er gegen die widerwärtige Gegenwart zu üben weiß, denn er ist deren reines Fürsichsein diesseits der Abgeschiedenheit des spekulativen Wissens.

IV. DIE URSPRUNGSGESCHICHTE DES URSPRÜNGLICHEN DENKENS

Das neuere spekulative Wissen vollendet sich als das des absoluten oder unendlichen Geistes, seiner Manifestation als Kunst, Religion und Philosophie. Der Geist verendlicht sich demzuvor als Natur und als Seele, als Recht, Moralität und Sittlichkeit, deren äußerste Objektivität die der Staaten und ihres Gerichts, der Geschichte ist. Für alle endlichen Weisen seines Daseins gilt aber "das absolute Urteil über alle Wirklichkeit", "daß sie in sich gebrochen ist in ihr S o l l e n und ihr S e i n "[68].

Diese geteilte Gegenwart bestimmt Hegel in seinen Vorlesungen über die Ästhetik im Blick auf die konkreteste Objektivität so: "es ist nur der Staat - und wiederum nur dieser einzelne Staat - und dadurch selbst wieder eine besondere Sphäre des Daseins und deren vereinzelte Realität, in welcher die Freiheit wirklich wird. So fühlt der Mensch auch, daß die Rechte und Verpflichtungen in diesen Gebieten und ihrer weltlichen und selbst wieder endlichen Weise des Daseins nicht ausreichend sind: daß sie in ihrer Objektivität wie in Beziehung auf das Subjekt noch einer höheren Bewährung und Sanktionierung bedürfen. / Was der in dieser Beziehung von allen Seiten her in Endlichkeit verstrickte Mensch sucht, ist die Region einer höheren, substantielleren Wahrheit, in welcher alle Gegensätze und Widersprüche des Endlichen ihre letzte Lösung und die Freiheit ihre volle Befriedigung finden können. Dies ist die Region der Wahrheit an sich selbst, nicht des relativ Wahren."[69] Diese erfüllte Wirklichkeit, ungeteilte Gegenwart des Geistes, <u>sucht</u> der seiner selbst gewisse Mensch aber nicht nur, er findet sie: "Wir können das Leben in dieser Sphäre, diesen Genuß der Wahrheit, welcher als Empfindung Seligkeit, als Denken Erkenntnis ist, im allgemeinen als das Leben in der Religion bezeichnen. Denn die Religion ist die allgemeine Sphäre, in welcher die eine konkrete Totalität dem Menschen als sein eigenes Wesen und als das der Natur zum Bewußtsein kommt und diese eine wahrhaftige Wirklichkeit allein sich ihm als die höchste Macht über das Besondere und Endliche erweist, durch welche alles sonst Zertrennte und Entgegengesetzte zur höheren und absoluten Einheit zurückgebracht wird." [70]

1. Der Wille zum Leben und das Nichts

Indem das unmittelbare weltliche Vorstellen das versöhnende Ja des sich begreifenden Geistes nicht annimmt, schließt es sich aus der Sphäre von dessen Religion überhaupt aus - nicht nur aus dem spekulativen Wissen und seiner Religion im spezielleren Sinn des Wortes, sondern auch aus seiner Kunst als derjenigen, die geschichtlich Manifestation der Wahrheit des Geistes ist. Findet es wohl Philosophie, Religion und Kunst als weltliche Wirklichkeiten vor, bleiben sie ihm doch Gestalten der in Sollen und Sein entzweiten Wirklichkeit, und es ist nicht mehr der selige oder der noch nicht selige Geist, sondern das unselige Vorstellen schlechthin. Sein einziger Gegenstand ist die nunmehr vom Geiste verlassene Welt, und da es im Ort der Moralität aus ihm sich ausschließend ethisches Vorstellen ist, muß es die Welt nicht nur als Vorstellung, sondern auch als Willen denken. Da es ferner der Bewegung des Wissens als dem Begreifen entsagt hat, bleibt ihm als die Bewegung seines Denkens nur die des moralischen Bewußtseins übrig, die Reflexion[71].

Dementsprechend ist Schopenhauers "Hauptwerk", das von der Vorstellung und ihrem Motiv handelt, eingeteilt in vier Bücher. Reflektierend - entsprechend seiner Definition der Philosophie - bildet es die Welt ab

1) als unmittelbares Vorstellen: "Die Vorstellung unterworfen dem Satze vom Grunde: das Objekt der Erfahrung und Wissenschaft";
2) als unmittelbaren Willen: "Die Objektivation des Willens";
3) als in sich gegangenes Vorstellen: "Die Vorstellung, unabhängig vom Satze des Grundes: die Platonische Idee: das Objekt der Kunst"; und
4) als in sich gehenden Willen: "Bei erreichter Selbsterkenntnis, Bejahung und Verneinung des Willens zum Leben."

Dann folgt noch ein umfangreicher Anhang mit dem bezeichnenden und nach allem keineswegs zufälligen oder bloß biographisch bzw. philosophiehistorisch bedeutsamen Titel: "Kritik der Kantischen Philosophie".

Das dritte Buch bildet also das in sich reflektierte Vorstellen ab, das vierte dessen Motiv als den sich in sich reflektierenden Willen: denn das Reflektieren kann wohl als Vorstellen zum Ende kommen, nicht aber als sein Motiv, das, bloß als Motiv, nicht Grund ist (und erst der selbst noch als Ursache zugrunde gegangene Grund wäre die aufgehobene Reflexion, der Begriff als solcher[72]). So vermag die aus dem Begreifen sich ausschließende Reflexion zwar ihr Motiv zu verneinen und Quietiv zu sein, aber nur reflektierend, und die wirkliche Verneinung des Willens, ihrerseits ein Sollen, ist nicht die darin "fortgesetzte Reflexion"[73], sondern die Askese.

Die schopenhauersche Philosophie als das Abbilden der Welt ist zuletzt die der Askese vorläufige Reflexion, und die Askese - dies einzelne ethische Tun gegen den allgemeinen Kultus - nimmt die

Stelle der vormaligen Religion ein: "Sein ((des Weisen)) Wille wendet sich, bejaht nicht mehr sein eigenes, sich in der Erscheinung spiegelndes ((reflektierendes)) Wesen, sondern verneint es. Das Phänomen, wodurch dieses sich kund gibt, ist der Übergang von der Tugend zur Askesis. Nämlich es genügt ihm nicht mehr, Andere sich selbst gleich zu lieben und für sie soviel zu tun, wie für sich; sondern es entsteht in ihm ein Abscheu vor dem Wesen, dessen Ausdruck seine eigene Erscheinung ist, dem Willen zum Leben, dem Kern und Wesen jener als jammervoll erkannten Welt." [74] Die Philosophie ist demnach bestellt zur fortgesetzten Reflexion als zum Abbilden der jammervollen Welt, die Religion zum ethischen Tun der Askese als zum wirklichen Abscheu vor ihr, und von den Gestalten des absoluten Geists und seiner Seligkeit scheint nur die Kunst übrig zu bleiben, von der Hegel behauptete, daß sie "die Wahrheit in Form der sinnlichen Kunstgestaltung zu enthüllen", den "versöhnten Gegensatz darzustellen berufen sei und somit ihren Endzweck in sich, in dieser Darstellung und Enthüllung selber habe" [75].

Es ist aber die Entzweiung in Sollen und Sein, welche die von Schopenhauer gedachte Kunst abgründlich scheidet von der bei Hegel gewußten. Zwar ist sie auch für Schopenhauer "reine, wahre und tiefe Erkenntnis" [76], nämlich Anschauung, aber nur der "Ideen", die sich dem in sich gehenden Vorstellen als Kulissen und Soffitten vor den Willen zum Leben schieben und kraft ihrer Vor-Bildlichkeit zugleich vom Geschehen im Zuschauerraum ablenken. Die Kunst hat darum auch nicht ihren Endzweck in sich, sondern in dieser Ablenkung, die der einzige Trost ist für jenes Geschehen: "Der Genuß alles Schönen, der Trost, den die Kunst gewährt, der Enthusiasmus des Künstlers (...) beruht darauf, daß (...) das Ansich des Lebens, der Wille, das Dasein selbst, ein stetes Leiden und teils jämmerlich, teils schrecklich ist; dasselbe hingegen als Vorstellung allein, rein angeschaut, oder durch die Kunst wiederholt, frei von Qual, ein bedeutsames Schauspiel gewährt."[77]

Solcher Trost ist selber freilich nur der im Schein, in einer Potemkinschen Gegen-Welt, die der Wille zum Leben sich für sich selber aufgezogen hat, als in einem paradis artificiel, dessen sogar der Künstler endlich müde werden muß: "Daher wird sie ihm nicht, wie (...) bei dem zur Resignation gelangten Heiligen (...), Quietiv des Willens, erlöst ihn nicht auf immer, sondern nur auf Augenblicke vom Leben, und ist ihm so noch nicht der Weg aus demselben, sondern nur einstweilen ein Trost in demselben; bis seine dadurch gesteigerte Kraft, endlich des Spieles müde, den Ernst ergreift"[78] - der Künstler, bis zum Ekel, der Vor-Spieler des Heiligen.

Die so gedachte Kunst enthüllt nicht, sondern verhüllt vielmehr die Wahrheit, ist diejenige Täuschung und sublimste Verführung, die der Wille zum Leben noch in Reserve hat, wo er, angesteckt von der Reflexion, sich zu nahe kommt. Hegel wußte die Kunst als das unmittelbare Dasein der Religion überhaupt, aber identisch waren beide einzig im weltgeschichtlichen Augenblick der Griechen, als die "Religion der Schönheit". Analog findet der schopenhauersche Gedanke das "Objekt" der Kunst als die "Platonische Idee", deren überraschende Einführung weder vom Willen zum Leben noch vom Rückgriff auf die kantsche Unterscheidung von Ding an sich und Erscheinung her zu verstehen ist, sondern allein von der ursprünglichen Bestimmung der Kunst: nicht länger das unmittelbare Dasein der Religion, ist sie nur noch das Zurückweichen des absolut gewordenen Vorstellens vor dem Motiv der Askese, seine Reflexion in sich und Ausbreitung zu einem Reich des schönen Scheins, das für "eine kurze Feierstunde" die furchtbaren Zuckungen des in sich verbissenen Lebens verhüllt und über dem, in Platons Namen bedeutet, Apoll präsidiert. Das dritte Buch der "Welt als Wille und Vorstellung" ist seine wahre Geburtsstätte für den nietzscheschen Gedanken.

"Die höchste Reife und Stufe, die irgend Etwas erreichen kann, ist diejenige, in welcher sein Untergang beginnt" [79] - der Gedanke des Geistes vollendet sich in Hegels System der Wissenschaft. In ihm ist der Trieb zu sich gestillt, als der er die neuzeitliche Geschichte bewegte, und sein Abschied zum Gesicht der Ewigkeit überläßt die Wirklichkeit ihr selbst. Aber die Wirklichkeit hat kein anderes Selbst als den Gedanken. Indem das spekulative Wissen im Schluß der Phänomenologie des Geistes dessen Erscheinung im ganzen als die seine bezeugt, entläßt es ein Vorstellen, das ihm zuhöchst das unmittelbare Bewußtsein des Geists der Gemeinde, abstrakt aber das "trockne Ich" ist, vor dem die Einleitung in die Phänomenologie des Geistes bekennt, daß seine Befriedigung "sich selbst überlassen werden muß; denn sie flieht das Allgemeine und sucht nur das Fürsichsein" [80]. Das spekulative Wissen muß dies unmittelbare Vorstellen sich selbst überlassen, denn hier keine Gewalt zu üben war der Preis, um den das Wissen die Gewißheit der anfänglichen Individualität, der reinen Persönlichkeit oder des ewigen Selbst erwarb: der Preis ist das Eingeständnis des Bösen. Dies ursprüngliche mit dem Wissen in die Welt gekommene Verschlossensein in sich - Parmenides' NYX ADAÄS - ist vom unendlichen Widerstand des ausdehnungslosen Punktes, als der es in den geschichtlichen Epochen des sich ereignenden spekulativen Wissens je seinen Ort wechselnd - die tyrannische Begierde, die Superbia, das Fürsichbleiben - verharrt, bis es in dessen Vollendung in der Tat sich selbst überlassen wird.

Das neuere spekulative Wissen also vermag das unmittelbare Vorstellen nur zu kennen (denn dieses <u>ist</u> darin nichts anderes) als die Ausdehnungslosigkeit des unendlichen Widerstands gegen "das Allgemeine" oder die Wahrheit, und das unmittelbare Vorstellen seinerseits wächst erst und lernt sich kennen, wo es sich selber überlassen ist. So berühren sich beide, ohne sich doch zu begegnen. Oder jedes begegnet dem andern nur in ihm selbst: das eine erkennt das andre wohl an, wenngleich als ein gänzlich Leeres, während das andre das eine vielmehr als den erstickenden Schein der Geschichte für sich hat, gegen den es sich empört. Mit dem Wissen kam es in die Welt, weshalb das spekulative Wissen im ganzen es ist, das in seiner Vollendung es sich selber überläßt, nicht nur das seiner dritten Person. Vom Entspringen dieses unmittelbaren Vorstellens aus ihm gilt daher per analogiam, was Thomas von der Creatio sagt: "creare convenit Deum secundum suum esse, quod est ejus essentia, quae est communis tribus personis. Unde creare non est proprium alicui personae, sed commune toti Trinitati."[81] Von der die göttliche Trinität spiegelnden Trinität der geschichtlichen Vernunft entlassen und keinen andern Ort findend, muß das Vorstellen in sich gehen - und sich kennenlernen. Das ist der Ursprung des ursprünglichen Denkens.

Hier findet also weder die Kontinuität eines bloßen Folgen aus... noch ein unvordenklicher Sprung statt, sondern das Analogon der Schöpfung, ein Entspringenlassen. Das neuere spekulative Wissen entzieht sich in seiner Vollendung der geschichtlichen Wirklichkeit, deren Trieb es war, und gibt damit Raum demjenigen, das es nur als das unmittelbar bleibende Vorstellen kennen konnte. Und wie das epochale spekulative Wissen seine Herkunft je als aus dem herrschen Anfang wußte - NOYS POIÄTIKOS (Aristoteles), Sapientia Dei (Thomas), absoluter Geist (Hegel) -, dessen Sich-Offenbargemachthaben dem Wissen die je ungeteilte Gegenwart bei ihm gewährte, denkt das sich selbst überlassene Vorstellen seine Herkunft als den unvordenklichen Ursprung. Er ist als der Entzug des Wissens der Entzug des Offenbarseins des herrschenden Anfangs oder des Grundes überhaupt. Das nicht mehr anfängliche (auf seine Zeit hin gedacht: nach-metaphysische) Denken ist darum an ihm selbst betrachtet das ursprüngliche, das seinen Ursprung zu denken hat als den Ab-Grund.

Wie es geschichtlich hervorkommt als der schopenhauersche Gedanke ist es ethisches Vorstellen und faßt den Abgrund als Willen, notwendig als blinden (denn sehend wäre er Grund wie die hegelsche Vorsehung), und weiter: zum Leben, weil das Leben die vom blinden Willen oder bloßen Trieb bewegte unmittelbare Wirklichkeit ist. Der Wille zum Leben ist hiermit der Ursprung, und der Ursprung ist Entzug, entspringt sich, und entspringt seinem sich Entspringen auf doppelte Weise. Als sich entspringend produziert er sich nämlich als Welt; und als Welt - darum sein sich für sich Verbergen, sich Täuschen - ist er sich als Ursprung entzogen. Die Welt aber nur als dies sein Außersichsein ist ihrerseits der Entzug und entzieht sich, unmittelbar als das endlose Sichselbstvertilgen des Lebens, mittelbar als seine zunehmende Gegenständigkeit (Objektität), die es in den Weisen des Vorstellens gewinnt, deren höchste die Durchsichtigkeit der Welt in der Kontemplation ihrer ruhigen Vor-Bilder ist, der "Platonischen Ideen", das Vorstellen der Kunst. Die schöne Hinterwelt der Ideen ist allerdings nur die feinste Textur des Schleiers der Maja, worin die Täuschung so sublim geworden ist, daß er jeden Augenblick zerreißen will - weshalb dem "Weisen", dem Ent-Täuschten, der Wille zum Leben sich öffnet als der Abgrund der Welt. Indem er ihr entsagt, kann er sich aber nicht dem Willen zusagen, der gar nichts anderes ist als eben das abgründige sich zur Welt Entspringen, und seine Tat wird nicht nur die althergebrachte der Verneinung der Welt sein, sondern auch noch die ihres Ursprungs: seine Erkenntnis wird zum Quietiv, durch das er sich dem Nichts der Welt und ihres Ursprungs zusagt, welches, dem ursprünglichen Denken notwendig vergessen, die Unvergessenheit des dem spekulativen Wissen offenbaren Grundes ist. Die ungeteilte Gegenwart daher, Einheit von Sollen und Sein, wäre die des Nichts: der Welt, ihres Ursprungs und seines Denkens.

Als offenbare ließ solche Gegenwart das Denken Wissen sein und sein Vorstellen und Tun Vorstellen und Tun aus Wissen - als entzogene zieht sie das Denken nach sich.

Als ursprüngliches Denken ist es daher sich auch sich selber entziehendes Denken: ins Tun; und wiederum ist das Tun sich sich selber entziehendes: als Askese. Auf diese Weise ist das Denken vorläufig zum Tun und das Tun vorläufig zum Nichts. Als der "Abscheu", von dem Schopenhauer spricht, kennt es nicht das Verweilen (SCHOLÄ), in dem ihm jene ungeteilte Gegenwart würde - so daß ihm anders als dem spekulativen Wissen, das nicht erst bei Hegel "ein Kreis von Kreisen" [82] ist, sein Terminus a quo und sein Terminus ad quem unvereinbar auseinanderklaffen. Der Terminus a quo ist die in sich versammelte Täuschung als die Welt und ihr Ursprung, der Wille zum Leben; der Terminus ad quem das Nichts. In beider Spannung ereignet sich das vorläufige Schaffen (POIÄSIS): der Kunst; das vorläufige Denken (THEOORIA): der Philosophie; das vorläufige Tun (PRAXIS): der Askese. Allein dies ganze Verhältnis ist die Vergegenwärtigung - nicht Gegenwart - des Ursprungs. Als das ursprüngliche Verhältnis demnach muß es selber noch unter der Bestimmung des Entzugs stehen. Indem es heraus ist, da, gegenwärtig, erscheint es im ganzen in der "abscheulichen" Gestalt eines Terminus a quo. Und damit tritt das ursprüngliche Denken aus seinem ersten Fürsichgewordensein in seine Geschichte.

2. Das theologische Bewußtsein und die Konversation

Schopenhauer hat die hegelsche Philosophie nur flüchtig gekannt; sein Verhältnis zu ihr ist zeitlebens die unterschiedslose Invektive geblieben. Das entspricht auch genau der Verfassung seines Gedankens, der mit dem 1818 abgeschlossenen "Hauptwerk" gleichsam vorbereitungslos da ist, in selbstgenügsamer Positivität, und in den folgenden Jahrzehnten keine innere Modifikation mehr erfährt, die ihm einen Gang ansehen ließe. Er verbreitert sich wohl noch, d. h. sättigt sich, wie es ihm ansteht, mit allem Denkbaren: um den Zentralgedanken des "Hauptwerks" gravitieren - mit dem Titel des zweiten Bands der "Parerga und Paralipomena" - "vereinzelte, jedoch systematisch geordnete Gedanken über vielerlei Gegenstände".

Indem das unmittelbare Vorstellen hier aber zu Gedanken gekommen ist, sich zum ursprünglichen Denken gesammelt hat, wird es sich selber gegenständlich.

Der herrschende Dogmatismus als der entseelte Leib des spekulativen Wissens umklammert es zwar immer noch, aber nicht mehr als die trockne Hülse bloßer "Windbeutelei und Scharlatanerei" [83], sondern jetzt als geschwellt von einem geschichtlich notwendigen, und insofern gerechtfertigten, wie in seinem Ende perversen Gedanken. Dieser Gedanke, als dessen Negation oder Kritik das ursprüngliche Denken in sein zweites Stadium tritt, kann nach allem kein andrer sein als der des in sich verschlossenen Denkens selber, das sich also in ihm verkennt und sich in ihm verkennt. Historisch ist das verzeichnet als die Wendung einer "hegelschen Linken" gegen eine "hegelsche Rechte". Der Most dieser Rebellion ausgegoren ist der Gedanke Feuerbachs.

Während der schopenhauersche unmittelbar für sich ist und in den historisch vorhandenen Philosophien nur entweder sich selber oder Aberwitz findet, muß der feuerbachsche Gedanke allererst zu sich kommen. Er fängt an als der Dogmatismus, dessen in den "Grundsätzen der Philosophie der Zukunft" von 1843 endlich souverän sich zusammenfassende Kritik demnach das Resultat eines Gegen-sich-selbst-Denkens ist. Indem diesen Dogmatismus allerdings schon das ursprüngliche Denken belebt, wird Feuerbachs Bestimmung des hegelschen Gedankens unbeschadet der Terminologie vielmehr die kritische Definition des schopenhauerschen sein [84], und es ist nur zuzusehen, wie sich das ursprüngliche Denken darin zum ersten Mal von sich abstößt. Von einem Abstoß - so aus sich wie in sich zurück -

ist zu sprechen, weil der in seinen Terminus ad quem gesammelte Gedanke sich im ganzen entzieht, aber sich damit nur wieder, sich selber überlassen, zum Terminus a quo machen kann, worin der vormalige Terminus ad quem die Gestalt des Bestehenden angenommen hat und also als ebenso "abscheulich" erscheint wie der ihm vereignete Terminus a quo. Der Terminus ad quem des schopenhauerschen Gedankens war aber das Nichts, in Bezug auf das der Philosoph negativ, der Mystiker hingegen "positiv verfährt, und von wo an daher nichts, als Mystik übrig bleibt" [85].

Die Philosophie also nimmt geschichtlicherweise den Gedanken aus der Fülle des "Mystischen" in die Leere der "Vernunft" zurück und bleibt insofern "rationelle Theologie": "Das Wesen der spekulativen Philosophie ist nichts anderes als das rationalisierte, realisierte, vergegenwärtigte Wesen Gottes. Die spekulative Philosophie ist die wahre, die konsequente, die vernünftige Theologie." [86] Indem das ursprüngliche Denken jetzt nicht mehr unmittelbar, sondern unmittelbar sich zu sich vermittelnd, aber die unmittelbar allgemeine Vermittlung des Menschenwesens zu sich die wirkliche Geschichte ist, hat der neue Gedanke nicht nur zu sich zu kommen aus seinem Andern, sondern muß sich selber als dies Zusichkommen nach-denken, d. h. er bestimmt sich im genauen Gegensatz zum schopenhauerschen als geschichtliches Resultat.

Seine "Geschichte" ist ihm ebenso schon vorgegeben vom schopenhauerschen Gedanken: Das "Wesen der spekulativen Philosophie" ist das rationalisierte Wesen Gottes, und was für Schopenhauer nur das positive Jenseits der wesentlich negativen Philosophie war, wird für Feuerbach als die Religion zur Vorgeschichte der gegenwärtig herrschenden Philosophie und damit zur wesentlichen Geschichte überhaupt. Sie ist im ganzen die Geschichte der durch ein ihr fremdes Motiv außer sich gekommenen, sich entfremdeten, vergegenständlichten, aber in dieser Vergegenständlichung auch allererst mit sich bekannt gewordenen und so in sich erinnerten Menschenvernunft. Das dem schopenhauerschen Gedanken letzte, ungeschichtliche, Jenseits der Mystik wird dem feuerbachschen mithin zum geschichtlich ersten Diesseits als das Sichselbstverdauen der Religion oder die Erinnerungsgeschichte des Denkens.

Darein vermittelt die bestehende Theologie: "Gott als Gott - als geistiges oder abstraktes, d.i. nicht menschliches, nicht sinnliches, nur der Vernunft oder Intelligenz zugängliches und gegenständliches, Wesen - ist nichts anderes als das Wesen der Vernunft selbst, welches aber von der gemeinen Theologie oder vom Theismus vermittelst der Einbildungskraft als ein von der Vernunft unterschiedenes, selbständiges Wesen vorgestellt wird. Es ist daher eine innere, eine heilige Notwendigkeit, daß das von der Vernunft unterschiedene Wesen der Vernunft endlich mit der Vernunft identifiziert, das göttliche Wesen also als das Wesen der Vernunft erkannt, verwirklicht und vergegenwärtigt werde. Auf dieser Notwendigkeit beruht die hohe geschichtliche Bedeutung der spekulativen Philosophie." [87] Die hier angesprochene Notwendigkeit ist in einem die der Weltgeschichte als der Realisation der Eigenschaften der "Gattung" [88] und die epochale Wende der bisherigen Not der Menschheit, ihr eignes Wesen nur als das eines Andern, eines fremden Herrn, Gottes, anschauen zu können. Für Schopenhauer war die Mystik eine immerwährende Möglichkeit des Menschen, wenngleich nicht der Philosophie; für Feuerbach ist sie mit dem Auftreten der neueren Philosophie und ihrer hegelschen Vollendung historisch erledigt. Die menschliche Vernunft war Gott, und die Wahrheit Gottes ist dies, die menschliche Vernunft zu sein, alles andre Rückfall hinter den erreichten historischen Entwicklungsstand, reaktionär, und darum an sich haltlos. Aber die rationelle Theologie ist erst die Wende, nicht schon die gewendete Not.

Denn jetzt ist das menschliche Wesen nicht mehr in ein anderes, sondern im Menschen selber dem Menschen enteignet, d. h. gesetzt als das selbst abstrakte Vermögen der Abstraktion, angesichts dessen schon Schopenhauer entdeckte (und Wagner wird ebendies mit dem Erfolg der Allgemeinverständlichkeit für die Musik geltend machen): "Die Vernunft ist weiblicher Natur: sie kann nur geben, nachdem sie empfangen hat. Durch sich selbst allein hat sie nichts, als die gehaltlosen Formen ihres Operierens."[89] Ihr Prinzip ist daher die leere Identität, nicht die Spontaneität der transzendentalen Apperzeption Kants, der fichteschen Tathandlung oder der bestimmenden Reflexion Hegels, sondern die trockne Identität-von-etwas, A = A, die auch nicht die Identität ihrer mit sich selbst sein kann, weil sie als das darin Identische schon nicht mehr Operieren, sondern dessen Material wäre. Solche Vernunft ist in ihrer Tätigkeit nur zu fassen als das Abstrahieren, nicht als vollendete Abstraktion oder Fürsichwerden der leeren Form, dessen Resultat auch noch die Abstraktion von sich selbst ist in der Bedeutung der spekulativen Identität, als welche die Form selbst sich zu ihrem Inhalt macht[90] - dies spontane Fürsichsein ist eben ausgeschlossen -, sondern als jenes "relative Nichts", das "allerdings für uns überhaupt nichts ist"[91].

Diese funktionelle, auf die laufende Erfüllung von außen, durch anderes, das "Sein", d.i. die sinnliche Anschauung, angewiesene Vernunft entdeckt Feuerbach als den geschichtlichen Gott. In der hegelschen Philosophie vollständig in sich zurückgegangen, erweist sie sich als die höchste Bosheit darin, daß sie (vampirisch), statt sich ins Sein zu stürzen und "mit dem Blute des Menschen"[92] zu tränken, vielmehr das Sein aussaugt: "Sein als Sein ist kein Gegenstand der, wenigstens abstrakten, absoluten, Philosophie. Die spekulative Philosophie spricht dies selbst indirekt aus, daß ihr das Sein gleich Nichtsein - nichts ist."[93] War die Vernichtung alles Seins, das "Nirwana", der Terminus ad quem des schopenhauerschen Gedankens, ist sie, ausgesprochen als der Grundsatz "Sein = Nichts", der "abscheuliche" Terminus a quo des feuerbachschen, der diesen Grundsatz als das Innerste des hegelschen Dogmatismus erkannt hat.

Das schopenhauersche Nichts war relativ, von der möglichen Fülle, welche die Mystik ahnen läßt. Ist das Mystische aber nurmehr die außer sich geratene Vernunft, dann büßt deren Prinzip im Resultat seiner Erinnerungsgeschichte jene Möglichkeit ein. Ihre vollständige geschichtliche Verwirklichung in der Sequenz der Religionen und Theologien hat nur gezeigt, daß es nichts damit war: das hiermit absolute Nichts ist "kein Gegenstand des Denkens" [94], also auch kein denkbares Ziel; und das heißt: "Sein ist aus sich und durch sich - Sein wird nur durch Sein gegeben - Sein hat seinen Grund in sich, weil nur Sein Sinn, Vernunft, Notwendigkeit, Wahrheit, kurz alles in allem ist. - Sein ist, weil Nichtsein Nichtsein, d. h. nichts, Unsinn ist." [95] Dieser Unsinn war der andre Gedanke, der schopenhauersche, aus dem, übersetzt in hegelsche Terminologie, der feuerbachsche zu sich kommt: " U n s i n n ist das höchste Wesen der Theologie - der gemeinen wie der spekulativen." [96]

Darin liegt unmittelbar, daß Schopenhauers vorgestellte Welt zur schlechthin wirklichen wird, denn das Sein, das Andre der Menschenvernunft, in der jetzt ebensowohl der schopenhauersche Verstand befaßt ist, das principium individuationis, ist alles in allem, und so wird mit dem Nichts der Welt auch ihr Abgrund, der Wille zum Leben, Unsinn. Was übrig bleibt ist eben diese Welt selber als die Versammlung von Individuen, die nicht länger dem Ursprung entsprungen ein Schein von Sein sind, sondern das Sein selber und je selber Ursprung, ursprüngliche Individuen: "Das Sein ist so verschieden als die Dinge, welche sind." [97] Erschien es als Schein, wie dies für den feuerbachschen Rückblick in der Tat bis in die äußerste Verhärtung der hegelschen Philosophie seine geschichtliche Bestimmung ist, dann war dieser Schein keineswegs das Produkt eines vorindividuellen, abgründigen Willens, sondern eines durchaus menschlichen

Vermögens, mit dessen blinder Gewalt das andere, die Vernunft, erst durch ihre vollständige (geschichtliche) Entäußerung, Vergegenständlichung, bekannt werden konnte, die Einbildungskraft.

Wird die Vernunft inne - und dies nicht im Sprung, sondern im notwendigen geschichtlichen Fortschritt der menschlichen Gattung als in der Kontinuität der Realisation ihrer Eigenschaften -, daß sie sich selbst überlassen Unsinn und als anderes Wesen sich anschauend nur entfremdet ist, dann ist die Gewalt der Einbildungskraft über sie gebrochen, und statt erneut ihre Magd zu werden nimmt sie sie vielmehr in die Zucht um des Dritten willen, das der endlich gefundene Sinn ist als die Sinnlichkeit, der unmittelbar gegenwärtige Ursprung nämlich als die Individualität, sogleich, weil sinnliche: in der sinnlichen Gemeinschaft.

Die gemeinschaftliche Welt ist auch nicht mehr "jammervoll", denn so präsentierte sie sich nur verglichen mit der möglichen Realität einer Gegen-Welt, die sich aber entpuppt hat als das Gespinst der müßig gehenden Einbildungskraft. Das besagt nicht, daß die Welt nicht leidvoll bliebe, ist doch "die wesentliche Bestimmung der Materie im Unterschied von dem Verstande, der Denktätigkeit, die Bestimmung, ein leidendes Wesen zu sein" [98], und sie ist das ursprünglich belebende Prinzip. Aber der Schmerz ist die Vereinzelung nicht mehr schlechthin, der Sog des Abgrunds, als der die scheinhafte Individualität Schopenhauers war, sondern nurmehr derjenigen <u>gegen</u> die Gemeinschaft, welche die Partikularität zu ergänzen, das Fehlende zu ersetzen vermöchte; und die Individualitäten sind ursprünglich gemeinschaftlich, weil der bei Schopenhauer sie produzierende Verstand als das Vermögen der Allgemeinheit, Gemeinschaftlichkeit, in sie zurückgenommen ist zum ursprünglichen Verstehen. Dies Verstehen gebildet zur empfindenden Abstraktion, als welche die Vernunft sich dem Sein zueignet, zur <u>sinnlichen</u> Universalität also [99], ist die "Konversation", und diese ursprüngliche "Gemeinschaft des Menschen mit dem Menschen" als der miteinander sprechend einander Verstehenden "ist das erste Prinzip und Kriterium der Wahrheit und Allgemeinheit" [100].

Die "Grundsätze der Philosophie der Zukunft" verstehen sich als die wachrufenden Vorläufer des geschichtlich notwendigen Fortschritts zur endlich wahrhaft menschlichen Existenz, deren Nährboden die gebildete Konversation ist. Allein auf ihm kann sich auch die neue Kunst ereignen. Bei Schopenhauer entsprang sie der Reflexion der Vorstellung in sich zur Kontemplation der hinterweltlichen Ideen. Jetzt erweist sich: "Nur durch Mitteilung, nur aus der Konversation des Menschen mit dem Menschen entspringen die Ideen." [101] Auch bei Feuerbach geht das Anschauen aus der unmittelbaren Gegenwart in sich und findet, sinnliches bleibend, einen zwar sinnlich wirklichen, doch von der sinnlichen Gegenwart verschiedenen, d. h. den gewesenen Gegenstand. Angesichts dieses Nichtseins erfährt das seiner selbst unmittelbar sinnlich gewisse Sein die Gegenwart als defizient: es leidet. "Der Glaube an das Jenseits ist ein absolut unpoetischer Glaube. Der Schmerz ist die Quelle der Poesie. Nur wer den Verlust eines endlichen Wesens als einen unendlichen Verlust empfindet, hat die Kraft zu lyrischem Feuer. Nur der schmerzliche Reiz der Erinnerung an das, was nicht mehr ist, ist der erste Künstler, der erste Idealist im Menschen. Aber der Glaube an das Jenseits macht jeden Schmerz zum Scheine, zur Unwahrheit." [102]

Das schopenhauersche Jenseits war geteilt: das Nichts als das Jenseits des Willens zum Leben, das allerdings "jeden Schmerz zum Scheine" macht, und die Ideen als das Jenseits nur der Welt, worin deren Schmerz, aber nur augenblicklich, benommen ist. Jetzt kann er nicht länger durch Transzendieren zum Schein herabgesetzt werden, und das in der Erinnerung festgehaltene Anschauen "kontempliert" nicht mehr den schönen Gegenschein, sondern allein den Mangel an Welt. Da ist es die Einbildungskraft, die, geschichtlich aus der Herrin der Vernunft zu ihrer Gehilfin geworden, den verschiedenen Gegenstand reproduziert. Die Kunst heilt - realistisch - das Stückwerk der Gegenwart, indem sie das Vergangne, dessen unmittelbarer Gegenwart noch die bloß zufällige Natürlichkeit anklebte, wiedererstehen läßt rein aus den menschlichen Vermögen der Einbildungskraft und der Vernunft und so das verblassende Nachbild der gelebten Gegenwart verwandelt in das blühende Vorbild der zu lebenden als derjenigen, in der der Mensch seinem produktiven Wesen, sich für sich hervorbringend, zu entsprechen vermöchte.

Diese Selbst-Produktion des Menschen ist keine materielle, wie nachmals für den marxschen Gedanken, sondern ideell als die des vollkommenen Sich-mit-sich-Verstehens, das sich ereignet als die Sprache der Konversation: "Dem Menschen gebührt das Prädikat POLYOONYMOS. Was der Mensch auch immer nennt und ausspricht - immer spricht er sein eigenes Wesen aus. Die Sprache ist daher das Kriterium, wie hoch oder wie niedrig der Grad der Bildung der Menschheit."[103] Deshalb ist die eigentliche feuerbachsche Kunst nicht mehr die entgegenständlichende Musik, sondern die - im Benennen - vergegenständlichende Poesie.

Für Schopenhauer war die Kunst der flüchtige Trost des qualvoll sich windenden Lebens, das sublime Motiv des Quietivs; für Feuerbach versöhnt sie umgekehrt das gegenwärtige Leben mit seinem unerträglichen Aufgehobensein, kehrt, so die immer bedürftige Gegenwart ergänzend, das Nachbild zum Vorbild um und gibt ihr darin das Maß der Zukunft als derjenigen Gegenwart, die rein aus dem Menschen durch den Menschen für den Menschen produziert wäre. Verklärt die Kunst also, was war, stellt die Wissenschaft fest, was ist, und vergegenwärtigt die Philosophie, was sein wird, gehen die drei doch zusammen als die einander vereigneten Seiten der einen anthropologischen Kunst-Religion, die den Menschen lehrt, was er zu sein hat: integrales Glied des sinnlichen Kunstwerks der menschlichen Gemeinschaft, das als die gebildete Konversation sein sich für sich aussprechendes oder poetisches Wesen ist.

Der Terminus a quo des ursprünglichen Denkens ist hiermit jetzt das Nichts als das abscheuliche Prinzip der Herrschaft der abstrakten Vernunft über den Menschen, der Abgrund, in den die Geschichte sein durch die ungebundene Einbildungskraft entfremdetes Wesen versenkt hat - der Terminus ad quem seine rein ästhetische Existenz in der gebildeten Konversation. Das Denken, das die von der Tyrannei der Theologie sich befreiende Kunst und Wissenschaft zur Hilfe ruft, ist wiederum vorläufig, indem es jene Herrschaft auf allgemeine Weise kritisiert - hier erst, wo das ursprüngliche Denken sich zum ersten Mal gegen sich selber kehrt, wird es Kritik - und darin ein allgemeines Tun vorbereitet, kraft dessen der Mensch selber jene konversationelle Gemeinschaft, die Demokratie der Sich-Aussprechenden, zu konstituieren vermöchte.

Die Stunde der "neuen Philosophie" ist daher die der anthropologischen, d. h. anti-restaurativen Politik. Auf diese Weise, heißt es in der "Notwendigkeit einer Veränderung" (1842/43) [104], muß die Philosophie die Religion ersetzen: "Denn religiös müssen wir wieder werden - die Politik muß unsere Religion werden - aber das kann sie nur, wenn wir ein Höchstes eben in unserer Anschauung haben, welches uns die Politik zur Religion macht. Man kann aus Instinkt, Energie, Wahrhaftigkeit die Politik zur Religion sich machen, aber es handelt sich um einen letzten, ausgesprochenen Grund, ein offizielles Prinzip. Dieses Prinzip ist kein anderes - negativ ausgedrückt - als der Atheismus - die Aufgabe eines vom Menschen verschiedenen Gottes." Diese Politik ist ihrerseits Kritik - "Jetzt handelt es sich um das politische Papsttum" - und also vorläufiges Tun.

3. Das ästhetische Stadium und die absurde Existenz[105]

Indem das verheißungsvolle Einst angeschaut wird als das abscheuliche Jetzt, der schopenhauersche Terminus ad quem umgeschlagen ist zum feuerbachschen Terminus a quo, hat sich das vorläufige Denken gewandelt von der Reflexion aus der Welt zur Reflexion in sie, als welche es Kritik der theologischen Verfassung des bisherigen Denkens sein muß, und das vorläufige Tun von der einzelnen Abstraktion der Sinnlichkeit als von der Askese in die universale Abstraktion von der Abstraktion als die atheistisch-demokratische Reform. Der neue, nunmehr mit geschichtlich-organischer Notwendigkeit und nicht mehr je und je zu erreichende, Terminus ad quem ist die Gesellschaft der in gebildeter Konversation ihr ästhetisches Wesen genießenden Menschen. Die "Platonischen Ideen" Schopenhauers sind zu sprachlichen Fehlbildungen geworden, und die Nadel der Konversation beginnt jenseits ihrer letzten positiven geschichtlichen Aufgabe, der Kritik, wild zu kreiseln, wo sie ihren negativen Pol nicht mehr außer ihr hat am Nichts, sondern an ihr selber, zersprengt in die zahllosen Pole ursprünglicher Individualitäten, die je für sich Subjekt, Objekt und Prinzip sind [106] und sich daher, wiewohl - weil einander ursprünglich verstehend, ebenso ursprünglich einander zu überlisten und habhaft zu werden suchen, denn für sich sind sie keine anfänglichen Subjekte, Ich, an sich selbst dem kategorischen Imperativ der Anerkennung der Vernunft-Person subjiziert, sondern ursprüngliche Du, und darum füreinander schon Du zweiten Grades.

Der Exponent dieser radikal ästhetischen Existenz, die die Erfahrung ist, daß die Abkehr vom Abgrund noch keinen Grund entspringen läßt, ist der Flâneur, der Dandy, der Blasé, das Mitglied des Jockey-Clubs, zuinnerst der Verführer, der die heilige Macht des feuerbachschen Ursprungs, die Liebe, nur noch als das Medium der existentiell-ästhetischen Selbstversicherung braucht, die als die zum schönen Schein gesponnene Langeweile (ennui) und selbstproduzierte Hinterwelt von, aber nicht einmal mehr dem Schein nach platonischen, Ideen jetzt nicht mehr die abscheuliche Welt gnädig verhüllt - als bedeutendes Vorspiel der Askese - oder ihr Nachbild zum Vorbild erhöht - als belehrendes Vorspiel der Politik -, sondern die Verzweiflung an Welt und Hinterwelt über sich selber betrügt.

Feuerbachs Terminus ad quem so in den dritten Terminus a quo verkehrt - das ist das Thema von Kierkegaards "Entweder - Oder" und die Bestimmung seines "ästhetischen Stadiums".

Dieses ist zuerst überhaupt das poetische, der (erotische) Dichter seine Individualität. Aber die extreme Bestimmung: die schlechthin sich selber verdeckende Verzweiflung, ist historischerweise die "Spekulation", wiederum zuletzt in Gestalt der hegelschen Philosophie, deren Dogmatismus hier erst überwunden wird, wo das ursprüngliche Denken aus dem feuerbachschen Sich-von-sich-Abstoßen fortgeht zum Sich-in-sich-Zurückziehen und sich dadurch eine Konkretion gibt, in der der Schein der Selbständigkeit des Dogmatismus ebenso nach der Seite seiner Reflexion in sich ("Nichts") wie seiner Reflexion in anderes ("Welt") getilgt ist. In der kierkegaardschen Gestalt wird das ursprüngliche Denken also mit dem caput mortuum der neueren Philosophie fertig, so daß seine nächste, die marxsche, den unbefangenen Schein erzeugen kann, sich als die geschichtliche Erbin das überkommene "Instrument" der "dialektischen Methode" nutzbar zu machen. Der Dogmatismus war dem schopenhauerschen Gedanken nur fremd und dem feuerbachschen als die zu negierende Vorgabe das geschichtliche Resultat der in sich gehenden Theologie. Dem kierkegaardschen ist er "Platonismus" überhaupt als "das wissenschaftliche Streben" [107] KAT'EXOCHÄN und erweist eben dadurch seine Herkunft aus der Poesie, d. h. aus der mißverstehenden "Schwärmerei" [108] (Platons für den ironischen Lehrer Sokrates).

Ästhetisch war die menschliche Existenz für Schopenhauer aufs verführerischst-zweideutige in den Schleier der Maja verwickelt; als poetische, Sein in der Gemeinschaft der Konversation, war sie für Feuerbach der Endzweck der Gattung. Kierkegaard denkt sie weder als Ziel noch als Übergang, sondern als die Verführung selbst, die sich verschließende, widerspenstig vor sich zurückweichende Verzweiflung, die - geschichtliche Verfassung der menschlichen Existenz überhaupt, für welche die ästhetische Bildung nur einen quantitativen, d. h. gleichgültigen Unterschied machen kann - je und je verlassen werden muß als das natürliche Heidentum, auch und gerade innerhalb einer christlich sich nennenden Gemeinschaft, durch den ethischen Entschluß. Was Kierkegaard aber mit dem Gerichtsrat Wilhelm dem ästhetischen Stadium als das ethische gegenüberstellt - bezeichnenderweise die Apologie der Ehe -, ist zuletzt nur der ironische Reflex der sich in der Angst revozierenden Entscheidung, die Verkehrung der existentiellen Äußerlichkeit aus dem ästhetizistischen in den moralistischen Biedermeier. In Wahrheit ist das ethische Stadium, und Kierkegaard selber macht das schärfer und schärfer deutlich, nur der leere Punkt des Durchgangs aus dem Terminus a quo in die Schranke zum Terminus ad quem als in das eigentlich religiöse Stadium.

Der Terminus ad quem selbst wäre der Glaube. Daß er fehlt, ist "das Entsetzliche", nachdem der schopenhauersche Gedanke noch von seinem Schein beseelt war als vom Glauben ans Nichts und der feuerbachsche ihn durch den an das künftige Menschenwesen ersetzt hatte. Der Glaube wäre jetzt das Leben im Sinn, die mittels der in Reue wiederholten Existenz gewährte Subjectio - das Aufgeben des Verstehens - unter die Herrschaft des absoluten Paradoxons, nämlich die angstlose Nachfolge auf dem Leidensweg, den der Gott-Mensch in Knechtsgestalt gegangen war, oder das vollkommene Mit-Leiden mit dem Mensch gewordenen Gott (<u>dies</u> Mitleiden und nicht das vorläufige Schopenhauers wird der Sache nach das Ärgernis des nietzscheschen

Gedankens am "Gekreuzigten" sein). Angesichts der menschlicherweise uneinholbaren Verschiedenheit des absoluten Paradoxons wird das Denken, bisher Reflexion aus der Welt und ihre kritische Umkehrung, zur "indirekten Mitteilung", vorläufig zu einem wiederum vorläufigen Tun, das erstens selber noch als Rede, aber nunmehr auf die Bildung verzichtend und an alle sich wendend "direkte Mitteilung" oder "erbauliche Rede", und zweitens wirkliche "Einübung im Christentum" oder die Askesis der Reue ist.

Vom absoluten Paradoxon her nimmt nun die ursprünglich zu denkende Kunst eine höchst befremdliche Gestalt an, denn ihre Produktivität ist in die reine Verschiedenheit gesetzt. Das ästhetische Stadium ist das der verwerflichen Existenz, weil es sich diesen Entzug verdeckt, indem es die abgründliche Produktivität als poetische sich selber zueignet und so einer "akustischen Täuschung" unterliegt: das, wiewohl unverstehbare, "Wort" ist der Gott-Mensch in Knechtsgestalt (der schopenhauersche Wille war in der feuerbachschen Einbildungskraft poetisch geworden). Und während der Mensch des ethischen Stadiums sich also, statt zu entscheiden, nur betulich bespricht, ist die losgelassene Sprache des ästhetischen zuletzt das "konvulsivische Gebrüll" [109], mit dem die Sprachlosigkeit der Welt angstvoll sich übertäubt.

Die indirekte Mitteilung verfügt nun zwar über keine andre Sprache als die der Welt, aber sie braucht sie gegenwendig, "dialektisch", indem sie sprechend die Schranke des Sagens hervortreibt und im paradoxen Satz dem Verstehen die eigenste Stummheit zu Gehör bringt. Als Verweserin der abgründlichen Musikalität des schopenhauerschen Willens war die von Feuerbach geforderte Poesie von einer Gestimmtheit, als welche "die unendliche Tiefe, Göttlichkeit und Wahrheit der Liebe" [110] unmittelbar für die Empfindung sein sollte. Entsprechend wird die indirekte Mitteilung gestimmt sein, aber ihre Stimmung verschlägt die Sprache, ist die der Angst. Wo sie diese Stimmung zu erzeugen versteht, ist ihre

Rhetorik im Sinn des kierkegaardschen Gedankens allerdings die höhere Poesie, und die Existenz in Reue, der sie vorläuft, ohnehin die wahrhaft poetische Existenz des Menschen als die der "akustischen Täuschung" entsagende Einübung ins Hören des ursprünglichen Gedichts der Liebe, als das "der Gott sich selbst in Gleichheit mit dem Menschen dichtete" [111].

4. Die kapitalistische und die kommunistische Produktionsweise

Offenbar ist das ursprüngliche Denken hiermit in eine Grenze gekommen, aus der es als in einem ersten geschichtlichen Wendepunkt in sich zurückgetrieben sich selber unter Aufopferung seines bisherigen Mediums wiederholen muß, wenn anders es wohl die Möglichkeiten seines Verhältnisses zu sich - hier als ethisches, ästhetisches und religiöses -, nicht aber auch schon die Tiefe seines Ursprungs als des Entzugs erschöpft hat. Jenes Medium war als der unmittelbare Entzug des Begreifens das Verstehen, wie spätestens aus der kierkegaardschen Bestimmung des Abgrunds als das absolute Paradoxon, das schlechthin Unverständliche, erhellt.

Der schopenhauersche Ursprung hieß Wille zum Leben, und das schopenhauersche Verstehen oder Bewußtsein war dessen Zusichgekommensein so sehr, daß er eigentlich erst davon her Wille heißen durfte, denn er war blind. Und auch das feuerbachsche Bewußtsein ist diese Selbst-Objektivation seines Ursprungs: "Die neue Philosophie ist in Beziehung auf ihre Basis selbst nichts anderes als das zum Bewußtsein erhobene Wesen der Empfindung" [112] und "Das Sein, mit dem die Philosophie beginnt, kann nicht vom Bewußtsein, das Bewußtsein nicht vom Sein abgetrennt werden (...) - das Bewußtsein erst ((ist)) das wirkliche Sein. Die reelle Einheit von Geist und Natur ist nur das Bewußtsein" [113]. Der kierkegaardsche Gedanke muß diese unbefangene Kontinuität von Sein und Denken, Sein und

Bewußtsein, Realität und Idealität zerreißen, weil das Sein ihm nicht mehr vom So des blind nach sich tappenden Willens oder der naturhaft sich bildenden Empfindung ist, sondern dem Verstehen rein entzogen als das absolute Paradoxon. Da ist es nurmehr als der spröde Punkt der Existenz, das unaufschließbare - nicht ins Urteil auseinandertretende - Je-dies, das "trockne Ich" Hegels als in der Erinnerung des ursprünglichen Verstehens in sich umgeschlagen ins trockne Daß.

Marx' berufener Satz aus dem Vorwort von "Zur Kritik der Politischen Ökonomie" (1859) "Es ist nicht das Bewußtsein der Menschen, das ihr Sein, sondern umgekehrt ihr gesellschaftliches Sein, das ihr Bewußtsein bestimmt", wie die Thesen über Feuerbach von 1845/46 scheinbar gegen die ganze bisherige Philosophie und namentlich gegen Hegel gerichtet, trifft tatsächlich das bisherige ursprüngliche Denken und hat seine Legitimation näher an der kierkegaardschen Umkehr. Kierkegaards absolutes Prius und geschichtliche Realisierung der feuerbachschen Forderung des Seins als "Grenze des Denkens"[114] ist die Existenz als solche, in unüberspringbarer Verschiedenheit von ihrer "Idealität", als welche das Bewußtsein die Ausbreitung der Prädikate des ansichhaltenden Subjekts ist. Die Copula freilich, die die Prädikate ans Subjekt bindet und so die historische Existenz des Menschen ausmacht, hat nicht länger die Bedeutung des Inneseins, sondern nur noch die der Akzidentalität, weil eben die historische Existenz die sinnlose, d. h. genau der existentiellen Innerlichkeit ermangelnde ist - die wesentliche Nichtigkeit, die einzig Bedeutung haben kann als das Motiv der Reue. Die verlorene Fülle des Seins ist daher anderswo, wenn nicht im ideellen Diesseits, dann im paradoxen Jenseits zu suchen und eben das absolute Paradoxon, dessen Daß die indirekte Mitteilung im Nahebringen der absurden Subjectio darunter heischt. Erst das Aufgeben des Verstehens (der akzidentellen Idealität des Bewußtseins) in den Glauben als in das rückhaltlose Mitleiden mit dem Gott-Menschen in Knechtsgestalt schlösse die verschlossene Existenz zu unvordenklicher Fülle auf.

Das ist Kierkegaards ewiger Terminus ad quem und der historische Terminus a quo für den marxschen Gedanken, der jene absurde Subjectio unter das absolute Paradoxon der ursprünglichen Produktivkraft von allem - dem Glaubenwollen das je und je Unerreichte - schon vorfindet als die geschichtlich gewordene gesellschaftliche Existenz des Menschen. Es ist klar: in der Vergegenwärtigung des Terminus ad quem zum Terminus a quo muß die jenseitige Fülle des Seins in diesseitige, das göttliche Sein in menschliches umschlagen, aber darum auch wieder die Gestalt der Abscheulichkeit annehmen. Dies Sein ist wie in jedem Stadium des ursprünglichen Denkens der sich selber abstoßende Ursprung, d. h. produktiv, und seine Produktivität bestimmt sich aus seiner Herkunft. Sie war für Schopenhauer die eines scheinhaften Alles, der Welt als des Schleiers der Maja, für Feuerbach die poetische Einbildungskraft und für Kierkegaard das die menschliche Existenz hervorrufene schlechthin unverständliche Wort.

Marx wird sie also zu denken haben als historisch gegebenes Sein in der Bestimmung des Ursprungs der menschlichen Existenz als solcher, nicht nur des Bewußtseins, und dann, insofern diese Produktivkraft zuletzt "Wort" war, als ein selber ursprünglich verständiges und also in seiner Objektivität auch ursprünglich verstehbares, nämlich sprachlich objektivierbares, Hervorbringen. Das sind aber die ökonomischen Verhältnisse, die die materielle Existenz des Menschen in ihrem sich selber Hervorbringen noch diesseits ihrer Reflexion oder Widerspiegelung durch das Bewußtsein ausmachen. Als die kapitalistische Produktionsweise ist ihre Gegenwart ebenso paradox wie unerträglich, weil die absolute Verkehrung des ursprünglichen menschlichen Wesens. "Die bürgerlichen Produktionsverhältnisse sind die letzte antagonistische Form des gesellschaftlichen Produktionsprozesses, antagonistisch nicht im Sinn von individuellem Antagonismus, sondern eines aus den gesellschaftlichen Lebensbedingungen der Individuen hervorwachsenden Antagonismus, aber die im Schoß der bürgerlichen Gesellschaft sich entwickelnden Produktivkräfte schaffen zugleich die materiellen Bedingungen zur Lösung dieses Antagonismus. Mit dieser Gesellschaftsformation schließt daher die Vorgeschichte der menschlichen Gesellschaft ab."[115]

Die kapitalistische Produktionsweise ist der geschichtlich vollständig entwickelte Antagonismus als die Paradoxie des sich selbst enteigneten produktiven menschlichen Wesens. Dies Wesen ist jetzt - die unmittelbare Parallele hat es an seiner feuerbachschen Bestimmung, von der die marxsche sich daher vornehmlich abstoßen mußte - die materielle Vergegenständlichung oder Objektivation der unerschöpflichen Produktivkraft für sich selbst: seine Welt-Werdung. Die verkehrte Produktivität, die bisherige und gegenwärtige, verweltlicht aber nicht dies Wesen, so daß die menschliche Individualität sich darin gleichwohl als Totalität in substantieller Einheit von Produktion und Konsumtion genießen könnte, sondern sie partikularisiert es und schließt so die Individualität von der Partizipation seines totalen Wesens aus; ihre materielle Bestimmung ist daher die des Privateigentums der Produktionsmittel, und sie ist expropriative Produktivität. Darin liegt sogleich die Bestimmung des neuen Terminus ad quem: die partizipative Produktivität des aus seiner Partikularisierung in seine Totalität umgewälzten menschlichen Wesens oder die kommunistische Gesellschaft. Von ihr gilt, wie Marx schon 1844 deutlich geworden ist: "Unsere Produktionen wären ebenso viele Spiegel, woraus unser Wesen sich entgegenleuchtete."[116]

Schopenhauers und Kierkegaards Termini ad quos kommen in ihrer Ungeschichtlichkeit überein, sind individuell: der schopenhauersche ist jederzeit möglich, wo immer einmal die Bedingungen glücklich vorhanden sind: der kierkegaardsche ist nicht unmöglich, oder eine der Bedingungen ist schlechthin unvorgreiflich, in Kierkegaards christlicher Terminologie die Gnade. Feuerbachs und Marx' Termini ad quos sind geschichtlich, weil gesellschaftlich (kollektiv - denn die Individualität bleibt ursprüngliche), d. h. ihre Ankunft ist geschichtlich notwendig, dort aber von der Nötigkeit der natürlicherweise störbaren, weil selber natürlichen Entwicklung der Menschheit, hier von der Notwendigkeit der keineswegs natürlichen, sowenig wie geistigen, sondern nur mit eignen Kategorien faßbaren Progressivität der ökonomischen Verhältnisse. Diese unterstehen geschichtlicherweise mithin, anders als die vor-darwinsche "Gattung" Feuerbachs, abstrahierbaren Gesetzen, die ihrer Strenge nach den Rang von Naturgesetzen haben (unmittelbar denen von Angebot und Nachfrage).

Das vorläufige Denken also, bei Schopenhauer dem Habitus nach metaphysisch, bei Feuerbach didaktisch, bei Kierkegaard homiletisch, wird bei Marx szientifisch. Als Verstehen - nunmehr Inventarisieren und Systematisieren methodisch faßbarer, weil gesetzhafter Verhältnisse - der menschlichen und also ursprünglich verstehbaren materiell-existentiellen Produktivkraft oder des ursprünglich gesellschaftlichen und daher zugleich geschichtlichen Entspringenlassens von Existenz wird das vorläufige Denken zur Kritik der politischen Ökonomie. Auf diese Weise ist es unmittelbar politisch, während es bei Feuerbach Politik nur vorbereitete. War sie als vorläufiges Tun die Reform der gesellschaftlichen Verhältnisse, dann muß das vorläufige Tun des marxschen Gedankens, das durch das gesellschaftliche Bewußtsein hindurchgreift auf dessen qualitativ von ihm verschiedene Basis, die Revolution des Ensembles der Produktionsverhältnisse sein, sie umschlagen lassen aus der Form der expropriativen in die der partizipativen Produktivität. Insofern der Umschlag historisch zwangsläufig erfolgen wird (eine Entdeckung, kraft deren allein der marxsche Gedanke sich für sich als Wissenschaft bewährt), ist die Zukunft - als ökonomische - rational zu vergegenwärtigen, d. h. der marxsche Gedanke ist wesentlich nicht prophetisch wie der feuerbachsche, sondern prognostisch. Wissenschaft, im Unterschied zu aller metaphysischen verstanden als die methodische Ausschaltung des Irrtums in der erschöpfenden Voraussage der Zustandsänderungen innerhalb ihres Gegenstandbereichs, hat hier die ursprüngliche Legitimation.

Sie ist als die Wissenschaft des Denkens aber nichts anderes als die Kritik der politischen Ökonomie, weil der Gegenstand des ursprünglichen Denkens von Anfang an das Sein des Ursprungs ist, das sich jetzt die Bestimmung der ökonomischen Verhältnisse gegeben hat. Daß das ursprüngliche Denken "die Wissenschaft" wird, zeigt an, wie der hegelsche Dogmatismus, der für die bisherigen Positionen je noch eine unüberwundne Seite hatte - seine Unverständlichkeit für Schopenhauer, seine Systematizität für Feuerbach und seine Objektivität für Kierkegaard -, nunmehr völlig ausgeleert ist und hiermit seine geschichtliche Wirksamkeit einbüßt: er konnte sich genau so lange halten wie der Schein der hegelschen Idee, als welcher sich die ursprüngliche Kontinuität von Sein und Bewußtsein für dieses selber veräußerlichte. Mit der kierkegaardschen Unterscheidung von faktischem und ideellem Sein ist sie gebrochen und mit ihr an sich auch jener Schein. Aber erst wo das gegen sein Bewußtsein widerspenstig sich verschließende Sein auseinandergeht und also objektiv wird, ist der Unterschied selber objektiv, und Sein und Bewußtsein treten als zwei wiewohl nicht gleichberechtigte Totalitäten in Proportion: die substantielle der ökonomischen Verhältnisse und die akzidentelle des sie allein widerspiegelnden Bewußtseins.

Dieses wäre nicht der von seiner Basis verschieden bleibende Überbau, vermöchte es ihre Reflexion in sich zu sein wie der individuelle Wille Schopenhauers, das feuerbachsche Bewußtsein der Empfindung und, schon paradox, Kierkegaards Glaube. Das widerspiegelnde Bewußtsein hat sein Medium wohl am Ensemble gesellschaftlicher Verhältnisse, spiegelt aber die (ökonomischen) Verhältnisse von (Produktiv-)Kräften in die ihrer selbstbewußten Agenten, d. h. es ist ursprünglich moralisch. Diese Moralität - Schopenhauers Vorstellen war ethisch - ist freilich nicht in Kontinuität mit der neuzeitlichen, die Reflexion in sich war (Moralität des seiner selbst gewissen Ich), sondern heteronom als Reflexion des Ethos auf seine von ihm verschieden bleibende Basis, weshalb die marxsche Kritik der politischen Ökonomie auch nicht das Selbstbewußtsein der ökonomischen Verhältnisse, sondern ihre Widerspiegelung ist - das moralische Werk schlechthin des ursprünglichen Denkens im ganzen, von einer ebenso legitimen wie vorläufigen, weil notwendig nur kritischen Moralität: die wahre, partizipative, ist um der Akzidentalität des Bewußtseins willen einzig die Folge der ökonomischen Revolution und kann individuell unmöglich antizipiert werden.

In dieser Totalität von Totalitäten scheint die Kunst nichts anderes sein zu können als eine Form der Kompensation des unter den Bedingungen der Herrschaft des Kapitals notwendig ebenso für den Kapitalisten wie für den Arbeiter mißlingenden Lebens und also immer zugleich eine Form der Verschleierung der wirklichen Verhältnisse; eine "Ästhetik" im Sinn von Marx hätte kein anderes Geschäft, als im Kunstwerk die Widerspiegelung der moralischen Existenzbedingungen wie in diesen die der ökonomischen aufzudecken (wie Marx etwa Balzac aufgenommen hat). In der Tat ist die Kunst seinem Gedanken aber noch auf ganz verschiedene Weise zugegen.

Der Terminus ad quem bezeichnet eine Gesellschaft, die als geschichtliche Erbin der kapitalistischen deren ökonomische Errungenschaften nicht nur bewahrt, sondern auf unvorhersehbare Weise weiter entwickelt. Mit der Revolution ist gleichwohl alles verwandelt, weil eben die Produktionsweise einen qualitativen Sprung gemacht hat: die expropriative (kapitalistische) ist in die partizipative (kommunistische) umgeschlagen, was bedeutet, daß die bisherige Trennung von Produktion und Konsumtion als die von Arbeitskraft und Kapital aufgehoben ist. Unter den Bedingungen der kommunistischen Gesellschaft ist die Produktion ebenso unmittelbar Genuß: das ursprünglich gesellschaftliche Individuum genießt sich in der von allen produzierten Welt als der seinen, wie der Genuß nicht länger parasitär, sondern produktiv ist: das Individuum genießt auch in den Produkten nichts anderes als die allgemeine Produktivkraft, die sein eignes Wesen ist. Selbstgenuß der Produktion heißt aber schöpferische Arbeit, und der Mensch unter den Bedingungen der kommunistischen Gesellschaft, und einzig unter ihnen, ist genau genommen nicht mehr Arbeiter, sondern Schöpfer. Die kommunistische Produktion ist darum als künstlerische zu denken: allein sie bestimmt das Produkt nicht zum exklusiven und also in der Konsequenz expropriativen Verbrauch, sondern zum partizipativen Genuß, und das wahre Kunstwerk ist dasjenige, worin Rezipient und Produzent gleichermaßen ihr Wesen genießen, indem die Produktivkraft unmittelbar zur Produktivkraft spricht, weil sie nicht mehr ein Fremdes, sondern nur noch sich selber produziert.

V. MUSIK

Dem hegelschen Gedanken war die Kunst - spekulativ - die sinnliche Seligkeit, nicht ein Jenseits der Objektivität, sondern deren "höhere Bewährung und Sanktionierung" [117] als die erste (unmittelbare) Sollen und Sein versöhnende Präsenz und Gegenwart des göttlichen Geists in seiner Wahrheit, in der Gestalt, in der er der Geist der Religion ist. Als das sinnliche Beisichsein, Anschauen seiner, heilt er also nicht nur die gebrochene Wirklichkeit, sondern rechtfertigt - indem diese Versöhnung allerdings nur statthaben kann im absoluten Geist, weil die Welt als solche (und mit ihr die weltliche Zukunft) das Unheile bleibt - ihr Gebrochensein, auf die neuzeitliche Moralität gesehen nämlich als den Ort der Pflicht, die das einfache Fürsichsein der Objektivität und eben darum das seiner selbst gewisse Sein-für-den Geist ist.

1. Stadien der Kunst

1) Die schopenhauersche Bestimmung der Kunst scheint demgegenüber nur eine kleine Modifikation zu sein, aber sie läßt den ganzen Unterschied des ursprünglichen Denkens vom neueren spekulativen Wissen sehen. Auch diese Kunst ist völlig gegenwärtig, zerfällt noch nicht in eine bisherige und eine künftige, auch sie ist Seligkeit, heilt und rechtfertigt die gebrochene Wirklichkeit - aber diese Gegenwart, Seligkeit, Heilung und Rechtfertigung ist nurmehr der von der Philosophie durchschaute Schein, das Gespinst einer Gegen-

welt, vom Weltabgrund selber gesponnen zum momentanen Selbstbetrug der nicht länger anfänglichen Individualität. Ihre Schönheit ist nicht mehr Vor-Schein (des Guten), sondern Schein als Schein - und dieser Schein ist jetzt die reine Objektivität: daher seine erlösende Kraft, la p r o m e s s e du bonheur[118], für die "kurze Feierstunde", in der die gequälte Subjektivität sich in ihr Entgegengesetztes flüchten darf, aus dem sie aber wieder auf sich zurückgetrieben wird, denn das Leben, selber Pendelschlag, kennt die Ruhe nicht, die erst die Vernichtung des ganzen Gegensatzes wäre.

2) Mit ihrer feuerbachschen Bestimmung zersetzt sich die Kunst in die bisherige und die künftige als in ihr bei wechselnder Beleuchtung langhin gewahrtes Janus-Gesicht. Die bisherige Kunst steht unter der Herrschaft der Theologie, ist immer irgendwie gehalten vom Hintergedanken einer Hinterwelt, die freilich inzwischen nicht ferner zu suchen ist als beim "Mann von der schönen Aussicht in Frankfurt am Main"[119]. Da spart sie sich den Schmerz, der ihr erst "Energie, Tiefe und Feuer" gäbe, aber hinfort wird der Verlust eines endlichen Wesens, der ihre Quelle ist, durch nichts andres mehr gut gemacht werden können als durch sie selber. Der Unterschied ist genau bestimmt: den Schmerz als die Quelle der Kunst hat die ältere allerdings nicht gekannt und bedurfte ihrer auch nicht, denn es ist der Welt-Schmerz, der Schmerz der Welt als des Abgrunds - eine geschichtliche Erscheinung.

Die schopenhauersche Kunst ist die momentan über die düstere Welt gebreitete Verzauberung, und in zauberischer Schönheit - romantisch - beginnt die Kunst des ursprünglichen Denkens. Aber der Zauber birgt das Rätsel, das der Schmerz ist. Er muß ertragen, sogar bejaht werden, wenn diese Welt zur einzigen wurde. Die Kunst, deren geheimes Motiv nicht mehr der schopenhauersche, sondern der feuerbachsche Gedanke ist, entzaubert sich als ob sie erwachte, wird "diesseitig", pädagogisch, politisch, "klassisch", jedenfalls - wo sie nicht vorsichtig-ironisch hinter ihren äußersten Möglichkeiten zurückbleibt - heroisch-paradigmatisch, und wenn Eichendorff sang:

Schläft ein Lied in allen Dingen,
Die da träumen fort und fort,
Und die Welt hebt an zu singen,
Triffst du nur das Zauberwort.

- beschließt sich Stifters "Nachsommer": "aber eines ist gewiß, das reine Familienleben, wie es Risach verlangt, ist gegründet, es wird, wie unsre Neigung und unsre Herzen verbürgen, in ungeminderter Fülle dauern, ich werde meine Habe verwalten, werde sonst noch nützen, und jedes selbst das wissenschaftliche Bestreben hat nun Einfachheit Halt und Bedeutung." Über dies Buch notiert Nietzsche noch im November 1888: "im Grunde das einzige deutsche Buch nach Goethe, das für mich Zauber hat." [120]

3) Die kierkegaardsche Bestimmung der Kunst hat das in jener allgemeinen Zuwendung zur Welt lauernde Unheimliche zur Sprache gebracht, daß die Abkehr vom Abgrund noch keinen Grund macht, und wenn Feuerbach die Kunst in die bisherige und die künftige auseinandergelegt hat, von der her die menschliche Existenz im ganzen ästhetisiert wurde, ist sie jetzt auch im ganzen die unheimliche - verlogene, verzweifelte, sündige. Es scheint, als sei die Kunst insgesamt auf die Seite gebracht um einer Religion willen, die aber selber wesentlich künstlerisch ist. Der Gott-Mensch in Knechtsgestalt ist das unvordenklich sinnstiftende Wort, die entzogene Ursprache. In der Dialektik der indirekten Mitteilung, im Wirbel des verständigen Wortschwalls schweigt sie vor als sein Worumwillen und gibt dem unaussprechlich an sich leidenden Einzelnen die Hoffnung, zur Partizipation zu kommen als zum Glauben im Sprung aus dem sinnlosen Verstehen, der Totalität des ursprünglichen Mißverständnisses. Die Kunst also, deren geheimes Motiv der kierkegaardsche Gedanke ist, begnügt sich weder damit, eine lichte Verzauberung über die dunkle Welt zu breiten, noch sie

realistisch zu erziehen, sondern sie braucht in gleicher Virtuosität den Zauber wie die heroische Geste, das Sicheinlassen auf die Alltäglichkeit und den leidenschaftlichen Ausbruch, das nicht endende Selbstgespräch von allem, um, zuletzt asketisch, zum Ende aller Mißverständnisse und Verstrickungen als zum Abgrund zu überreden. Diese Kunst spielt, die letzte Spielart der Romantik, bewußt am Abgrund. (Für die deutsche Literatur ist namentlich an Annette von Droste-Hülshoff zu denken).

4) Bei Schopenhauer war die Kunst noch nicht in die Seiten der bisherigen und der künftigen zersetzt wie bei Feuerbach; der Erscheinung für den Gedanken nach tritt sie bei Kierkegaard ganz auf die Seite der Welt, ist die Welt als eins geworden mit der ästhetischen Existenz. Bei Marx ist sie eben dieser Erscheinung für den Gedanken nach nur noch die Akzidentalität einer Akzidentalität, ideologische Spielart des falschen moralischen Bewußtseins unter der Herrschaft des Kapitals, und es zeigt sich, daß sie nach der Seite ihrer Gegenwart oder im Terminus a quo in den ersten vier Stadien des ursprünglichen Denkens von verschwindender Bedeutung ist:

1) wirkliche, wenngleich nur momentane Erlösung,
2) in ihrer Kraft niedergehalten vom theologischen Bewußtsein,
3) das falsche Bewußtsein selber und endlich
4) bloß noch eine seiner Spielarten.

Um so machtvoller ersteht sie im Terminus ad quem:

1) zuerst aus ihm als dem Nichts herausgehalten wird sie
2) zur stärkenden Ergänzung des wirklichen Lebens, dann
3) zur unvordenklichen Gestalt der sinnvollen Existenz, und endlich
4) wird der Mensch selber vor-gedacht als der Schöpfer, soll nicht nur an der ursprünglich-künstlerischen Existenz, sondern an ihrem Entspringenlassen partizi-

pieren: das "Gebären", das bei Kierkegaard dem Gott gehörte[121], ist dem Menschen vindiziert.

2. Stadien der Musik

Die Musik näher - die "Tragödie" entspringt aus ihrem "Geiste" - ist die reine Kunst der Zeit als der Form des inneren Sinns oder der sich anschauenden Reflexion[122]. Schon deshalb muß sie, wie Schopenhauer sie auch unmittelbar faßte, für die Ursprungsgeschichte des ursprünglichen Denkens von einzigartiger Bedeutung sein, weil dessen Sache das Sich-Entspringen, diese unaufgehobene Bewegung ist.

1) Webers "Freischütz", zurückhörend in "Entführung", "Zauberflöte" und vor allem "Fidelio", wird in Deutschland sogleich als der Beginn einer nationaldeutschen Oper gefeiert: die Musik war gleichsam über Nacht zur Sache der Weltanschauung geworden. Die neue Weise aber erklingt selbstvergessen und vollkommen rein in den Liedern und der Kammermusik Schuberts. Nietzsche hat es festgehalten: "Dürfte man Beethoven den idealen Zuhörer eines Spielmannes nennen, so hätte Schubert darauf ein Anrecht, selber der ideale Spielmann zu heißen" [123]; der Denker des Geistes der Musik hört da die größere Ursprünglichkeit, nämlich überhaupt erst: die Ursprünglichkeit. Im Vergleich mit Beethoven, dem Schubert so nah zu sein scheint, ist das Klingen hier in den Fluß gekommen und die "himmlischen" Längen, von denen Schumann gesprochen hat, sind dies folgsame sich Dreingeben, das formlos wäre, unterstände es noch der beethovenschen Zeit, dem klassischen Maß. Es ist das Geheimnis der versehrend schönen schubertschen Melodie, ihrer harmonischen Berückungen und grenzenlosen Wanderungen, daß sie die Zeit selber als das Dasein der über einen unendlichen Verlust trauernden und sich im Wohlklang zu trösten suchenden Seele ebenso unend-

lich zergehen läßt, oder daß die Zeit vielmehr unmeßbar wird, weil ihr die Welt verloren ging. Für dies eigen-zeitliche, maßlose ins Nichts Lauschen der Seele hat kein späterer Komponist Intensivierungen finden können.

Wenn irgendeine Musik ihrer schopenhauerschen Bestimmung entspricht, ist es diese; während Schopenhauer selber, und nicht zufällig, (wie, schon programmatisch, Stendhal) der metaphysischen Musik zugetan blieb, die sich schließlich aller Erdenschwere enthoben hatte in der kummerlosen Schönheit der rossinischen Melodie.

2) Mendelssohns Musik bekennt sich, unbekümmert diesseits auf alle Experimente mit dem Abgrund verzichtend, zu paradigmatischer Klassizität. Wagner konnte ihm das nicht verzeihen, aber Nietzsche bemerkt, die Akte darüber schließend: "Felix Mendelssohns Musik ist die Musik des guten Geschmacks an allem Guten, was dagewesen ist: sie weist immer hinter sich."[124] Berlioz hingegen, der große Verkannte, den Paganini den wahren Erben Beethovens genannt hat - das neunzehnte Jahrhundert mußte in Beethoven ebenso ausschließlich den Heros hören wie es in Goethe unverdrossen den "Olympier" verehrte -, reformiert im entschiedenen Bewußtsein dessen, was an der Zeit ist, die nur noch dem Schein nach klassische Form der Sinfonie (in der Oper blieb er, hier heroisch konservativ, "Gluckist") und begabt als Hasser des "privaten" Klaviers (wie Wagner) das Orchester mit unerhört glühenden Farben, darin der Zeitgenosse Delacroix'. Es war die bittere Ironie seines Schicksals, mit diesen Neuerungen von den Volksmassen nicht verstanden zu werden, für die sie - ein Mittel demokratisch-revolutionärer Politik, wie die leidenschaftlichen "Mémoires" belegen - ins Werk gesetzt waren.

3) Bei Schumann ist der Impetus der mendelssohnschen Klassizität schon gehemmt, und das romantische Fließen stagniert - Ungesagtes und Tradition wollen keine schlackenlose Verbindung eingehen (die Lösung wird Brahms heißen). In Chopin aber, dem "Unnachahm-

lichen"[125], erfüllt sich wie mühelos die hyperbolische Virtuosität dieser Jahrhunderthälfte; er beschränkt sich auch ganz selbstsicher auf die kleine Form und das Klavier. Die Virtuosität zeigt hier zuletzt, daß sie das Medium der ungenügsamen Leidenschaft der Subjektivität ist, mit ihrer immer feineren Zerfaserung von Melodie und Harmonie, ihren unberechenbaren Sprüngen, kränkelnden Fiorituren und Verschwinden ins Unhörbare: die indirekte Mitteilung der Leidenschaft, daß sie den Untergang will, vor dem sie sich entsetzt.

4) Die Rückwendung in die zur Veränderung anstehende Welt machen Wagner und Verdi, der als wahrhafter Dramatiker der erste moderne musikalische Psychologe ist (Chopin blieb wie Kierkegaard sein eigner Psychograph). Aber diese Musik kann gleichwohl leidenschaftlich agitatorisch sein, nicht nur in den Opern der "Galeerenjahre". Im übrigen darf sie sich, weil wesentlich dramatisch und unbeirrt der italienischen Tradition verbunden, in eher unscheinbaren Schritten entwickeln, so daß der Abstand zwischen "Falstaff" und "Nabucco" immer erstaunlich bleibt; er ist auf seine Weise aber auch nicht geringer als der zwischen "Parsifal" und "Rienzi".

Anders als Offenbach, der melancholisch-witzige Kritiker des musikalischen Zirkulationsprozesses mit dessen eignen Mitteln, sind es Verdi und Wagner, die den geschichtlichen Unterschied in der musikalischen <u>Form</u> machen: sie lösen die alte der Nummernoper (wie das plastische Ganze musikalisch-dramatischer Individualitäten von jetzt an heißen wird) energisch auf, eine Form, die, wenn nicht von der gesellschaftlichen Aufgabe der Oper so doch von eben jenem musikalisch-dramatischen Gehalt her, schon mit Donizetti ausgespielt hatte. Näher betrachtet ist diese Auflösung als <u>Evolution</u> die Tat vornehmlich Verdis als das Ineinanderarbeiten der Elemente des recitativo accompagnato und der eigentlichen Nummer um der dichtgefügten dramatischen Beredsamkeit willen (sein wahrer Nutznießer wird Richard Strauss sein, der diese Form, wie sie vollkommen im "Falstaff" da ist, zum Behuf der musikalischen Psychoanalyse nur noch mit wagnerscher Koloristik amalgamieren muß).

3. Wagner

Pars, pars, pars pour la Crète ...

Die Revolution macht Wagner, der an die Stelle der bisherigen Oper in der Tat etwas rückhaltlos Neues setzt (und deshalb mit den "Meistersingern" - es hat dies unvermuteterweise eine offenbachsche Seite - die Quasi-Oper ersinnen kann). Das Problem der wagnerschen Musik lag, in den Jugend-Opern vorzüglich zu hören, darin, daß sie, wie die schopenhauersche Vernunft [126], nur geben konnte, nachdem sie empfangen hatte, und deshalb zur dramatischen Rede drängte, der sie gleichwohl fremd blieb. Der "Holländer" zeigt erstmals, mit was für einem Schlag Wagner seinen Knoten zerhauen hat: er vereint die von Schubert schon vollkommen ausgebildete Liedform der Ballade mit dem Melodram.

Der"Ring" ist ein "Bühnenfestspiel", der "Parsifal" ein "Bühnenweihfestspiel", der "Tristan" bleibt gattungslos und nur die "Meistersinger" heißen "Oper" - diese reifen wagnerschen Werke sind ins Riesenhafte gedehnte szenische Balladen und verwirklichen insofern für die Bühne, d. h. gesellschaftlich, was zuerst in der Musik Schuberts unter den lastend gewordenen älteren Formen nach Realisation drängte: die der Sehnsucht nach der ereigneten Welt entspringende subjektive Verformung der Erzählzeit. Die berühmte wagnersche Konzentration des Stoffs, etwa im "Tristan" im Vergleich mit Gottfried, im "Parsifal" im Vergleich mit Wolfram, ist wesentlich seine Balladisierung. Der "Tristan" insbesondere hinterläßt der verklingenden Erinnerung den Eindruck fein gearbeiteter

Kleinform, und doch floß stundenlang die Musik zwischen den Ufern der sprachlichen Erklärungs- und Wiederholungsnöte. Die Ballade ist die (möglichst karge) Erzählung einer Begebenheit und insofern episch, aber wesentlich gebrochen durch die "Auffassungsweise und Empfindung des Subjekts"[127]: Wagner ist im Gegensatz zu Verdi ganz und gar kein Musikdramatiker - wider Willen legt davon sogar die zentrale Programmschrift "Oper und Drama" (1852) Rechenschaft ab.

a. Der traurige Mann

Die maßlose Ballade, durchtränkt von der jetzt sich selber als ursprünglich "mythisch" verstehenden Auffassungsweise und Empfindung des Subjekts, ist die entschieden weltanschauliche Musik. Wagner suchte seine Gedanken-Vorbildner zuerst in Feuerbach, dann in Schopenhauer. Dies scheinbare Zurückgehen weist auf den Pol des zeitgenössisch unscheinbaren Dritten: Kierkegaard. Tatsächlich will es mit der geläufigen Deutung des reifen Wagner allein von Schopenhauer her nicht recht fort, denn das mit völliger Reinheit festgehaltene Thema ist die Liebe als die Leidenschaft, die ihren Untergang will. "Aber die höchste Potenz jeder Leidenschaft ist es immer ihren eignen Untergang zu wollen, und so ist es auch die höchste Leidenschaft des Verstands, den Anstoß zu wollen, ungeachtet der Anstoß auf die eine oder andre Weise sein Untergang werden muß. Dies ist also das höchste Paradoxon des Denkens, etwas entdecken zu wollen, was es selber nicht denken kann"[128] - das ist die Exposition des kierkegaardschen Gedankens. Wagners Heros ist der traurige Mann (zu denken ist an Kierkegaards "Schwermut"), der Holländer, Tannhäuser, Wotan, auf seine Weise auch Sachs, endlich Amfortas: jeder ein Tristan, in seiner innersten Leidenschaft gegenwendig und daher erlösungsbedürftig. Die Heroinen machen,

Kundry ausgenommen, wenig Schwierigkeiten, gehen geradenwegs auf ihr einziges Ziel los, auf "das tätige Opfer der letzten Hingebung (...) zu d i e s e m Manne"[129], und "Tristan und Isolde" ist die Ballade von Tristans Geschick.

Er ist der ursprünglich dem Tod Überlieferte:

Wohin nun Tristan scheidet,
Willst du, Isold', ihm folgen?
Dem Land, das Tristan meint,
Der Sonne Licht nicht scheint:
Es ist das dunkel
Nächt'ge Land,
Daraus die Mutter
Mich entsandt',
Als, den im Tode
Sie empfangen,
Im Tod sie ließ
An das Licht gelangen.
Was, da sie mich gebar,
Ihr Liebesberge war,
Das Wunderreich der nacht,
Aus der ich einst erwacht[130]... .

Tristan ist so das Paradigma des Menschenwesens, das in den Ursprung zurückdrängt. Sein Drang ist nicht die Willenlosigkeit zum Leben -Marke ist der "müde König"[131] -, sondern der Wille zum Tod, und der Tod ist die Nacht, in der keineswegs, "wie man zu sagen pflegt, alle Kühe schwarz sind"[132]. Zunächst ist sie dem Tag entgegengesetzt, der wiederum nicht die Welt schlechthin, sondern die Welt ohne Liebe ist, der Zwietracht als der Trennung voneinander und von sich selbst, so auch der von Sein und Bewußtsein, von Namen und Benanntem und daher des Mißverständnisses, des Betrugs, des Neids und des Verrats. Die Mitte des Werks, der Zwiegesang des zweiten Aufzugs, beschreibt den Tag als das Reich des

Mißverstehens, das gegen den Ursprung sich verschließend sich selber mißversteht als das Verstehen. Kurwenal, der doch "der Treue" ist, glaubt zwar zu wissen:

Schrecklicher Zauber! -
O Minnetrug!
O Liebeszwang!
Der Welt holdester Wahn[133] ...

- aber die Liebenden singen:

So stürben wir,
Um ungetrennt,
Ewig einig,
Ohne End',
Ohn' Erwachen,
Ohne Erbangen,
Namenlos
In Liebe umfangen,
Ganz uns selbst gegeben
Der Liebe nur zu leben[134] ...

Eine Vermittlung beider Reiche ist nicht möglich, hier gilt das Entweder - Oder mit der ausdehnungslosen Mitte der Entscheidung: die Tilgung des Mißverständnisses ist einzig als der Umschlag des Tags in die Nacht, und die beiden Reiche sind auch nicht im gleichen Recht gegeneinander, weil das des Tags kein eigenes Prinzip hat und bloß die Verkehrung, Verdrängung des andern ist. Tristans Existenz - deshalb ist er unter allen "der Held" - ist die Liebe zum Untergang, weshalb seine Wunden unheilbar sind: nicht um die Heilung ist es zu tun, sondern um die Erlösung. Die Wunde macht, als seine Vorbereitung, den Untergang vielmehr unmöglich, solange der Erlöser (die Erlöserin) fehlt:

Im Sterben mich zu sehnen,
Vor Sehnsucht nicht zu sterben!-[135]

- und:

Kein Heil nun kann,
Kein süßer Tod
Je mich befrein
Von der Sehnsucht Not.
Nirgends, ach nirgends
Find ich Ruh';
Mich wirft die Nacht
Dem Tage zu[136] ...

Die Erlöserin als die ursprünglich Liebende gibt dem Untergehenden zuerst die Möglichkeit, sich zu verstehen, indem sie es ist, die seine Wunde heilt; und dann wird durch das Mißverständnis selbst, die Tat Brangänes - um der gegebenen Möglichkeit willen muß der Tag jetzt der Nacht dienen -, die Möglichkeit zur Wirklichkeit:

Durch des Todes Tor,
Wo er mir floß,
Weit und offen
Er mir erschloß,
Darin ich sonst nur träumend gewacht,
Das Wonnereich der Nacht.
Von dem Bild in des Herzens
Bergendem Schrein
Scheucht' er des Tages
Täuschenden Schein,
Daß nacht-sichtig mein Auge
Wahr es zu sehen tauge[137] ...

- das ist die genaue Mitte.

Und die Wirklichkeit des Sich-Verstehens wird zum Untergang, wo die Erlöserin wieder erscheint, die kraft dieses Wieder nun auch selbst erlöst ist und entzückt in ihr ursprüngliches Reich schwindet - das ist "Isoldes Liebestod".

Sie stirbt aber nur "objektiv". "Subjektiv" geht sie vielmehr hinüber, nämlich unter, zurück in den Ursprung, der nach allem weder der schopenhauersche Wille zum Leben noch sein Nichts ist. Der Zwiegesang des zweiten Aufzugs hat ihn beschworen. Dort heißt es zum Schluß:

Du Isolde,
Tristan ich,
Nicht mehr Tristan,
Nicht mehr Isolde;
Ohne Nennen,
Ohne Trennen,
Neu Erkennen,
Neu Entbrennen;
Endlos ewig
Ein-bewußt:
Heiß erglühter Brust
Höchste Liebeslust![138]

Was im Untergang geschieht, nicht ein Verschwinden der Individualität überhaupt, ist vielmehr das Werden der durch erotische Partizipation ergänzten und so wieder ursprünglichen Individualität. Was verlorengeht, ist nur das weltliche Verstehen, das, an die Namen geheftet, ursprüngliches Mißverstehen ist. Wenn Tristan später sagt:

Nur ein Wissen
Dort uns eigen:
Göttlich ew'ges
Urvergessen![139]

dann ist die Lethe, die er trinkt, die des Vergessens der Vergessenheit des Ursprungs, ein vergottendes Vergessen als das Entspringen eines neuen, nicht-täuschenden Erkennens und eines neuen, nicht-trennenden Bewußtseins. Der Ursprung ist der in die Partizipation der schöpferischen göttlichen Liebe selbst, die Isolde erfahren hat:

Frau Minne kenntest du nicht?
Nicht ihrer Wunder Macht?
Des kühnsten Mutes
Königin,
Des Welten-Werdens
Walterin,
Leben und Tod
Sind untertan ihr,
Die sie webt aus Lust und Leid,
In Liebe wandelnd den Neid.[140]

Der Ursprung der Welt ist hier, anders als bei Schopenhauer, aber wie bei Kierkegaard, die Liebe, und zwar so, und wieder wie bei Kierkegaard, daß die Welt an ihr selbst der Unsinn ist, das sich verdrängende Vergessen des Ursprungs, das um seinetwillen selber vergessen werden muß in einem Vergessen, das zwar weltlicherweise als der Tod erscheint, aber für den, der es vermag, vielmehr der Sprung ist. In Isoldes Liebestod geschieht dieser Sprung - bei Kierkegaard ist es der unantizipierbare Sprung in den Glauben - auch für uns, wird das Jenseits der erotischen Partizipation vergegenwärtigt. Isolde gelingt der offenbare Untergang in dies ursprüngliche All-Leben:

In dem wogenden Schwall,
In dem tönenden Schall,
In des Weltatems
Wehendem All -
Ertrinken,
Versinken -
Unbewußt -
Höchste Lust!

In dem "tönenden Schall" - kein Zweifel:

Höre ich nur
Diese Weise,

Die so wunder-
Voll und leise,
Wonne klagend
Alles sagend,
Mild versöhnend
Aus ihm tönend,
In mich dringet,
Auf sich schwinget,
Hold erhallend
Um mich klinget?
Heller schallend,
Mich umwallend,
Sind es Wellen
Sanfter Lüfte?
Sind es Wogen
Wonniger Düfte?
Wie sie schwellen,
Mich umrauschen,
Soll ich atmen,
Soll ich lauschen?
Soll ich schlürfen,
Untertauchen?
Süß in Düften
Mich verhauchen?
In dem wogenden Schwall [141] ...

In diesem Rausch und Schwindel ist der Ursprung, das Sein selber da für das untergehende Bewußtsein als das, was es schon von Anfang an überrauschen und ertränken wollte: als die aus dem Orchestergraben entspringende Musik. Indem die Worte nichts andres mehr widerspiegeln als sie, ist das Ende da.

Hier ist sie also, auf eine andre Weise als Schopenhauer sie dachte, erreicht, "die kurze Feierstunde", in der wir nicht Abbilder des Ursprungs kontemplieren, sondern in sein rauschendes Sich-Entspringen selber gerissen sind, wo die Kunst, und wieder auf eine andre Weise als Feuerbach sie dachte, "an Energie, Tiefe und Feuer alle bisherige" übertrifft, und wo die Existenz, und noch einmal auf eine andre Weise als Kierkegaard sie dachte, die Partizipation am Sein als dem Sinn ist. Dazu mußte sich der Gedanke des Ursprungs aber so verweltlichen, daß der kierkegaardsche Augenblick des absoluten Paradoxons - und das weist auf den marxschen Gedanken voraus - von den Menschen selbst hervorzubringen ist: er findet jetzt im Theater statt.

b. Der reine Tor

Daß seine Sache "die Liebe" sei, darin hat Wagner vom Beginn seines künstlerischen Wegs an niemals geschwankt; auch ihre Bestimmung macht das Werk deutlich genug, aber der Ausdruck dieser Bestimmung ist zweideutig geblieben. Daß solche Zweideutigkeit nichts persönlich Zufälliges hat, liegt an der Stellung des wagnerschen Vorstellens zwischen den Extremen Kierkegaard und Marx, die sich ihm nach der weltanschaulichen Seite in Feuerbach und Schopenhauer darstellen. Tannhäusers Zwiespalt ist die wagnersche Doppelköpfigkeit zwischen Mons Veneris und Monsalvat. Der Grund ist der, daß die mit Wagner verstandene Liebe, wie es innerhalb der Ursprungsgeschichte des ursprünglichen Denkens nicht anders sein kann, als Leidenschaft Mitleiden ist und das Mitleiden eine subjektive (Schopenhauer - Kierkegaard) und eine objektive Seite hat (Feuerbach - Marx). Mit dem "Tristan" ist nur die subjektive zur Darstellung gebracht, aber diejenige, die Nietzsches Widerspruch eigentlich entzündet hat, ist die objektive. Schon 1843 führt Wagner in der Dresdner Frauenkirche mit 1200 Sängern und 100 Musikern eine Chorszene mit dem Titel "Das Liebesmahl der

Apostel" auf, dessen erste Skizze angibt: "1. Zusammenkunft. Gedrückte Stimmung. 2. Schlimme Nachrichten. Bedrohungen. 3. Gebet. 4. Begeisterung. Große Einigkeit der Seelen und der Güter" (Wagner hatte Proudhon gelesen). Die endgültige Ausführung des Gedankens ist der "Parsifal", über den Nietzsche in "Ecce Homo" ausrufen wird: "Unglaublich: Wagner war fromm geworden..." [142]. Aber auf die Weise war Wagner immer schon fromm.

Dem "frommen Helden" Titurel haben einst, "da wilder Feinde List und Macht" - das ist der tückische Tag aus dem "Tristan" -

> Des reinen Glaubens Reich bedrohten
> (...) des Heilands sel'ge Boten:
> Der daraus trank beim letzten Liebesmahle,
> Das Weihgefäß (gebracht), die heilig edle Schale,
> Darein am Kreuz sein göttlich Blut auch floß,
> Dazu den Lanzenspeer, der dies vergoß [143]...

Auf Gral und Lanze war Klingsor aus, der sie sich durch die abstrakte Reinigung der Selbstkastration zu erringen hoffte. Das schlug fehl, denn die Liebe als ursprüngliches Mitleiden ist nur durch "Askesis" zu erreichen. Dann stellte Klingsor Titurels Sohn Amfortas mittels der verführerischen Kundry nach; sie ist der Typ:

> Dein Meister ruft dich Namenlose:
> Urteufelin! Höllenrose!
> Herodias warst du, und was noch?
> Gundryggia dort, Kundry hier [144]...

Klingsor nennt sie zwar die Namenlose, aber sie ist die Vielnamige und also, wie der Tag im Tristan mit den vielen Namen verbunden ist, die Verführerin, Täuscherin schlechtweg. Ins Schwarze gewendet wiederholt sich die "Tristan"-Geschichte:

> Schon nah dem Schloß, wird uns der Held entrückt:
> Ein furchtbar schönes Weib hat ihn entzückt;
> In seinen Armen liegt er trunken,
> Der Speer ist ihm entsunken (...)

Doch eine Wunde brannt' ihm in der Seite:
Die Wunde ist's, die nie sich schließen will.[145]

Es ist dies die unheilbare Wunde der Reflexion, die sich selber erneuernde, von der Tristan sang:

Sehnen! Sehnen!
Im Sterben mich zu sehnen,
Vor Sehnsucht nicht zu sterben![146]

Der unrein gewordne Gralshüter Amfortas spricht das so aus:

Durchzückt von seligsten Genusses Schmerz,
Des heiligsten Blutes Quell
Fühl' ich sich gießen in mein Herz:
Des eignen sündigen Blutes Gewell'
In wahnsinniger Flucht
Muß mir zurück dann fließen,
In die Welt der Sündensucht
Mit wilder Scheu sich ergießen;
Von neuem sprengt es das Tor,
Daraus es nun strömt hervor,
Hier durch die Wunde, der Seinen gleich,
Geschlagen von desselben Speeres Streich,
Der dort dem Erlöser die Wunde stach,
Aus der mit blutigen Tränen
Der Göttliche weint' ob der Menschheit Schmach
In Mitleids heiligem Sehnen,
Und aus der nun mir, an heiligster Stelle,
Dem Pfleger göttlichster Güter,
Des Erlösungsbalsams Hüter,
Das heiße Sündenblut entquillt,
Ewig erneut aus des Sehnens Quelle,
Das ach! keine Büßung je mir stillt![147]

Die Zeichen stehen schon auf Freud, aber es ist nach dem Ort zu fragen. Die Erlöserin Isolde gab Tristan durch die Heilung der ersten Wunde die Möglichkeit, sich selber zu verstehen; diese Möglichkeit wurde durch den Liebestrank zur Wirklichkeit, und der sich selber Verstehende und also "wissend" nach dem Untergang sich Sehnende - das war die zweite Wunde - konnte kraft der Wiederkunft der Erlöserin untergehen, die in solchem Untergang zugleich sich mit erlöste. Hier ist die Möglichkeit, sich selber zu verstehen, Amfortas durch den (gegen die männliche Lanze weiblichen) Gral verliehen; Amfortas ist jedoch schon der zweite Gralshüter, d. h. nicht mehr ursprünglich, sondern abkünftig, weshalb die Möglichkeit wiederum nicht sogleich Wirklichkeit ist. Sie ist erst da mit der von Klingsor geschlagenen Wunde - und damit ist Amfortas in der äußersten Reflektiertheit Tristans im dritten Aufzug: die "Erlösung", der Untergang, ist nicht unmöglich, nicht einfach nur möglich, weil eine seiner Bedingungen unvorgreiflich ist, die Ankunft des Erlösers, die kierkegaardsche "Gnade".

Wolframs Amfortas hat die Wunde, wo sie epischerweise hingehört, aber es ist genau die Wunde "in der Seite", durch die der Gralshüter mit dem Gralsspender "in Mitleids heiligem Sehnen" identifiziert wird, d. h. auf den Leidensweg kommt, der die Wirklichkeit, sich selber zu verstehen, ist. Durch diese Wunde des aus sich unstillbaren Sehnens ist Amfortas "durch Mitleid wissend"; aber sie erweist auch, daß er nicht "der reine Tor" [148] ist, der das Sehnen des Gralsspenders zu stillen vermöchte, daß beide vielmehr, der Gralshüter <u>und</u> der Gralsspender, zu warten haben auf den Erlöser, der "Erlösung dem Erlöser" [149] bringt.

Das ist Parsifal (ein andrer Siegfried wie Amfortas ein andrer Wotan), der "reine Tor" und daher ursprünglich unempfänglich für das "Wissen" der Welt der Täuschung und Verführung, die im "Tristan" die des "Tages" heißt. Er führt sich ein, indem er einen Schwan erschießt ("Sein Weibchen zu suchen flog er auf" [150] - im "Lohengrin" auch er erlösungsbedürftig). Dann das Gespräch mit Gurnemanz:

Sag', Knab'! Erkennst du deine große Schuld?
Wie konntest du sie begehn? - Ich wußte sie nicht.
Wo bist du her? - Das weiß ich nicht.
Wer ist dein Vater? - Das weiß ich nicht.
Wer sandte dich dieses Weges? - Das weiß ich nicht.
Dein Name dann? - Ich hatte viele,
Doch weiß ich ihrer keinen mehr.
Das weißt du alles nicht? So dumm wie den
Erfand ich bisher Kundry nur.[151]

Kundry ist erlösungsfähig, weil sie, die "Urteufelin", bei den Gralsrittern zugleich dient als "rastlos scheue Magd". Das unendliche Sehnen, das Gralshüter und Gralsspender peinigt, teilt auch sie in ihrer gespaltenen Existenz:

Nur Ruhe, ach, der Müden! -
Schlafen! - Oh, daß mich keiner wecke!
Nein! Nicht schlafen! - Grausen faßt mich![152]

- und:

Ja! - Mein Fluch!
Oh! - Sehnen - Sehnen! -[153]

Der Gralsspender leidet "ob der Menschheit Schmach", nämlich durch Amfortas' Fall; Amfortas leidet, mit dem Gralsspender mitleidend, an der eignen Schmach, die wirklich ist als die Wunde, und Kundry ist als die gespaltene, mit sich entzweite Existenz diese Wunde: d. h. die Menschheit leidet, in der Gestalt des Manns, an ihrer Weiblichkeit.

Kundry also hat viele Namen wie Parsifal, der sie aber alle glücklich vergaß. Der, den Kundry ihm entdeckt, ist sein Titel: als der "reine Tor" ist er die ursprüngliche, von der geschichtlichen "Erbsünde" der Selbstsucht freie Menschheit, die nur noch "durch Mitleid wissend" werden muß, d. h. darstellen, daß sie kraft ihrer Ursprünglichkeit den gegenwärtigen Zustand der Welt, der Gralsritterschaft, umzukehren, nämlich in die eigne Ursprünglichkeit zu verwandeln vermag. Parsifal bleibt darum in Klingsors maison de passe, mitleidig eingedenk seiner Abkunft (der Mutter - wie Tristan), unempfänglich für die Reize Kundrys, und erobert so die Lanze zurück. In der Folge bewährt er die Reinheit dadurch, daß er diese Lanze nicht braucht: die Askesis hat die Bedeutung der Enthaltsamkeit vom (expropriativen) Eigentum gewonnen. Am "Karfreitag" kehrt er zurück; Kundry erkennt ihn für den neuen Heiland als seine Maria Magdalena, und die Lanze heilt Amfortas:

Nur eine Waffe taugt:
Die Wunde schließt
Der Speer nur, der sie schlug[154].

Während also das Verhältnis Tristan - Isolde als das notwendig exklusive Geschlechts-Verhältnis hier einsteht für die "Schmach" der Menschheit, ihre geschichtliche "Erbsünde", ist das Verhältnis Tag - Nacht gewahrt, wenngleich verwandelt. Die Hauptsache ist der Gral, die "christliche" Wiederholung des Rheingolds. Im "Rheingold" heißt die Bühnenanweisung bei seinem ersten Erscheinen: "Durch die Flut ist von oben her ein immer lichterer Schein gedrungen, der sich nun an einer hohen Stelle des mittleren Riffes allmählich zu einem blendend hell strahlenden Goldglanze entzündet; ein zauberisch goldenes Licht bricht von hier durch das Wasser."[155] Im "Parsifal": "Ein blendender Lichtstrahl dringt von oben auf die Schale herab, diese erglüht immer stärker in leuchtender Purpurfarbe."[156] Das Rheingold, das partizipativ ur-lebenspendende Ding, ist freilich in der Möglichkeit der expropriativen Produktivität, des Privateigentums:

Der Welt Erbe
Gewänne zu eigen,
Wer aus dem Rheingold
Schüfe den Ring,
Der maßlose Macht ihm verlieh'.[157]

Alberich jedenfalls kann sich das Gold aneignen, indem er

der Minne
Macht entsagt [158]

- wie es Klingsor mit dem Gral versuchte. Aber der Gral ist kein Natur-Ding wie das Rheingold, sondern ein durch menschliche Arbeit kunstvoll produziertes, weshalb hier also auch keine Naturgewalt mehr genügt: die "kommunistische" Gesellschaft der Gralsritter wird von ihm durch über-natürliches Brot und Wein gestärkt. Bei ihrem Einzug singen sie (erinnernd an die Chorszene von 1843):

Zum letzten Liebesmahle[159]

- aber Amfortas' Schmach entzieht ihnen diesen partizipativen Genuß:

Die heil'ge Speisung bleibt uns nun versagt,
Gemeine Atzung muß uns nähren;
Darob versiechte unsrer Helden Kraft:
Nie kommt uns Botschaft mehr,
Noch Ruf zu heil'gen Kämpfen aus der Ferne[160] ...

Zuerst mag es scheinen, als sei jene Schale in der Tat nur die mit übernatürlicher Kraft versehene Empfängerin des Bluts des Gott-Menschen in Knechtsgestalt, der in unendlichem Mitleid sich sehnte, die Welt zu erlösen, und dafür als der Gekreuzigte starb - zuletzt ist er aber vom Gral-Ding gar nicht zu trennen: Amfortas' Vater Titurel ist

die heilige Kraft,
Der Gott einst selbst zur Pflege sich gab:
(...) der, in Gottes Hut,
Gott selbst einst beschirmte[161] ...

Das Verhältnis ist also endlich dies: Die geschichtliche Menschheit, repräsentiert durch Amfortas als den Herrn der Gralsritter, ist in die Schmach der Selbstentzweiung gefallen, d. h. unschöpferisch geworden (das Prinzip der Sterilität ist Klingsor, der Gral und Lanze zu seinem Privateigentum machen will). Sie kann, leidenschaftlich leidend, nur durch leidenschaftliches Mitleiden erlöst werden, durch den Gott-Menschen in Knechtsgestalt, der der Gekreuzigte ist. Seine Tat muß aber durch die Mit-Tat ergänzt werden: das Sehnen des Erlösers kann nur durch ein dem seinen äquivalentes Mitleiden gestillt werden. Einzig durch diese Partizipation wird der Erlöser zur wirklichen Erlösung erlöst. Er ist da als das Gral-Ding, das als ein Produkt menschlicher Schöpferkraft diese zugleich birgt und, zufolge der Schmach der Menschheit, entzieht.

Es ist das andre Produkt, die Lanze, ihr spaltendes, trennendes Wesen, von dem einerseits die Schmach herbeigeführt, andrerseits die Schöpferkraft selbst in das Gral-Ding geborgen wird. Die Erlösung des Erlösers muß daher die sein, die im Gral entzogene Schöpferkraft zu entbinden durch die Anheimgabe des trennenden Lanzenwesens an das vereinigende Gralswesen:

Oh! Welchen Wunders höchstes Glück!-
Der deine Wunde durfte schließen,
Ihm seh' ich heil'ges Blut entfließen
In Sehnsucht nach dem verwandten Quelle,
Der dort fließt in des Grales Welle!
Nicht soll der mehr verschlossen sein:
Enthüllet den Gral! Öffnet den Schrein! [162]

Mit dieser Subsumtion der Distribution unter die Produktion ist das vormals dem Gott gehörende "Gebären", die Produktivkraft, der Menschheit zugeeignet, die sie und damit sich selber in ihrem Kunst-Produkt unerschöpflich genießen wird.

Der "Tristan" war in dem Augenblick zu Ende, wo das Bewußtsein (die Sprache) das Sein (die Musik) vollkommen widerspiegelte, also aus dem Tag- zum Nacht- oder Ein-Bewußtsein geworden war; im "Parsifal" verklingt die Musik - und die wagnersche Musik überhaupt verklingt hier -, weil das gelöste Problem nicht mehr nur das der Entzweiung von Bewußtsein und Sein ist, sondern der Bestimmung des Seins selbst, die entfremdete und die unentfremdete Produktivkraft. Bei Kierkegaard will die Leidenschaft, die sich selber überlassen der Unsinn ist, in den Sinn untergehen, aber um der geschöpflichen Bestimmung des Menschen willen bedeutet der Sprung in den Glauben nicht das Ende des Leidens, sondern nur das des un- und mehr noch: widersinnigen. In der wagnerschen Verweltlichung des Untergangs macht er notwendig "höchste Lust", weil er weltlicherweise sonst kein Motiv hätte. Im "Parsifal" ist dann die geschichtliche, weil durch einen geschichtlichen, innerweltlichen, Anfang ausgezeichnete Entfremdung der Produktivkraft gleichgesetzt mit der Leidenschaft, die ihrerseits gleichgesetzt ist mit dem Leiden (Kierkegaards "Erbsünde" kommt mit dem Menschen in die Welt, nicht so Marx' "Warenproduktion").

Mit dem Leiden ist also die Leidenschaft untergegangen, und darum bedarf es keiner Musik mehr - sie schafft sich, ihrer Ursprünglichkeit getreu, zum Schluß selbst ab: der Ursprung entspringt sich. Ebenso war sich der Komponist Wagner nie genug als Komponist, sondern hat - und wieder nicht so sehr um seiner Musik willen als vielmehr mit ihrer Hilfe - international ein "deutsches Reich" gegründet, das als eines der Weltanschauung das Bismarcks überdauern sollte.

c. Wohin Wagner gehört

Es ist gleichwohl die Musik, der Wagner seine Größe verdankt - und doch liegt nicht allein darin seine eigentümliche geschichtliche Bedeutung. Wagners Kunst ist, nur noch der Hölderlins für Heidegger vergleichbar, dem Denken selber zum Anstoß geworden, und sie mußte es werden, weil dies Denken, sich als tragisch bestimmend, allein in ihr den Abstoß zu sich von seiner eignen ihm unkenntlichen Genealogie finden konnte: der schopenhauersche "Pessimismus", das kierkegaardsche "Christentum" und der marxsche "Kommunismus" agglutinieren hier zum Antipoden des "tragischen Kunstwerks". Einzig Feuerbach scheint zu fehlen, aber Nietzsche bemerkt: "Man erinnere sich, wie begeistert seiner Zeit Wagner in den Fußtapfen des Philosophen Feuerbach gegangen ist. Feuerbachs Wort von der 'gesunden Sinnlichkeit' - das klang in den dreißiger und vierziger Jahren Wagnern gleich vielen Deutschen - sie nannten sich die j u n g e n Deutschen - wie das Wort der Erlösung. Hat er schließlich darüber u m g e l e r n t ? Da es zum Mindesten scheint, daß er zuletzt den Willen hatte, darüber u m z u l e h r e n ? ..." [163]

Es lohnt sich, Wagner selbst darüber zu hören: "Was mich dagegen wirklich bestimmt hatte, Feuerbach eine für mich wichtige Bedeutung beizulegen, war dessen Schluß, mit welchem er von seinem ursprünglichen Meister Hegel abfiel: daß nämlich die beste Philosophie sei, gar keine Philosophie zu haben, womit mir das bisher abschreckende Studium derselben ungemein erleichtert wurde; sowie zweitens, daß nur das wirklich sei, was die Sinne wahrnehmen. Daß er in die ästhetische Wahrnehmung unsrer Sinnenwelt das, was wir Geist nennen, setzte, dies war es, was mich neben der Erklärung von der Nichtigkeit der Philosophie für meine Konzeptionen eines allumfassenden, für die einfachste, rein menschliche Empfindung verständlichen Kunstwerkes, dem vollendeten Drama ((sic)), im Momente seiner jede künstlerische Intention verwirklichenden Darstellung als Kunstwerk der Zukunft so ergiebig unterstützte" [164] ... Feuerbach war für Wagner auf diese Weise wohl die Befreiung, aber nicht zum feuerbachschen Gedanken (wohingegen die Verwandtschaft des reifen Werks mit dem schopenhauerschen an der Oberfläche liegt). Sie hat ihre Wurzel in seinem Ort zwischen Kierkegaard und Marx. Der marxsche Gedanke verweltlicht den kierkegaardschen, den erst der nietzschesche überwindet. Und die wagnersche Tat ist es, den kierkegaardschen Gedanken im ganzen in das "ästhetische Stadium" zurückgebeugt und auf diese Weise geschichtlich (freilich nicht rezeptionsgeschichtlich) dem marxschen Gedanken zugearbeitet zu haben.

Beides ist zusammenzudenken: zurück in das ästhetische Stadium und hin zum marxschen. Der religiöse Gedanke Kierkegaards wird also - seiner Verfassung nach ist er ja in dieser Möglichkeit - ästhetisiert, und zwar auf die doppelte Weise, in der das Wort emphatisch von Feuerbach und Kierkegaard gebraucht wird: der Inhalt wird versinnlicht, und die Form ist die der Bildung, d. h. der Kunst, näher in Richtung Marx: das Kunst-Werk, sogar das Gesamt-Kunstwerk. Im kierkegaardschen Stadium hat das ursprüngliche Denken sein erstes vollständiges In-sich-Unterschiedensein, Insichsein, erreicht, ist mit sich selber konkretisiert, und die Kunst, die diese Vollständigkeit publik macht und dem unmittelbaren Verstehen vorstellt, wird das repräsentative Kunstwerk des neunzehnten Jahrhunderts geschaffen haben (während sich, wie Nietzsche gehört hat, in Beethovens und Rossinis Musik das achtzehnte Jahrhundert aussang[165]). Ein solches Kunstwerk wird weder Malerei noch Poesie sein, da diese Künste den Unterschied von Bewußtsein und Sein wohl verdeutlichen, aber nicht in der überwältigend-unmittelbaren Weise vorstellen können, wie Wagner es der in "Oper und Drama" propagierten Begattung der "absoluten" Musik durch die "mythische" oder "reinmenschliche", d. h. weltanschauliche "Wortsprache" abzuzwingen vermochte. Der "dialektischen" Bewegung von Sein und Bewußtsein ebensowohl in sich wie gegeneinander wegen muß dies Verhältnis eine Geschichte sein, die, indem sich darin die kierkegaardsche "Erbaulichkeit" verweltlicht, zur anschaulich-überredenden, d. h. zur Bühnenhandlung wird; und da sich jene dialektische Bewegung eigentlich im Umschlagen erschöpft, wird es die musikalisch-erzählende Kleinform, die Ballade, sein, die zur Großform, dem "Bühnen(weih)festspiel" aufgezogen wird. Dies Fortwuchern der Klein- zur Großform prägt mithin auch, wie wiederum Nietzsche hörte, die Musik selbst: "ja er ist der M e i s t e r des ganz Kleinen. Aber er w i l l es nicht sein. Sein Charakter liebt vielmehr die großen Wände und die verwegene Wandmalerei! ... Es entgeht ihm, daß sein Geist einen andren geschmack und Hang - eine entgegengesetzte Optik - hat und am liebsten still in den Winkeln zusammengestürzter Häuser sitzt: da, verborgen, sich selber verborgen, malt er seine eigentlichen Meisterstücke, welche alle sehr kurz sind, oft nur Einen Takt lang, - da erst wird er ganz gut, groß und vollkommen, da vielleicht allein.-" [166]

Im Verlassen der antiken Themen - Berlioz' "Trojaner" kommen schon viel zu spät - wie der geschichtlichen im Sinne Schillers und dann Scotts erweist sich das national-herrschaftliche Bedürfnis der Verweltlichung, dem mit der Entdeckung der germanischen bzw. mittelalterlichen "Mythen" für die Bühne ein eignes Reich der Vorstellung geschaffen wird. In dieser Hinsicht ist der "Ring" Wagners gelungenstes Werk, wiewohl es das ursprüngliche Motiv noch nicht derart komprimiert zur Darstellung bringt wie "Tristan" und "Parsifal". Während "Tristan" aber nur eine Seite dieses Motivs austrägt - die kierkegaardsche -, stellt das "Bühnenweihfestspiel" das ganze dar mit der Erlösungs-Geschichte der vom Gral-Ding versammelten Menschheit, das der Schrein ihrer Produktivkraft ist. Und dies Ganze spricht sich, obgleich radikal verweltlicht, als "christlicher Mythos" aus.

Es ist nicht unbillig, ihn als bloße Vermummung zu nehmen, aber andrerseits - Nietzsche hat das genau festgehalten - ist dies "Christliche" auch wesentlich. Denn darin zeigt sich an, daß es der <u>kierkegaardsche</u> Gedanke ist, der hier verweltlich wurde. Das kierkegaardsche Christentum ist weder das bei Augustinus und Thomas, Fichte und Hegel spekulativ gewußte noch das der Evangelien. Es ist das des ursprünglichen Denkens, sein <u>Entzug</u> also vielmehr im Schein seiner <u>Möglichkeit</u>: das Christentum bleibt in Kierkegaards "christlichem" Denken aus - das ist sein ursprüngliches Leiden, das Wagners Kunstwerk kompromißlos verweltlicht hat. Nichts schreit daher so schrill nach Erlösung wie die im "Parsifal" gefeierte Erlösung selber, und es ist die ebenso geschichtliche Tat von Marx, ihren gesellschaftlichen Schein als eine Gestalt der kapitalistischen Ideologie entlarvt zu haben.

Hier ist die nietzschesche Aufgabe: indem sein Gedanke noch dieser Entlarvung an die gemeinsame Wurzel geht, schafft er das Christentum der Ursprungsgeschichte des ursprünglichen Denkens auf unwiederbringliche Weise ab. Dieser Gott ist tot und bleibt tot. Aber damit hat Nietzsche auch das Motiv, das Problem, der wagnerschen Kunst aus der Welt geschafft, das allerdings, wie Kierkegaards Christentum, weiter mitläuft, solange sich die Ausläufer jener Ursprungsgeschichte noch nicht verlaufen haben.

VI. DAS DING

Feuerbach denkt das Bewußtsein wesentlich als die unterscheidend menschliche Bestimmung der Sprache, kraft deren das namengebende Lebewesen der "Grund" von allem ist; so ist sie eine Modalität des Seins selber oder der bewußtlosen, d. h. nicht Wort werdenden "Ursprache" [167]. In dieser Versinnlichung ist der schopenhauersche Verstand zum ursprünglichen Verstehen geworden und seine abstrakte Vernunft zur sinnlich gebildeten Sprache oder Konversation. Schopenhauers Ursein, der Wille zum Leben, war nur abkünftig individuiert mittels des Verstandes; erst dessen feuerbachsche Metamorphose zum ursprünglichen Verstehen befreit das Individuum von seiner Scheinhaftigkeit und macht es zum selber ursprünglichen. Anfänglich war die menschliche Individualität - als NOYS, anima rationalis, Ich - in der Metaphysik kraft ihres spekulativen Wissens; ursprünglich ist sie mit Feuerbach, weil sie nicht erstlich in der Bestimmung des Fürsich-, sondern des Füreinanderseins gedacht wird, nicht als Ich, sondern als Du. Entsprechend dem graduellen Unterschied zwischen Bewußtsein und Sein besteht demnach auch nur ein gradueller zwischen der sprachfähigen Individualität und jeder andern. Schon Schopenhauer rechnet es dem Christentum zum "Grundfehler" an, "daß es widernatürlicherweise den Menschen losgerissen hat von der Tierwelt, welcher er doch wesentlich angehört" [168]. Das Individuum des ursprünglichen Denkens ist aber nicht einmal zuerst Lebewesen, sondern der ursprünglichen Objektivität wegen Ding, scheinhaftes oder ursprüngliches.

"Das Sein ist kein allgemeiner, von den Dingen abtrennbarer

Begriff. Es ist eins mit dem, was ist. Es ist nur mittelbar denkbar - nur denkbar durch die Prädikate, welche das Wesen eines Dinges begründen. Das Sein ist die Position des Wesens. Was mein Wesen, ist mein Sein."[169] Dem feuerbachschen Gedanken ist der setzende Umgang des Menschen-Dings mit den Dingen dies Prädizieren, Zusprechen, Nennen, und die Namen begründen das Wesen eines Dings, sprechen aus, was es ist für den Menschen: rufen es hervor. Ursprünglich ist es für sein Empfinden. Der Mensch benennt, was seine Empfindung angeht, notwendig eine in Zeit und Raum ausgebreitete Vielheit, die ein Ding nur ist als versammelte. Soll diese Versammlung nicht bloß das zufällige Jeweils seiner Empfindlichkeit ausmachen oder diejenige Einheit, die nichts weiter ist als der eine Name für Vieles, dann muß sie auch dem Ding eignen. Es ist an ihm selber ein Versammeltes. Aber seine Einheit ist nicht das Sein, das bloß "die Position des Wesens" ist als die jeweilige Bejahung des Seins-für-die-Empfindung, seines Da-Seins. Es ist da als sein Wesen - oder das Angehen, Sein des Dings für den Menschen, wie auch des Menschen für sich, ist Anwesen. So weit zurück, bis zu Feuerbach, reicht Heideggers Bestimmung des "metaphysischen" Seins als "Anwesenheit".

Das Ding west an, und zwar notwendig als Vielheit, die ihre Entsprechung an der Vielheit der Prädikate hat. Die vollständige, wiewohl immer unvollendbare, Inventarisierung des Dings wäre das Gesamt-Verzeichnis der Prädikate seiner Eigenschaften. Die Wissenschaft, sagt Feuerbach in anderem Zusammenhang, "hat die Sterne am Himmel gezählt, die Eier in den Leibern der Fische und Schmetterlinge, die Tüpfelchen auf den Flügeln der Insekten, um sie voneinander zu unterscheiden; sie hat allein in der Raupe des Weidenspinners am Kopfe 228, am Körper 1647, am Magen und den Gedärmen 2186 Muskeln anatomisch nachgewiesen (...) Lyonet verlor sein Gesicht über der Anatomie der Weidenraupe (...)

Aber was nicht der einzelne Mensch weiß und kann, das wissen und können die Menschen zusammen." [170]

Das Ding west vielfältig an, nicht mannigfaltig; Mannigfaltigkeit setzt ein Einfaches voraus, das in ihr entfaltet ist. Das wäre mit der älteren Philosophie gedacht das Sein. Hingegen auch im vollständigen Inventar der Prädikate käme das Sein nicht vor. Allerdings bestimmt Kant es als "bloß die Position eines Dinges" [171]. Nur ist das kantsche Ding kraft der Kategorie Dasein konstituiert und also nicht objektitär wie das schopenhauersche und feuerbachsche, sondern Objekt für das (transzendentale) Ich. "Objekt aber ist das, in dessen Begriff das Mannigfaltige einer gegebenen Anschauung vereinigt ist. Nun erfordert aber alle Vereinigung der Vorstellungen Einheit des Bewußtseins in der Synthesis derselben. Folglich ist die Einheit des Bewußtseins dasjenige, was allein die Beziehung der Vorstellungen auf einen Gegenstand, mithin ihre objektive Gültigkeit, folglich, daß sie Erkenntnisse werden, ausmacht, und worauf folglich selbst die Möglichkeit des Verstandes beruht." [172] Und eben diese transzendentale Einheit der Apperzeption, das reine Ich in theoretischer Hinsicht, ist dem ursprünglichen Denken von Anfang an entzogen, dessen Individualität darum wesentlich zeitlich sein muß.

So scheint es, als sei die Vielheit des ursprünglichen Dings eine bloße Sammlung von Bestimmtheiten. Aber erstens spricht Feuerbach nicht obenhin von "Eigenschaften", und zweitens muß das Ding auch an ihm selber gesammelt sein. Entbehrt es der Einheit, die Platon zuerst gedacht hatte als die einende der Eigenschaften, das TI ESTIN als der Grund des mannigfaltigen POION TI, dann sind die Eigenschaften nicht länger die von Etwas (TI), sondern Eigenschaften voneinander und ihre Sammlung die einer ursprünglichen Gemeinschaft, in der jedes Mitglied jedem andern korrespondiert. Diese Gemeinschaft, Gesellschaft, denkt Feuerbach aber als Familie, insofern sein Denken ursprüngliche Kritik der Theologie ist. "Die Trinität war das höchste Mysterium, der Zentralpunkt der absoluten Philosophie und Religion. Aber das Geheimnis derselben ist (...) das Geheimnis des gemeinschaftlichen, gesellschaftlichen Lebens - das Geheimnis der Notwendigkeit des Du für das Ich - die Wahrheit, daß kein Wesen, es sei und heiße nun Mensch oder Gott oder Geist oder Ich, für sich selbst allein ein wahres, ein vollkommnes, ein absolutes Wesen, daß die Wahrheit und Vollkommenheit nur ist die Verbindung, die Einheit von wesensgleichen Wesen. Das höchste und letzte Prinzip der Philosophie ist daher die Einheit des Menschen mit dem Menschen. Alle wesentlichen Verhältnisse - die Prinzipien verschiedener Wissenschaften - sind nur verschiedene Arten und Weisen dieser Einheit." [173]

Für diesen Paragraphen der "Grundsätze" hat Feuerbach auf das "Wesen des Christentums" hingewiesen, wo er unter dem Titel "Das Mysterium der Dreieinigkeit und Mutter Gottes" [174] die Trinität in die heilige Familie verschwinden ließ (die bei Hegel der schlechthin ideale Inhalt der Malerei als der ersten "romantischen" Kunst war: die sacra conversazione). Das feuerbachsche Ding, die Gemeinschaft, Anwesen füreinander, von Bestimmtheiten, die einander vereignet sind im Entzug ihrer anfänglichen Einheit als der vormaligen Identität mit sich, ist die ursprüngliche Familie. Als die Versammlung der einander Vereigneten sammelt es sodann den Menschen, ihn anwesend, auf sein ursprüngliches Verstehen als auf sein familiäres Wesen, seine existentielle Familiarität - und so läßt es Welt anwesen und sammelt den Menschen auf sie, der ihr "Grund" ist als der Hervorrufende. "Verwandtschaft drückt dasselbe aus als Identität, aber es ist mit ihr zugleich verbunden die sinnliche Vorstellung, daß die verwandten Wesen zwei selbständige, d.i. sinnliche, außereinander existierende, Wesen sind."[175] Was für eine poetische Tragkraft diese Bestimmung der Dingheit als Verwandtschaft hat, ist wieder vom "Nachsommer" zu lernen.

Anläßlich seiner Widerlegung des Gottesbeweises unterscheidet Kierkegaard das faktische Sein vom ideellen: "Das faktische Sein ist indifferent gegen alle Verschiedenheit der Wesensbestimmungen, und alles, was da ist, partizipiert ohne kleinliche Jalousie daran, zu sein, und partizipiert gleich viel. Ideell verhält sich das anders, das ist ganz richtig. Aber sobald ich ideell vom Sein spreche, spreche ich nicht mehr vom Sein, sondern vom Wesen."[176] Damit ist die feuerbachsche Bestimmung des Dings gebrochen. Dessen Sein war nur die Position des Wesens - und "Position" ist selber eine Wesensbestimmung -, d. h. Sein des Wesens für ..., Anwesen. Jetzt ist an die Stelle der Position die Faktizität getreten, das spröde Dies als die Basis aller Prädikation. Etwas ist ein Factum, und der Factor ist nicht der Mensch oder die Natur, beides selber Facta, sondern derjenige, der unmöglich Factum ist und gerade darum geglaubt werden muß - als der Gott-Mensch in Knechtsgestalt. Um dieser einzigen Absicht seines Gedankens willen kann es mit dem Ding, es sei denn als Brot und Wein, keine weitere Bewandtnis haben für Kierkegaard.

Anders für Marx. In seinem Gedanken kommt das kierkegaardsche Sein zur Welt, weil erst in seiner Verdiesseitigung, Aufschließung, die Welt einen qualitativen Unterschied macht gegen die "Idealität" oder das Bewußtsein; mit ihm beginnt daher die weltliche Phase des ursprünglichen Denkens. In diesem Beginn ist das göttliche "Gebären" Kierkegaards dem Menschen überantwortet. Er ist der Demiurg seiner eignen Existenz und schaut sein Wesen nicht mehr konversierend im andern an oder sucht es auf dem Sprung in den Glauben, sondern hat es einzig an dem, was er aus seiner Produktivkraft heraus vor sich stellt als ein

Seiendes. Das kierkegaardsche Factum ist so zum Produkt geworden und die Menschen-Welt als die sich verwirklichende Produktivkraft zur verdinglichten: die Menschen sind in ihrem Wesen be-dingt durch den jeweiligen Zustand der Verdinglichung ihrer Arbeitskraft. Diese Bestimmung des Dings hat Marx zuerst in seinen Auszügen aus James Mills Buch 'Elémens d'économie politique' (1844) [177] gedacht. Im siebenunddreißigsten Absatz entwickelt er die Bestimmung des Dings unter der Herrschaft des Privateigentums:

Das Ding ist unter ihr als Ding entzogen, weil es sogleich als Äquivalent produziert wird, nämlich als bloßes Instrument, sich des Produkts des andern, das seinerseits nur als Äquivalent gilt, zur Befriedigung des Bedürfnisses zu bemächtigen. Indem der Produzent das Produkt also sogleich als Mittel produziert, kann sich die Produktivkraft darin auch nur als Mittel sedimentieren oder die Produzenten sind füreinander bloße Mittel und machen sich in ihrer Produktion demzuvor selber dazu. Keiner produziert, um zu produzieren - das wäre der Selbstgenuß seines Wesens -, sondern nur, um das Produkt des andern zu haben; und wie er diesen, ihn an seinem Bedürfnis packend, zur entfremdeten Produktion zwingt, produziert er selber entfremdet. Das Produkt ist hiermit nicht die Verdinglichung des Produzierens, des Seins, sondern nur "die sinnliche Hülle, die verborgne Gestalt" des andern Produkts, das nicht genossen, nur verbraucht wird zur Reaktivierung der Produktion von Äquivalenten: das Ding unter der Herrschaft des Privateigentums kommt nicht dazu, Ding zu sein, ist als Äquivalent nur das in die Unkenntlichkeit verfremdete und die Dingheit vielmehr seine Verborgenheit als Ding. Indem sie endlich sich selber verbirgt und dadurch unscheinbar macht, daß jedes Ding nur Äquivalent eines andern und die Produzenten nur Instrumente so füreinander wie für sich selber sind, kommt es dazu, daß der Demiurg für sich nur da ist in Knechtsgestalt, daß er, "der Herr seiner Schöpfung, als der Knecht dieser Schöpfung erscheint" [178].

Hingegen "Gesetzt, wir hätten als Menschen produziert" [179], dann wäre um des Produzierens willen produziert worden, und Produzent und Konsument genössen im Produkt nichts andres mehr als ihr entborgenes Sein, das zum Ding herausgeborene Schaffen. Dadurch wäre aber die Knechtsgestalt des Demiurgen in seine ursprüngliche Herrlichkeit umgekehrt, denn jeder wäre jetzt der Mittler zwischen dem andern und der Gattung, würde "als eine Ergänzung" seines "eignen Wesens und als ein notwendiger Teil" seiner "selbst gewußt und empfunden". So schüfe die "Lebensäußerung" oder die Produktion des einen nicht nur das partizipative Produkt als das freigelassene Ding, sondern mittels des Dings, sie bedingend, zugleich auch die des andern. Die totale Lebensäußerung, das totale menschliche Sein produzierte sich selber, d. h. in seiner Objektivation eine Totalität von Dingen als die Menschen-Welt und so zugleich das menschliche Gemeinwesen, in dem Produktionskraft und Produkt, Produktion und Konsumtion, Ding und Welt einander adäquat wären: die kommunistische Gesellschaft.

Das marxsche Ding ist also nicht da oder doch nur in der Entfremdungsgestalt der ursprünglichen (d. h. jetzt: der Arbeits-) Zeit, als Ware. Aber es wird mit geschichtlicher Notwendigkeit da sein, und der Unterschied von unentfremdetem und entfremdetem Produkt oder von Ding als Ding und Ding als Ware ist der von Morgen und Heute, geschieden durch die Revolution, die das gesetzmäßige Resultat der "im Schoß der bürgerlichen Gesellschaft sich entwickelnden Produktivkräfte" ist.

In diesem Schoß entwickelte sich aber zunächst, dem marxschen Gedanken sachlich vorlaufend, die unmittelbar-künstlerische Anschauung des Dings als des den menschlichen Demiurgen zu seiner Ursprünglichkeit vermittelnden Produkts. Wagners "Parsifal" erzählt die Erlösungsgeschichte des Gral-Dings. Der "Tristan" ging zu Ende mit der Korrespondenz von Bewußtsein und Sein. Der "Parsifal" geht zu Ende, indem das Leiden der Leidenschaft gestillt ist als das der entfremdeten existentiellen Produktivkraft - indem die expropriative Verdinglichung kraft des ursprünglichen Mitleidens revolutioniert ist zur partizipativen. Das Ding als Ding erscheint zum Schluß als der erlöste Erlöser.

Indem es Wagners Werk war, den kierkegaardschen Gedanken im ganzen zurückgebeugt zu haben ins ästhetische Stadium, ist das musikalische Kunstwerk anders als die Kritik der politischen Ökonomie nicht zu fassen als nur die Vorläufigkeit der Erlösung: es ist sie schon selber. Nietzsche ließ sich nicht täuschen: "'Der Mensch ist verderbt: wer erlöst ihn? w a s e r l ö s t i h n ?'" - der entscheidende Übergang - "Antworten wir nicht. Seien wir vorsichtig. Bekämpfen wir unsern Ehrgeiz, welcher Religionen stiften möchte. Aber niemand darf zweifeln, daß w i r ihn erlösen, daß u n s r e Musik allein erlöst... (Wagners Aufsatz 'Religion und Kunst'.)"[180] Die Dinge des ursprünglichen Denkens in seiner weltlichen Phase sind zuerst da als die wagnerschen "Musikdramen".

Und auch deren Musik drängt in die Dinglichkeit. Wohl können die "Leitmotive" mit den schopenhauerschen Individuen als den Wirbeln oder Strudeln im strömenden Schleier der Maja verglichen werden, aber verschieden von den charakteristischen Themen-Wiederholungen in der Oper sind sie vor allem Melodie-Dinge, die als unentwickelbare, nur im orchestralen Medium changierende Individuen miteinander insbesondere aber mit der Wortsprache so korrespondieren, daß sie erst deren Wahrheit zu Gehör bringen. Sie geben der Musik keine Richtung, sondern lassen nur hören, was ist - ob das Bewußtsein, die Sprache, sie nun widerspiegelt oder nicht, und gerade dort, wo es sie nicht widerspiegelt, sie verhehlt. Im ganzen ist das "Drama der Zukunft" das Ding als Ding für die unmittelbar nach-kierkegaardsche ästhetische Anschauung. Und im "Parsifal" spätestens - schon etwa das Rheingold der Nixen, die Lanze Wotans und Siegfrieds Schwert sind solche Dinge - wird das Ding als Ding zur Sache der Ballade. Der "Parsifal" und mit ihm die wagnersche Kunst überhaupt ist daher zu Ende, wo das in der Handlung repräsentierte Ding dem Ding adäquat wird, das die Repräsentation selber ist.

Wie im Schluß des "Parsifal" der Erlöser, sein Blut und das Gral-Ding eins werden, so auch das Gral-Ding und die Darstellung seiner Erlösungsgeschichte: das erlösende Bühnenwerk repräsentiert im erlöst-erlösenden Gral-Ding nichts anderes mehr als sich, und damit verklingt die wagnersche Kunst, hat sich selber erlöst. Aber dies auf eine Weise, die mit Heidegger schlechthin "metaphysisch" zu nennen wäre, denn das Bühnenwerk als das Ding für die gesellschaftlich-ästhetische Anschauung, d. h. für die "theoretische", ist schon "Repräsentation", und im erlösten Gral-Ding repräsentiert sich diese Repräsentation selber:
"Die repraesentatio gründet in der reflexio; aber diese ist das Wesen des 'Denkens', sofern dieses selbst transzendental als das eigentliche Vor-stellen, Vor-sich-bringen von etwas als etwas, d. h. Anschauen im wesentlichen Sinne genommen wird." [181]
Es führt irre, hier mit Heidegger die neuere Philosophie zu zitieren - um zu sehen, was gedacht ist, genügt es aber, in die wagnersche Verweltlichung des kierkegaardschen "Gebärens" zurückzudenken: dessen künstlerische Bewältigung ist seine Gestalt genau als diese Repräsentation.

Eben darauf sammelt sich Nietzes Kritik. Er bestimmt Wagners Kunst in der Tiefe als mimisch: "Wagner war (...), neben dem Wagner, der die einsamste Musik gemacht hat, die es gibt, wesentlich noch Theatermensch und Schauspieler, der begeistertste Mimomane, den es vielleicht gegeben hat, auch noch als Musiker... Und, beiläufig gesagt, wenn es Wagners Theorie gewesen ist 'das

Drama ist der Zweck, die Musik ist immer nur das Mittel'-, seine Praxis dagegen war, von Anfang bis zu Ende, 'die Attitüde ist der Zweck; das Drama, auch die Musik, ist immer nur ihr Mittel'. Die Musik als Mittel zur Verdeutlichung, Verstärkung, Verinnerlichung[182] der dramatischen Gebärde und Schauspieler-Sinnenfälligkeit; und das Wagnerische Drama nur eine Gelegenheit zu vielen interessanten Attitüden! - Er hatte, neben allen andren Instinkten, die kommandierenden Instinkte eines großen Schauspielers in Allem und Jedem."[183]

In der Tiefe von Wagners Kunst entdeckt Nietzsche die Attitüde, das vom Willen gesteuerte Anwesen als nachstellendes Vorstellen, Sich-her-vor-Bringen für einen, das beim "letzten Menschen" zum Blinzeln Mimes wird. "Die Gefahr kommt auf die Spitze, wenn sich eine solche Musik immer enger an eine ganz naturalistische, durch kein Gesetz der Plastik beherrschte Schauspielerei und Gebärdenkunst anlehnt, die W i r k u n g will nichts mehr ... Das espressivo um jeden Preis und die Musik im Dienste, in der Sklaverei der Attitüde - das ist das Ende ..."[184]

Diese in ihrem Insistieren zunächst befremdliche Kritik am Gebärden-Wesen der wagnerschen Kunst trifft deren geschichtliche Bestimmung zur Verdinglichung: denn das schöpferische - gebärende - Menschenwesen sucht sich im produzierten Ding, und das unmittelbar ästhetisch bestimmte findet sich allerdings in demjenigen, das schlechthin "Kunst des Ausdruckes"[185] - Gesamt-Kunstwerk - und also die gesammelte Gebärde ist. Von Marx ist es zu lernen: dies Ding ist die geronnene Zeit - die ursprüngliche nämlich als die allgemeine Form der Arbeitskraft, d. h. die materialisierte werk-tätige Gebärde. Hier ist es denn, wo Heideggers im Schein der Unmittelbarkeit ankommender Gedanke des Dings seinen geschichtlichen Ursprung hat: "Dieses versammelnde Verweilenlassen ist das Dingen der Dinge. Wir nennen das im Dingen der Dinge verweilte einige Geviert von Himmel und Erde,

Sterblichen und Göttlichen: die Welt. Im Nennen sind die genannten Dinge in ihr Dingen gerufen. Dingend ent-falten sie Welt, in der die Dinge weilen und so je die weiligen sind. Die Dinge tragen, indem sie dingen, Welt aus. Unsere alte Sprache nennt das Austragen: bern, bären, daher die Wörter 'gebären' und 'Gebärde'. Dingend sind die Dinge Dinge. Dingend gebärden sie Welt."[186]

Die "Attitüde" zurückgedacht in das ursprüngliche Gebärden von Welt - das ist das heideggersche Ding. Entsprungen dem Sich-Entspringen des kierkegaardschen Ursprungs ist es demzuvor als Gebärden von Seele das nietzschesche. Nietzsches Werk ist reich an Kritik des "metaphysischen" Dings, als des Gegenstands nämlich der (im Boden des ursprünglichen Denken wurzelnden) Wissenschaft. So heißt es etwa, ganz im Schein einer allgemeinen Metaphysikkritik, in der "Götzen-Dämmerung": "Der Mensch hat seine drei 'inneren Tatsachen', Das, woran er am festesten glaubte, den Willen, den Geist, das Ich, aus sich herausprojiziert, - er nahm erst den Begriff Sein aus dem Begriff Ich heraus, er hat die 'Dinge' als seiend gesetzt nach seinem Bilde, nach seinem Begriff des Ichs als Ursache. Was Wunder, daß er später in den Dingen immer nur wiederfand, was er in sie gesteckt hatte? - Das Ding selbst, nochmals gesagt, der Begriff Ding, ein Reflex bloß vom Glauben ans Ich als Ursache..."[187] Diese Kritik löst die Verdinglichung des ursprünglichen Schaffens auf um des Rückgangs ins Schaffen selbst willen, der Vertikalen des nietzscheschen Denkens. Aber das heißt sowenig wie bei Heidegger, für den in "Sein und Zeit" das Ding zuerst auch nur "das Vorhandene" sein wird, daß mit dieser Entdinglichung das Ding überhaupt verschwände. Der nietzschesche Gedanke entdeckt sich noch eine andre Art von Dingen: "Es gibt eine erheuchelte Mißachtung aller Dinge, welche tatsächlich die Menschen am wichtigsten nehmen, aller nächsten Dinge",[188] und: "Wir müssen wieder gute Nachbarn der nächsten Dinge werden",[189] und: "Frieden um mich und ein Wohlgefallen an allen nächsten Dingen." [190] Obwohl von alltäglichen Dingen die Rede zu sein scheint wie die zum Essen und Trinken, läßt die Lukas-Anspielung noch anderes erwarten, denn schon der feuerbachsche Mensch "ist, was er ißt" - im Abendmahl.

Die drei "inneren Tatsachen", an die der Mensch "am festesten glaubte", sind Wille, Geist und Ich; das ist Nietzsches Übersetzung seiner Ursprungsreihe Leben, Geist und Bewußtsein in die Wissenschaft. Das Bewußtsein ist sprachlichen Wesens: "Der Mensch, wie jedes lebende Geschöpf, denkt immerfort, aber weiß es nicht; das bewußt werdende Denken ist nur der kleinste Teil davon, sagen wir: der oberflächlichste, der schlechteste Teil: - denn allein dieses bewußte Denken geschieht in Worten, das heißt in Mitteilungszeichen, womit sich die Herkunft des Bewußtseins selber aufdeckt". Nun sind die Dinge seiend, und der Begriff des Seins ist aus dem des Ich "herausgenommen", der wie alle Begriffe ein Produkt der ursprünglich tätigen Sprache ist. Schon in "Über Wahrheit und Lüge im außermoralischen Sinn" heißt es: "An dem Bau der Begriffe arbeitet ursprünglich (...) die S p r a c h e , in späteren Zeiten die W i s s e n s c h a f t " [192], und in einer späteren Aufzeichnung: "Grundlösung: / wir glauben an die Vernunft: diese aber ist die Philosophie der grauen B e g r i f f e , die Sprache ist auf die aller naivsten Vorurteile hin gebaut / nun lesen wir Disharmonien und Probleme in die Dinge hinein, weil wir n u r in der sprachlichen Form d e n k e n - somit die 'ewige Wahrheit' der 'Vernunft' glauben (z. B. Subjekt Prädikat usw. / wir hören auf zu denken, wenn wir es nicht in dem sprachlichen Zwange tun wollen." [193]

Die <u>seienden</u> Dinge sind danach Verdinglichungen der Begriffe und die Begriffe fixiertes Bewußtsein, d. h. geronnene Sprache. Das wagnersche Ding, paradigmatisch der "Gral", die Schale, ist "das fassende Gefäß" [194] der sich produzierenden Subjektivität (sie "projiziert sich aus sich heraus") und zwar der "metaphysischen", d. h. "wissenschaftlichen". Als das fassende Gefäß solcher Subjektivität ist das Ding jedesmal entfremdet, verwahrlost. Es bleibt aber nicht nur als das "dingende", welt-gebärdende, fassendes Gefäß, sondern auch als das "nächste", seele-gebärdende, und als dieses birgt es nicht länger die "Subjektivität", sondern den Geist des Lebens.

VII. AN DER BRÜCKE

Die "Wissenschaft unter der Optik des Künstlers zu sehn, die Kunst aber unter der des Lebens..." [195] - das ist, als Rückgang, wieder die Ursprungsreihe Bewußtsein (Wissenschaft, Sprache), Geist und Leben. Das Leben ist Künstler als Geist, und die Seele ist als "ein Etwas am Leibe" [196] Geist vom Geiste des Lebens, ein "Tropfen Geist" [197]. Die "nächsten" Dinge sind darum in ihrer Flüchtigkeit die Für-sich-Werdungen des schaffenden Ursprungs selber, verhärten sich nicht zum Sein, sind nicht bleibende Geschaffene, sondern bloß der Reflex des Schaffens als Schaffen. So einzig sind sie "die nächsten". Nietzsche hat sie gefeiert im Gedicht:

An der Brücke stand
jüngst ich in brauner Nacht.
Fernher kam Gesang:
goldener Tropfen quolls
über die zitternde Fläche weg.
Gondeln, Lichter, Musik -
trunken schwamms in die Dämmrung hinaus ...

Meine Seele, ein Saitenspiel,
sang sich, unsichtbar berührt,
heimlich ein Gondellied dazu,
zitternd vor bunter Seligkeit.
- Hörte Jemand ihr zu? ...

Zuvor hieß es[198]: "Ich sage noch ein Wort für die ausgesuchtesten Ohren: was i c h eigentlich von der Musik will", und dann überleitend: "Wenn ich ein andres Wort für Musik suche, so finde ich immer nur das Wort Venedig". Wagner starb in Venedig. "Ich weiß keinen Unterschied zwischen Tränen und Musik zu machen, ich weiß das Glück, den S ü d e n nicht ohne Schauer und Furchtsamkeit zu denken." Die Geburt der Tragödie aus dem Geiste der Musik: Tränen sind solche "nächsten Dinge", die flüchtigen Tropfen des Seelen-Leids und der Seelen-Seligkeit.... Aus denen des Dionysos sind die Menschen entstanden[199], und die "höheren", von denen Zarathustras "Vorrede" spricht, verkündigen diesen Ursprung: "Ich liebe alle Die, welche wie schwere Tropfen sind, einzeln fallend aus der dunklen Wolke, die über den Menschen hängt: sie verkündigen, daß der Blitz kommt, und gehn als Verkündiger zu Grunde. / Seht, ich bin ein Verkündiger des Blitzes und ein schwerer Tropfen aus der Wolke: dieser Blitz aber heißt Übermensch.-" [200]

An der Brücke stand

An der Brücke, nicht auf ihr, wie zu erwarten wäre, schilderte das Gedicht ein venezianisches Erlebnis. An der Brücke - in derselben Rede, die die höheren Menschen "Tropfen" nennt, kommt sie zur Sprache, erbaut der Gedanke die Brücke. Heidegger wird fragen: "Inwiefern gehört das Bauen in das Wohnen? / Die Antwort auf diese Frage erläutert uns, was das Bauen, aus dem Wesen des Wohnens gedacht, eigentlich ist. Wir beschränken uns auf das Bauen im Sinne des Errichtens von Dingen und fragen: was ist ein gebautes Ding? Als Beispiel diene unserem Nachdenken eine Brücke." Sie "s a m m e l t als der überschwingende Übergang vor die Göttlichen" [201]: als Ding gebärdet sie Welt. Was gebärdet Nietzsches Brücke?

Die Rede vom höheren Menschen beginnt mit den Worten: "Der Mensch ist ein Seil, geknüpft zwischen Tier und Übermensch, - ein Seil über einem Abgrunde. / Ein gefährliches Hinüber, ein gefährliches Auf-dem-Wege, ein gefährliches Zurückblicken, ein gefährliches Schaudern und Stehenbleiben. / Was groß ist am Menschen, das ist, daß er eine Brücke und kein Zweck ist: was geliebt werden kann am Menschen, das ist, daß er ein Über-gang und ein Untergang ist." [202] Dann folgen die achtzehn "Ich liebe", in denen der Gedanke das Seil verwandelt. Als Geist vom Geiste des Lebens hat der Geist des Menschen zuzugehen auf den Übermenschen als auf die Wirklichkeit seiner Möglichkeit. An dieser geschichtlichen Aufgabe, die Basis für das Hinüber und Hinauf des sich zu sich befreienden Lebensgeistes zu sein, festigte sich das schwankende Seil Mensch und wölbte sich zur Brücke: von dem her, was der Mensch zu tragen versteht [203], ist er groß - und beides zusammen, Geist und Basis des Geists zu sein, ist die kritische (gegenwärtige) Bestimmung des Menschen aus seiner im Nihilismus erst offenbaren Möglichkeit. Als Basis ist der Mensch Übergang, als fortschreitender Geist Untergang. Das hat seine Entsprechung am Verhältnis von Herz und Kopf: der Verwandlung des Herzens entsprechend [204] wird der Mensch aus dem Seil zur Brücke, und während der Frevel der jetzigen "freien Geister" der ist, "die Eingeweide des Unerforschlichen höher zu achten, als den Sinn der Erde" [205], wird dann das Herz ekstatisch sein _als_ der Kopf [206]: jenes Erschleichnis der "Wahrheits-Sucher" (und Dichter[207]) wäre nicht mehr, sondern einzig, was der Geist des Lebens aus sich heraus schafft - und zerstört: einzig das Schaffen selber.

Seine Möglichkeit legt sich in der Rede von dem, was groß ist am Menschen, auseinander in _Tugenden_, die die Brücken-Tektonik der achtzehn Sätze ausmachen.

Der erste spricht von denen, "welche nicht zu leben wissen",

d. h. die am Glück des gegenwärtigen Menschen verzweifeln. In der voraufgehenden Rede vom Übermenschen war die Reihe des zu Verachtenden ("Die Stunde, wo ihr sagt"): Glück, Vernunft, Tugend, Gerechtigkeit und Mitleiden. Hier entsprechen der zweite bis fünfte Satz der Vernunft. Der sechste bis neunte Satz handelt von der Tugend; als die "rasen machende", wie die voraufgehende Rede sie beschworen hatte, ist sie die wahre Besonnenheit, jene "große Eigenschaft der Besonnenheit, welche im Grunde die Tugend der Tugenden, ihre Urgroßmutter und Königin ist" [208]. Der zehnte bis dreizehnte Satz handelt von der Gerechtigkeit, von der es in der voraufgehenden Rede hieß, sie habe "Glut und Kohle" zu sein: sie ist die schenkende Tugend, spielt nicht falsch, hält mehr als sie verspricht, rechtfertigt und erlöst. Der vierzehnte bis siebzehnte Satz handelt vom Gegen-Ideal des Mitleids, vom Mut: "Der Mensch aber ist das mutigste Tier: damit überwand er jedes Tier. Mit klingendem Spiele überwand er noch jeden Schmerz; Menschen-Schmerz aber ist der tiefste Schmerz. / Der Mut schlägt auch den Schwindel tot an Abgründen: und wo stünde der Mensch nicht an Abgründen! Ist das Sehen nicht selber - Abgründe sehen? / Mut ist der beste Totschläger: der Mut schlägt auch das Mitleiden tot. Mitleiden aber ist der tiefste Abgrund" - der kierkegaardsche -: "so tief der Mensch in das Leben sieht, so tief sieht er auch in das Leiden" [209]. Der achtzehnte Satz endlich handelt wieder vom Glück, aber vom andern: "Formel unsres Glücks: ein Ja, ein Nein, eine gerade Linie, ein Z i e l ..." [210]

Die Brücke also, in die der Mensch sich kraft des Zuspruchs des Übermenschen zu verwandeln vermag, spannt sich zwischen den beiden Grenzpfeilern des nihilistischen und des schaffenden Glücks und hat vier Bögen, die den platonischen ARETAI (Vortrefflichkeiten) entsprechen: Vernunft (SOPHIA), Besonnenheit (SOOPHROSYNÄ), Gerechtigkeit (DIKAIOSYNÄ) und Mut (ANDREIA).

Es sind die Seelen-Verfassungen, in denen sich Zarathustras Ja-Sagen erschließt: die Brücke zum Übermenschen gebärdet Seele. An dieser Brücke, die an-denken läßt, stand der nietzschesche Gedanke ("ich"), stand: das Vor-Gedachte verweilt das Denken, es nähernd, zu sich erinnernd.

jüngst ich in brauner Nacht.

Jüngst: dem Augenblick des Andenkens ist so der frühere des Schaffens zunächst, das "Kind" ist. "Unschuld ist das Kind und Vergessen, ein Neubeginnen, ein Spiel, ein aus sich rollendes Rad, eine erste Bewegung, ein heiliges Ja-Sagen" [211]: eine "erste Bewegung" - Platons HAYTO KINOYN [212]: die Seele. Seiner schaffenden Seele dankt das Denken: "Ein Schritt weiter in der Genesung: und der freie Geist nähert sich wieder dem Leben, langsam freilich, fast widerspänstig, fast mißtrauisch. Es wird wieder wärmer um ihn, gelber gleichsam; Gefühl und Mitgefühl bekommen Tiefe, Tauwinde aller Art gehen über ihn weg. Fast ist ihm zu Mute, als ob ihm jetzt erst die Augen für das N a h e aufgingen. Er ist verwundert und sitzt stille: wo w a r er doch? Diese nahen und nächsten Dinge: wie scheinen sie ihm verwandelt! welchen Flaum und Zauber haben sie inzwischen bekommen! Er blickt dankbar zurück" [213].

In brauner Nacht: "Sobald die Nacht hereinbricht, verändert sich unsere Empfindung über die nächsten Dinge (...) die Nacht überredet zum Tode." [214] Das ist die Nacht des gegenwärtigen Bewußtseins, in dem verfangen die Menschen "Nachtwandler des Tages" [215] sind. Dem Schaffenden ist sie vielmehr der Ursprung, der "Geist der Musik":

> Fort, fort, Musik! Laß erst die Schatten dunkeln
> Und wachsen bis zur braunen lauen Nacht!
> Zum Tone ists zu früh am Tag [216]

- und als Ursprung ist sie "auch eine Sonne" [217], die, von der es im Gedicht "Ecce homo" [218] heißt:

Ja! ich weiß, woher ich stamme!
Ungesättigt gleich der Flamme
Glühe und verzehr' ich mich.

Sie ist die braune Nacht [219], von der Farbe der Erde; in der Rede vom Übermenschen heißt es: "Ich beschwöre euch, meine Brüder, bleibt der Erde treu" [220].

Der Gedanke der Brücke zwischen Tier und Übermensch gebärdet Seele; dies Gebärden verweilt in der nächsten Nähe des Ursprungs. Sein sich Entspringen ist erleuchtendes Tönen:

Fernher kam Gesang:

Die Nähe wiederum gebärdet Ferne: so ist die Brücke da. Die Ferne ist die des Selbst, der "Ursache": "Rate ich euch zur Nächstenliebe? Lieber noch rate ich euch zur Nächsten-Flucht und zur Fernsten-Liebe! / Höher als die Liebe zum Nächsten ist die Liebe zum Fernsten und Künftigen (...) Die Zukunft und das Fernste sei dir die Ursache deines Heute" [221], und: "Wir müssen wieder gute Nachbarn der nächsten Dinge werden" [222]: weil sie das Fernste gebärden, die Ursache des schaffenden Heute. "Wie viel Menschen verstehen denn zu beobachten! Und unter den wenigen, die es verstehen, - wie viele beobachten sich selber! 'Jeder ist sich selber der Fernste' - das wissen alle Nierenprüfer, zu ihrem Unbehagen (...) Wir aber wollen Die werden, die wir sind, - die Neuen, die Einmaligen, die Unvergleichbaren, die Sich-selber-Gesetzgebenden, die Sich-selber-Schaffenden!" [223] Als die Schaffenden - aus dem Ursprung, nicht aus dem Grund - sind wir für uns unmöglich Erkennende, und was fernher kommt, darum keine Rede von Erkenntnis, sondern tönende Weisheit; Zarathustra spricht zu seiner Seele: " - schon glühst du und träumst, schon trinkst du durstig an allen tiefen klingenden Trost-Brunnen, schon ruht deine Schwermut in der Seligkeit zukünftiger Gesänge! --"[224]

goldener Tropfen quolls

Die Verse des Gesangs sind selber Dinge, "Tropfen", die "verkünden, daß der Blitz kommt". So erleuchten sie schon als "goldene": "Ich liebe Den, welcher goldne Worte seinen Taten voraus wirft"[225]. Die Tropfen quellen, entspringen dem Quell als dem flüssigen Ursprung. "Ich bin nicht schnell, ich muß auf mich warten, - es wird spät, bis jedesmal das Wasser aus dem Brunnen meines Selbst ans Licht kommt"[226] (Zarathustra ist allerdings "ein geborner Wassertrinker"[227]). Quolls: es, das Gesang-Ding.

über die zitternde Fläche weg.

Die Brücke überspannt den Abgrund zwischen Tier und Übermensch, der aber nicht die Leere ist, sondern das Leben: "In dein Auge schaute ich jüngst, oh Leben! Und ins Unergründliche schien ich mir da zu sinken. / Aber du zogst mich mit goldner Angel heraus"[228], und später: " - singen, mit brausendem Gesange, bis alle Meere still werden, daß sie deiner Sehnsucht zuhorchen, - / - bis über stille sehnsüchtige Meere der Nachen schwebt, das güldene Wunder, um dessen Gold alle guten schlimmen wunderlichen Dinge hüpfen"[229]. Das Leben ist je und je nur da als diese nächsten Dinge. Darum zittert die Fläche, schafft und zerstört sich unerschöpflich als die unendlich vielen aufblitzenden Spiegel. Das Fernste zur braunen Nacht ist "der große Mittag, da der

Mensch auf der Mitte seiner Bahn steht zwischen Tier und Übermensch" - auf der Brücke nämlich - "und seinen Weg zum Abende als seine höchste Hoffnung feiert: denn es ist der Weg zu einem neuen Morgen" [230]. Der Augenblick des kürzesten Schattens in der Geschichte des Menschenwesens: da würde die Fläche nurmehr den Himmel spiegeln als den "Licht-Abgrund" [231].

Gondeln, Lichter, Musik -

In den drei Namen sammelt sich das bisher Gesagte: die Brücke, die Fläche und der Gesang. Damit ist die erste Hälfte des Gedichts von zwölf Zeilen zu Ende. Aber der Gedankenstrich, diese sprachlose Musik als das unverschattete Scheinen oder die rein in sich erzitternde Dinglichkeit der Dinge[232] ist es, der das Hören hier für eine unmeßbare Weile über dem Abgrund der Mitte hält: "Oh diese Griechen! Sie verstanden sich darauf, zu l e b e n " - denn die Nacht überredet zum Tode -: "dazu tut Not, tapfer bei der Oberfläche, der Falte, der Haut stehenzubleiben" - die zitternde Fläche -, "den Schein anzubeten, an Formen, an Töne, an Worte, an den ganzen Olymp des Scheins zu glauben! Diese Griechen waren oberflächlich - a u s T i e f e ! Und kommen wir nicht eben darauf zurück, wir Wagehalse des Geistes, die wir die höchste und gefährlichste Spitze des gegenwärtigen Gedankens erklettert und uns von da aus umgesehn haben, die wir von da aus h i n a b g e s e h n haben?", in den Abgrund. "Sind wir nicht eben darin - Griechen? Anbeter der Formen, der Töne, der Worte? Eben darum - Künstler?" [253], Musiker heißt das ja zuerst, und wenn "ich ein andres Wort für Musik suche, so finde ich immer nur das Wort Venedig."

trunken schwamms in die Dämmrung hinaus...

Es schwimmt, dies gesammelte Scheinen der Dinge: Gondeln, Lichter, Musik. Die schaffende Seele gibt ihr Gesammeltes heim ans Meer des Lebens, auf dem es hinausschwimmt - in die Möglichkeit der Götzen-Dämmerung: "In der Tat, wir Philosophen und 'freien Geister' fühlen uns bei der Nachricht, daß der 'alte Gott tot' ist, wie von einer neuen Morgenröte angestrahlt; unser Herz strömt dabei über von Dankbarkeit, Erstaunen, Ahnung, Erwartung, - endlich erscheint uns der Horizont wieder frei, gesetzt selbst, daß er nicht hell ist, endlich dürfen unsre Schiffe wieder auslaufen, auf jede Gefahr hin auslaufen, jedes Wagnis des Erkennenden ist wieder erlaubt, das Meer, u n s e r Meer liegt wieder offen da, vielleicht gab es noch niemals ein so 'offnes Meer'. -" [234]

Trunken: so ist das Glück. Zarathustra spricht zu seiner Seele: "Sieh doch - still! der alte Mittag schläft, er bewegt den Mund: trinkt er nicht eben einen Tropfen Glücks - / - einen alten braunen Tropfen goldenen Glücks, goldenen Weins? Es huscht über ihn hin, sein Glück lacht. So - lacht ein Gott." [235] Dieser Wein des Glücks, nicht Zarathustras Wasser, ist der Seelen-Trunk. Früher sprach Zarathustra zu ihr: "und warum willst du (...) - in stürzende Tränen ausschütten all dein Leid über deine Fülle und über all die Drängnis des Weinstocks nach Winzer und Winzermesser" [236]. Was die Seele also in diesen sieben Zeilen ankam, ist die Vor-Stimmung der Seligkeit, die das vollkommene Entbundensein zum Schaffen ist, dessen Unvollkommenheit - daß es sich (noch) nicht empfangen kann - das "Nachtlied" beklagt: "Ich kenne das Glück des Nehmenden nicht" [237].

Der hier so nähme, daß er dies gäbe, nämlich das Empfangenkönnen - das kann nur ein Gott sein. Kierkegaard hat ihn zuerst gedacht als den Gott-Menschen in Knechtsgestalt, der "der Lehrer" ist: "Soll nun der Lernende die Wahrheit erhalten, dann muß der Lehrer sie ihm bringen, und nicht bloß das, sondern muß ihm die Bedingung mitgeben, sie zu verstehn; denn wenn der Lernende selbst sich selbst die Bedingung wäre, die Wahrheit zu verstehn, dann brauchte er ja bloß zu erinnern." [238] Kierkegaards Gott erinnert den Menschen in die Unwahrheit, die der Mensch selber ist, und gibt ihm, der also die Wahrheit nicht verstehen kann, die Bedingung, sie zu verstehen, d. h. er gibt sich selbst als das absolute Paradoxon. Die Wahrheit verstehen bedeutet daher, alles menschliche Verstehen aufzugeben. Dieser Abschied des Verstehens in der Grenze des Verstehens selbst gedacht wäre der Sprung in den Glauben - wäre, denn gedacht in der Grenze des Verstehens erweist der Sprung sich seinerseits als Grenzbestimmung und wird zur Schranke des sich von sich verabschiedenden Verstehens, zum "Absurden". Da ist er immer nur als seine Vorbereitung, das fortwährende Umschlagen der sich wiederholenden (sich in sich erinnernden) Existenz in die Reue.

Der nietzschesche Gedanke hat in der Folge des marxschen, angestoßen durch die wagnersche Vorstellung, die Existenz zu denken als das Schaffen selbst, das in sich unterschiedene und sich zu Welt bringende Sein, das für den kierkegaardschen Gedanken das dem Verstehen schlechthin jenseitige ursprünglich gebende Du war. Indem dessen Da-Sein, der Gott-Mensch in Knechtsgestalt, der "Verkündiger" ist, der "Paraklet", ist er nicht selbst der Weg, die Wahrheit und das Leben, sondern fordert, damit der Sprung in den Glauben, die Erlösung, wirklich sei, den Weg zu gehen, den er gegangen ist [239]. Das ist aber der Weg der "Leidens-Historie" (der Leidensgeschichte als innerhalb der Grenze des historischen Bewußtseins gedacht), und deshalb bedarf die Erlösung durch den Gott-Menschen in Knechtsgestalt der Approximation an ihn als das existentielle Mitleiden mit ihm - das Mitleiden mit dem Gott selbst, das insofern von unerwirkbarer Qualität ist. Der nietzschesche Gedanke wahrt dies Verhältnis wohl, kehrt aber seine Termini um.

Die menschliche Existenz ist das Schaffen, das unmittelbar in sich zurückgedrängt ist oder in seiner Äußerung sich nicht zu empfangen vermag: es hat kein Bleiben an seinen Produkten, die rein verschwindende sind. Deshalb ist das gegenwärtige Glück des Schaffens nur "ein Hauch, ein Husch, ein Augen-Blick" [240]. Das muß so sein, weil das Schaffen Ur-Sprung ist.

Der Ursprung entspringt sich und entspringt sich auch zu sich selber - dies Sich-zu-sich-Entspringen ist die Sache des nietzscheschen Gedankens, seiner Bestimmung der Welt nach die ewige Wiederkunft des Gleichen. Aber der Ursprung, der sich entspringt, und der, zu dem er sich entspringt, sind nicht derselbe, sondern andre zueinander. Wäre dem nicht so, der Ursprung wäre Grund, das ursprüngliche Denken hätte sich verlassen, aber: "Wir bleiben uns eben notwendig fremd, wir verstehn uns nicht, wir m ü s s e n uns verwechseln, für uns heißt der Satz in alle Ewigkeit 'Jeder ist sich selbst der Fernste', - für uns sind wir keine 'Erkennenden'..." [241] Zarathustra muß klagen: "Mein Glück im Schenken erstarb im Schenken", seine Fülle muß Rache aussinnen: "Solche Rache sinnt meine Fülle aus; solche Tücke quillt aus meiner Einsamkeit." [242] Daß er Tücke und Rache noch überwindet, vermag einzig dank der Möglichkeit zu sein, die der schaffende Gott ist, der nicht etwas und auch nicht das Schaffen selber schafft, sondern es umzuschaffen[243] vermag zum Sich-Empfangen: "das aber ist der Winzer, der mit diamantenem Winzermesser wartet, - / - dein großer Löser[244], oh meine Seele, der Namenlose - -" [245]. Die Ankunft dieses Lösers ist geradeso unvordenklich wie der kierkegaardsche Sprung in den Glauben, denn sie ereignet sich mit dem "freiwilligen Nachen". Mittlerweile ist die Seele vom eschatologischen Andenken ("ich") geheißen, auf diesen Gott zu hoffen: "Denn daß der Mensch erlöst werde von der Rache: das ist mir die Brücke zur höchsten Hoffnung und ein Regenbogen nach langen Unwettern." [246]

Im zehnten "Ich liebe" erschien die Gerechtigkeit als die schenkende Tugend: "Ich liebe Den, dessen Seele sich verschwendet, der nicht Dank haben will und nicht zurückgibt: denn er schenkt immer und will sich nicht bewahren." [247] Das "Nachtlied" bedenkt, daß diese Seelen-Verschwendung, das Schaffen = Sich-Schenken, erst dort rein zu sich entbunden sein könnte, wo die Rache mit der Wurzel ausgezogen wäre, die das Sich-nicht-empfangen-Können ist. Die höchste Hoffnung ist dies Sich-Empfangen des Schaffens, und die Brücke zu ihr ist die vorausgehende Hoffnung, "daß der Mensch erlöst werde von der Rache", d. h. daß er das Sich-empfangen-Können seines Schaffens empfange.

Die Hoffnung, die mittlere Virtus theologica, ist bei unentbundenem Glauben und entfernter Liebe überall die äußerste Gegenwart für das ursprüngliche Denken: "Was liebst du an anderen? - Meine Hoffnungen." [248] Das Andenken mithin, das ursprüngliche Denken in seiner Ursprünglichkeit, heißt seine schaffende Seele - sie ist das Inne(geworden)sein aller Dinge[249] - auf den Löser hoffen, und die Wirklichkeit dieser Hoffnung ist der Gesang: "Oh meine Seele, nun gab ich dir Alles und auch mein Letztes, und alle meine Hände sind an dich leer geworden: - daß ich dich singen hieß, siehe, das war mein Letztes!" [250]

Der Schmerz der geteilten Gegenwart des feuerbachschen Gedankens war produktiv, setzte das Sprach-Kunstwerk als das Vorbild des erfüllten Lebens, als das Ding, das die höchste menschliche Hoffnung birgt und spendet. Für den kierkegaardschen Gedanken war die Reue das Motiv des religiösen Pathos, das die paradoxe Hoffnung birgt und spendet, "diese Hoffnung, die Hoffnung ist wider Hoffnung" [251]. Die marxsche Hoffnung ist da als die Wissenschaft (der Kritik der politischen Ökonomie); sie reproduziert die geschichtliche Notwendigkeit in der Entwicklung der gesellschaftlichen Produktivkräfte, und der nietzschesche Gedanke wird sie, weil sie nur eine ursprüngliche sein kann, als grundlos entdecken: "Jene eisernen Hände der Notwendigkeit, welche den Würfelbecher des Zufalls schütteln, spielen ihr Spiel unendliche Zeit: da m ü s s e n Würfe vorkommen, die der Zweckmäßigkeit und Vernünftigkeit jedes Grades vollkommen ähnlich sehen", und also: "Wie die Vernunft in die Welt gekommen ist? Wie billig, auf eine unvernünftige Weise, durch einen Zufall." [252]

Die höchste Hoffnung des nietzscheschen Gedankens ist daher die auf den wohl vorzubereitenden, aber nicht herbeizuzwingenden Zu-Fall, der das schaffende Menschenwesen sich selber zum Übermenschen zu-fallen ließe: "Ich aber und mein Schicksal - wir reden nicht zum Heute, wir reden auch nicht zum Niemals: wir haben zum Reden schon Geduld und Zeit und Überzeit. Denn einst muß er doch kommen und darf nicht vorübergehn." Das ist nicht das Muß der Notwendigkeit, sondern der Hoffnung, denn: "Wer muß einst kommen und darf nicht vorübergehn? Unser großer Hazar, das ist unser großes fernes Menschen-Reich, das Zarathustra-Reich von tausend Jahren - - " [253]. Dieser Zu-Fall ist das Sich-Zufallen der schaffenden Seele. Unter dem Titel "Meine Neuerungen" notiert Nietzsche 1883/84: "Theorie des Zufalls, die Seele ein auslesendes und sich nährendes Wesen äußerst klug und schöpferisch fortwährend (diese schaffende Kraft gewöhnlich übersehn! nur als 'passiv' begriffen) / ich erkannte die aktive Kraft das Schaffende inmitten des Zufälligen / - Zufall ist selber nur das Aufeinanderstoßen der schaffenden Impulse / Gegen die lähmende Empfindung der allgemeinen Auflösung und Unvollendung hielt ich die ewige Wiederkunft!" [254] - als das Andenken der höchsten Hoffnung, daß das Schaffen endlich doch zu <u>sich</u> kommen muß.

Und die Seele kann wohl guter Hoffnung sein, denn jenes Nicht-Vorübergehn hatte ein Vorspiel:

Hier saß ich, wartend, wartend, - doch auf Nichts,
Jenseits von Gut und Böse, bald des Lichts
Genießend, bald des Schattens, ganz nur Spiel,
Ganz See, ganz Mittag, ganz Zeit ohne Ziel.

Da, plötzlich, Freundin! wurde Eins zu Zwei -
- Und Zarathustra ging an mir vorbei ...[255]

Sils-Maria: an Nietzsche ging Zarathustra vorbei - und blieb. Das ist der Zuspruch an die Seele, die "Freundin", der hinfort Zarathustra zusprechen wird. In der Berührung des Vierten heißt sie Ariadne: "So sagte er einmal: 'unter Umständen liebe ich den Menschen - und dabei spielte er auf Ariadne an, die zugegen war - "[256]. Dieser Vierte, der Löser der Seele zu ihr selber, im geschichtlichen Rück-Sprung vor-läufig genannt Dionysos, ist nicht gar nicht da, bleibt aber auch noch nicht, sondern er geht vorüber und rührt dabei die Seele an: "das Genie des Herzens, von dessen Berührung Jeder reicher fortgeht, nicht begnadet und überrascht, nicht wie von fremdem Gute beglückt und bedrückt, sondern reicher an sich selber, sich neuer als zuvor, aufgebrochen, von einem Tauwinde angeweht und ausgehorcht, unsicherer vielleicht, zärtlicher zerbrechlicher zerbrochener, aber voll Hoffnungen, die noch keinen Namen haben, voll neuen Willens und Strömens, voll neuen Unwillens und Zurückströmens ..."[257]

In "Von der großen Sehnsucht" spricht Zarathustra seiner Seele zu, daß dies Genie des Herzens kommen wird "auf dem güldenen Wunder, dem freiwilligen Nachen". Es ist der "Versucher-Gott", der die Menschen versucht, ob und daß sie zu ihm gezogen, erzogen, gezüchtet sind. "Der geheimnisvolle Nachen" endet:

- Morgen kam: auf schwarzen Tiefen
Steht ein Kahn und ruht und ruht ...
Was geschah? so riefs, so riefen
Hundert bald: was gab es? Blut? --

Nichts geschah! Wir schliefen, schliefen,
A l l e - ach, so gut! so gut![258]

Das Gedicht erinnert an Platens "Wie rafft ich mich auf in der Nacht, in der Nacht" und antwortet mit seiner letzten Strophe auf dessen Schlußwort "Reue"; die verbindende Mitte ist der kierkegaardsche Gedanke der vertanen Existenz. Wie Nietzsche in Sils-Maria wartete, "genießend", so wartet auch die Seele darauf, daß der Gott nicht länger vorübergeht, sondern ankommt, und inzwischen lehrt der Gedanke sie die äußerste Gegenwart ihres Schaffens bei sich, das Singen: "Aber willst du nicht weinen, nicht ausweinen deine purpurne Schwermut, so wirst du s i n g e n müssen, oh meine Seele! -"[259]

Der Gesang besänftigt die Schwermut der schaffenden Seele, sich nicht empfangen zu können als das Geschaffene, das darum von ihr auch nicht freigelassen werden kann, sondern an sie gebunden bleibt, seelen-gleich, so daß sie im Außersichkommen (Sich-Entspringen) doch sogleich zu sich zurückkommt, sich in Wahrheit nicht verläßt. Das ist die Analogie zum musikalischen Verhältnis der unmittelbar-sinnlichen Kunst-Religion in der Phänomenologie des Geistes: "Das Kunstwerk erfordert daher ein anderes Element seines Daseins, der Gott einen andern Hervorgang, als diesen, worin er aus der Tiefe seiner schöpferischen Nacht in das Gegenteil in die Äußerlichkeit, die Bestimmung des selbstbewußtlosen Dinges herabfällt. Dies höhere Element ist die Sprache", näher der Gesang: "Oder das Selbstbewußtsein bleibt in dem gegenständlich werden seines Wesens unmittelbar bei sich. Es ist, so in seinem Wesen bei sich selbst seiend, reines Denken oder die Andacht, deren Innerlichkeit in der Hymne zugleich Dasein hat."[260]

Die Seele kommt sonach nicht wirklich außer sich, verdinglicht sich nicht zu einem Seienden, zerstört vielmehr so unmittelbar wie sie schafft; d. h. sie erleichtert sich, indem sie ihre Bewegtheit darauf zurücknimmt, in sich zu erzittern. Von der mechanischen Entstehung des Klangs sagt Hegel: "Das Negieren des (außereinander) Bestehens der materiellen Teile wird ebenso negiert als das Wiederherstellen ihres Außereinanderseins und ihrer Kohäsion; sie ist Eine Idealität als Wechsel der einander aufhebenden Bestimmungen, das innere Erzittern des Körpers in ihm selbst, - der Klang." Diese Idealität ist aber die - erst noch mechanische - "Seelenhaftigkeit"[261].

Der Gott, der das Sich-Empfangen des Schaffens schafft, sein Bleiben und Bei-sich-Bleiben, und der noch "der Namenlose" ist, "dem künftige Gesänge erst Namen finden", weil er selbst noch nicht bleibt, der nur im Rück-Sprung über die bisherige Geschichte "Dionysos" heißen darf - er geht im Andenken der Brücke vorüber, die das Bleiben der Seele so wäre, daß der Mensch in seinem Mittag darauf fußen könnte. Fernher ... über ... weg ... hinaus ... Und für einen Hauch, einen Husch, einen Augen-Blick ist das Glück da: die Gegenwart der nächsten Dinge: Gondeln, Lichter, Musik - ... Dieser Übergang ist angedacht im Schweigen der folgenden leeren Zeile - um seinetwillen reiben wir uns "h i n t e r d r e i n die Ohren und fragen, ganz erstaunt, ganz betreten, 'was haben wir da eigentlich erlebt? mehr noch: wer s i n d wir eigentlich?' und zählen nach, hinterdrein, wie gesagt, alle die zitternden zwölf Glockenschläge unsres Erlebnisses, unsres Lebens, unsres S e i n s - ach! und verzählen uns dabei ..."[262]

Meine Seele, ein Saitenspiel,

Der Vorübergang des Gottes läßt sie ebenso unmittelbar außer sich wie zu sich kommen. Diese Umkehr (Kierkegaards 'omvendelse' als Ereignis der Seele) nennt Nietzsche "Genesung". In der späten Vorrede zu "Menschliches-Allzumenschliches" heißt es vom Genesenden: "Er blickt dankbar zurück (...) er war a u ß e r sich: es ist kein Zweifel. Jetzt erst sieht er sich selbst -, und welche Überraschungen findet er dabei! Welche unerprobten Schauder! Welches Glück" [263]. Dankbarkeit ist die Seelen-Stimmung des Umgekehrtseins: "Sie schütten ihr Herz aus, gute Stunden kehren ihnen zurück, sie feiern und käuen wieder, - sie werden dankbar (...) Nicht lange noch, und sie denken sich Feste aus und stellen Denksteine ihren alten Freunden auf. / Es sind Genesende!" [264]

Dankbar wofür - dankbar wem? Dem vorübergegangenen und also lebens-gefährlich belebenden - schaffen und zerstören machenden - Dionysos. In "Vom Vorübergehen" sagt Zarathustra zwar: "wo man nicht mehr lieben kann, da soll mach - vorübergehn!" [265], aber offenbar ist das des Gottes andrer Art. Er geht vorüber, weil der die Menschen-Seele noch nicht genug lieben kann; sagt er doch: "der Mensch ist mir ein angenehmes tapferes erfinderisches Tier, das auf Erden nicht seines Gleichen hat, es findet sich in allen Labyrinthen noch zurecht. Ich bin ihm gut: ich denke oft darüber nach, wie ich ihn noch vorwärts bringe und ihn stärker, böser und tiefer mache, als er ist." [266] Dies Genie des Herzens verursacht im Vorübergehen die Seele zu ihrem vor-läufig Äußersten, zum Dank-Gesang, Dithyrambus: " - Welche Sprache wird ein solcher Geist ((sc. Zarathustra)) reden, wenn er mit sich allein redet? Die Sprache des D i t h y r a m b u s . Ich bin der Erfinder des Dithyrambus." [267] Deshalb ist die Seele "ein Saitenspiel" [268]. Dieses "Etwas am Leibe", diese HARMONIA nämlich, ist die Umkehrung der "Resonanz" der Subjektivität, die Kierkegaard gedacht hatte als "die akustische Täuschung" des Ärgernisses[269]. Eine "Täuschung" wohl, aber der nietzschesche Gedanke wendet ein: "Die Welt scheiden in eine 'wahre' und eine 'scheinbare' (...) ist nur eine Suggestion der décadence (...)

Der tragische Künstler ist k e i n Pessimist, - er sagt gerade Ja zu allem Fragwürdigen und Furchtbaren selbst, er ist d i o n y s i s c h ..." [270]

sang sich, unsichtbar berührt,

Diese Seele ist die kierkegaardsche Resonanz bejaht als das Saitenspiel des Dionysos, des Gottes, der das Sich-Empfangen des Schaffens schafft, und es schon zum Dank-Gesang schafft, indem er die Seele, vorübergehend, "unsichtbar berührt". Das ist auch die umkehrende Analogie zum aristotelischen THIGGANEIN [271]: da berührt der NOYS PATHÄTIKOS den NOYS POIÄTIKOS, die vernehmende Vernunft die hervorbringende, hier berührt ein (sich zugleich entziehender) NOYS POIÄTIKOS die PSYCHÄ PATHÄTIKÄ. In der Tat hat er sie immer schon berührt, obwohl wir "schliefen, schliefen A l l e ", denn die Seele ist "schöpferisch fortwährend".

Weisheit zeigt sich "in der unbedingten Wichtigkeit, welche man seiner Seele beilegt. Eins ist Not" [272] - was läßt die tragische Weisheit von der Seele erraten? Sie ist nach der alten Bedeutung des Worts PSYCHÄ das Leben selber und als das des Menschen ursprüngliches Zugetrautsein (dem Dionysos), ursprüngliches Vertrauen, Glaube, Fides. Deshalb zuletzt heißt sie "Saitenspiel": Fides[273]. Nachdem Nietzsche in "Ecce homo" das "Nachtlied" zitiert hat, sagt er: "Dergleichen ist nie gedichtet, nie gefühlt, nie g e l i t t e n worden: so leidet ein Gott, ein Dionysos. Die Antwort auf einen solchen Dithyrambus der Sonnen-Vereinsamung im Lichte wäre A r i a d n e ..." [274]

Ein vorbereitetes Quiproquo. Dionysos ist der "große Zweideutige und Versucher-Gott (...) Inzwischen lernte ich Vieles, Allzuvieles über die Philosophie dieses Gottes hinzu, und, wie gesagt, von Mund zu Mund, - ich, der letzte Jünger und Eingeweihte des Gottes Dionysos: und ich dürfte wohl endlich einmal damit anfangen, euch, meinen Freunden, ein wenig, so weit es mir erlaubt ist, von dieser Philosophie zu kosten zu geben?"[275] Schon vorher hieß es: "Eine neue Gattung von Philosophen kommt herauf: ich wage es, sie auf einen nicht ungefährlichen Namen zu taufen. So wie ich sie errate, so wie sie sich erraten lassen - denn es gehört zu ihrer Art, irgend worin Rätsel bleiben zu w o l l e n -, möchten diese Philosophen der Zukunft ein Recht, vielleicht auch ein Unrecht darauf haben, als V e r s u c h e r bezeichnet zu werden. Dieser Name selbst ist zuletzt nur ein Versuch, und, wenn man will, eine Versuchung."[276] Kierkegaards Denken hieß "experimentierendes" als das seiner Pseudonyme. Hier ist nun gesetzt, daß der im geschichtlichen Rück-Sprung als von Dionysos lernende Gedanke selber die Gestalt des Gottes annimmt. Indem in "Ecce homo" der dionysische Gedanke eintritt für das zarathustrische "ich" des Nachtlieds, ergibt sich ein Wechselverhältnis: die Seele ist die ursprünglich schaffende, aber sie vermag nicht, sich im Schaffen zu empfangen - der Gedanke gewährt das Sich-Empfangen, ist "Erkennen", Fürsichsein, aber er vermag nicht zu schaffen ("die Anschauung für sich hat keine Grundsätze, das Denken für sich kein Leben"[277], war die feuerbachsche Parallele). Und so sind Seele und Gedanke aufeinander angewiesen, einander vereignet wie Sponsa und Sponsus, und die Seele, als Fides die dem Gott sich zutrauende, heißt Ariadne, wenn Dionysos bleibt.

Das Verhältnis ist wohl dem der zweiten Epoche des spekulativen Wissens analog: "Verbum enim sponsus, et sponsa caro humana"[278], aber die Seele, die Sponsa, die Ariadne werden will, ist als "ein Etwas am Leibe" die sterbliche, deren Form auch nicht die Identität des transzendentalen Ich, sondern die Zeit ist als die des inneren Sinns, und der Gott ist nicht Verbum, auch nicht per analogiam wie die entzogene ursprüngliche

Sprache Kierkegaards, sondern das experimentierende, mehr noch, das versuchende Denken selber. Kierkegaard bestimmte es sich erst nur als Verstehen, "Interpretieren"; hier ist es die Seite des Sich-zu-sich-Entspringens des Ursprungs wie Marx' Kritik der politischen Ökonomie: getrennt, noch getrennt, von seinem Sich-zu-sich-Entspringen. Dies Denken ist, als ursprüngliches, die gesammelte APORIA: Dionysos' letztes Wort an seine Braut heißt: "Ich bin dein Labyrinth..." [279]

Nietzsche schließt seine erste Nachschrift zum "Fall Wagner" mit den Worten: " - alljährlich intoniert ganz Europa 'auf nach Kreta! auf nach Kreta!'..." [280] Das ist ironische Reminiszenz der Belle Hélène, aber zugleich das Bekenntnis, daß der Theseus Wagner es war, der Ariadne, die schaffende Seele, so unwissentlich wie um des Gottes willen auf die Insel ver-führte und verließ - und die "furchtbare Isolation" ist es, "in der jeder vorwärts- und vorausfliegende Geist lebt" [281]. Siegfried noch "rennt allen Gottheiten unehrerbietig wider den Leib. Seine Hauptunternehmung aber geht dahin, das Weib zu emanzipieren - 'Brünnhilde zu erlösen' ... Siegfried u n d Brünnhilde; das Sakrament der freien Liebe; der Aufgang des goldnen Zeitalters; die Götterdämmerung der alten Moral - das Übel ist abgeschafft ... Wagners Schiff lief lange Zeit lustig auf d i e s e r Bahn. Kein Zweifel, Wagner suchte auf ihr s e i n höchstes Ziel. - Was geschah? Ein Unglück. Das Schiff fuhr auf ein Riff; Wagner saß fest. Das Riff war die Schopenhauerische Philosophie" [282]. Die Wissenschaft unter der Optik des Künstlers zu sehen, die Kunst aber unter der des Lebens: "Das Verlangen nach Kunst und Schönheit ist ein indirektes Verlangen nach den Entzückungen des Geschlechtstriebes, welche er dem Cerebrum mitteilt. Die vollkommen gewordene Welt, durch 'Liebe'..." [283], und das sind, nicht dem wagnerschen Vorstellen, sondern dem nietzscheschen Denken gemäß gedacht, die Nuptiae von Ariadne und Dionysos, von Seele und Gedanke, von Schaffen und Schein ("Labyrinth") als die Conjunctio dessen, was bei Schopenhauer zuerst auftrat als die empfangende Vernunft und der individuierende Verstand [284].

Aber das Geschlechtsverhältnis hat sich umgekehrt. Schopenhauers Verstand zeugt aus dem Abgrund eine Welt des Scheins, die dann von der Vernunft sprachlich-begrifflich inventarisiert wird. Bei Feuerbach ist das gebildete Verstehen die durch das Denken oder die Vernunft "determinierte" Anschauung (Schopenhauers Verstand) oder das durch die Anschauung "erweiterte und aufgeschlossene" Denken[285] als die Gemeinschaft von Kopf und Herz, und: "Das Herz - das weibliche Prinzip, der Sinn für das Endliche, der Sitz des Materialismus - ist französisch gesinnt; der Kopf - das männliche Prinzip, der Sitz des Idealismus - deutsch. Das Herz revolutioniert, der Kopf reformiert; der Kopf bringt die Dinge zu Stande, das Herz in Bewegung." [286] Bei Kierkegaard ist diese Gemeinschaft als das ursprünglich gebende Du ins Jenseits des Verstehens gerückt, denn "das Gebären" gehört dem Gott, und die Wende des ursprünglichen Denkens aus seiner verstehenden in seine weltliche Phase wertet das weibliche Prinzip um.

Das männliche ist einfach, nämlich zeugend und weiter nichts; das weibliche aber ist ursprüngliche Zweiheit - und insofern "musikalisch" [287] -, weil Empfangen <u>und</u> Gebären. Bei Feuerbach fällt der Bestimmung des Verstehens wegen das Gewicht noch auf das Empfangen (Leiden); er vergleicht etwa Hegel und Schelling und notiert: "Hegel repräsentiert das männliche Prinzip der Selbständigkeit, der Selbsttätigkeit, kurz, das idealische Prinzip; Schelling das weibliche Prinzip der Rezeptivität, der Empfänglichkeit (...) -, kurz, das materialistische Prinzip. H. fehlt es an Anschauung, S. an Denk-, an Bestimmungskraft." [288] Wagners Gral ist wohl empfangend-gebärend, aber das Empfangen (des "Blutes") hat keine Gegenwart, die vielmehr ganz vom

Gebären bestimmt ist (die "heil'ge Speisung"): das Sein, die ursprüngliche Produktivkraft, ist nach der Geschlechts-Analogie als weiblich zu denken, und was sie empfängt, läßt Nietzsche sehen, ist einzig noch das (Sich-)Empfangen-Können. Für die Seite der "Vernunft" hat dies die Konsequenz, daß sie nicht mehr "etwas" erzeugt, womit für das unmittelbar nach-nietzschesche Denken der Weg zur "mathematischen" Logik frei wird, die sich seit Frege ihr eignes Labyrinth entdecken muß.

heimlich ein Gondellied dazu,

Unversehens hat sich durch den Vorbeigang des Gottes, sein Berühren dieses Saitenspiels, die Seele empfangen, ist aus der Fremde des Sich-Entspringens heimgekommen, und diese ihrerseits übergängliche Heimkunft ist Gesang, der heimliche - ansichhaltende - Dank-Gesang für die Gewähr der nächsten Dinge "Gondeln, Lichter, Musik" - ein Gondellied. Die Nähe als die der Brücke gebärdete Ferne: "Fernher kam Gesang", das Versprechen des Zugetrautseins der Seele - dem Dionysos -, und kraft seiner Parusie, als der des Mittlers (denn auch Dionysos ist Mittler wie der Gott-Mensch in Knechtsgestalt), ihr selbst. Unversehens ihr selbst zugetraut entspricht die Seele, übergänglich, dem Vorübergang des Gottes, das Lied dem Gesang, der fernher kommt im Rhythmus des Gewiegtseins, des Hin und Zurück, der in sich umkehrenden Bewegung, des behüteten Kind-Seins. "Ein Werden und Vergehen, ein Bauen und Zerstören, ohne jede moralische Zurechnung, in ewig gleicher Unschuld, hat in dieser Welt allein das Spiel des Künstlers und des Kindes." [289]

Aber Dionysos ist der Versucher-Gott, und hier ist eine Zweideutigkeit. Der Rückgang der Seele in sich, in ihre Kindhaftigkeit,

Ursprünglichkeit, wäre um einen Schritt zu viel der Sprung "Von der Wiege bis zum Grabe" [290], denn noch vermag die Seele das Selbst-Sein nicht (das platonische EINAI AYTO HEAYTOOI TAYTON [211]), das das ursprüngliche Denken nur als den Tod vorstellen kann. Deshalb geht Dionysos noch vorüber, um des Lebens willen, denn "unter Umständen liebe ich den Menschen", Ariadne, und deshalb ist die Heiterkeit hier auch schon mehr als "des Todes heimlichster, süßester Vorgenuß" [292], nämlich das Versprechen des Tods des Todes, Seligkeit:

zitternd vor bunter Seligkeit.

Die zitternde Fläche, sich unerschöpflich schaffend und zerstörend als die unendlich vielen blitzenden Spiegel, war draußen. Jetzt ist dies augen-blickliche Spiegeln in die Seele zurückgenommen. Sie erzittert in sich. So singt sie. Diese Seligkeit ist die bunte des Lebens und als der Vorgenuß des Todes der Vorgenuß der Ewigkeit der zwölf Glockenschläge des "Oh Mensch! Gib Acht!" [293]... Was ist da an der Seele vorbeigegangen? Das sich Entziehen des Entzugs, das im Hauch, im Husch, im Augen-Blick das Selbst gewährt und darum selber erstlich Selbst ist: wer ist da an der Seele vorbeigegangen? der Gott, der nur vor-läufig Dionysos heißt, weil er noch der Namenlose ist, d. h. der Ungedachte, "Jener große Verborgene" [294], der noch verbirgt, daß er in der Tiefe der Welt der Zuspruch des Worts der Unsterblichkeit ist.

- Hörte Jemand ihr zu? ...

Alle "die zitternden zwölf Glockenschläge unsres Erlebnisses, unsres Lebens, unsres S e i n s" sind verklungen. Unsres

Erlebnisses: das ist das bloß Verschwindende, weil die Seele darin "passiv" ist - "wer von uns hat dafür auch nur Ernst genug?" [295]; unsres Lebens: denn die Seele ist "schöpferisch fortwährend"; unsres Seins: das ist diese "aktive Kraft", wie sie in der Actio für sich, die Seele, wie sie selbstisch wird kraft des Vorbeigangs des Gottes. Der zwölfte Glockenschlag zittert in die erschwiegene Ewigkeit aus. Nun hat Nietzsche das Sich-Verzählen aus der Frage: "'was haben wir da eigentlich erlebt?' mehr noch: 'wer s i n d wir eigentlich?'" hier ausdrücklich gemacht durch die leere Zeile. Zählen wir sie nicht mit, dann fragt die letzte hinein in das Auszittern des zwölften Glockenschlags; zählen wir sie mit, dann verschweigt sie den achten: "Lust - tiefer noch als Herzeleid", und angehörs der Ewigkeit heißt es von der Seele: "zitternd vor bunter Seligkeit", und das Ich, das "an der Brücke stand jüngst", tritt aus der Zwölf des Lebens - dieser Brücke von Mitternacht zu Mittag - heraus und fragt und fragt sich: " - Hörte jemand ihr zu?", eine Frage, die sogleich zwiefach ist, denn: Hörte jemand der Seele zu? und: Hört jemand dieser Frage zu?

Im zitierten Absatz des Kapitels "Das abstrakte Kunstwerk" [296] der Phänomenologie des Geistes fährt Hegel fort: Die Hymne "behält die Einzelnheit des Selbstbewußtseins in ihr, und vernommen ist diese Einzelnheit zugleich als allgemeine da; die Andacht in allen angezündet ist der geistige Strom, der in der Vielfachheit des Selbstbewußtseins, seiner als eines gleichen Tuns Aller, und als einfaches Sein bewußt ist; der Geist hat als dieses allgemeine Selbstbewußtsein Aller seine reine Innerlichkeit ebensowohl als das Sein für Andre und das Fürsichsein der Einzelnen in Einer Einheit." Der nietzschesche Geist ist aber nicht die sich manifestierende dritte göttliche Person, und seine Innerlichkeit, die Seele, nicht das Selbstbewußtsein, das Dasein der Vernunft als die Einzelheit, die sich in der Allgemeinheit findet. Im Gegenteil. Davon spricht der Abschied des "Vorspiels zu einer Philosophie der Zukunft": "Und nur euer N a c h m i t - t a g ist es, ihr meine geschriebenen und gemalten Gedanken, für den allein ich Farben habe, viel Farben vielleicht, viel bunte Zärtlichkeiten und fünfzig Gelbs und Brauns und Grüns und Rots: - aber Niemand errät mir daraus, wie ihr in eurem Morgen aussahet, ihr plötzlichen Funken und Wunder meiner Einsamkeit, ihr meine alten geliebten - - s c h l i m m e n Gedanken!" [297] Deswegen sind sie zuletzt die "schlimmen".

Hörte jemand dem Saitenspiel zu? Jemand - das ist um der Nähe willen zuerst das hier sprechende Ich: hörte Ich, an der Brücke stehend, der Seele zu? Sie sang sich "heimlich" ein Gondellied. So sehr ist sie dem Gedanken zugetraut in ihrer Heimlichkeit, daß Ich das weiß. Aber weiß Ich auch die Worte? Ist das Jüngst so sehr jüngst, daß das Gondellied eben das ist, was wir hören? Daß das "Hörte jemand ihr zu?" hinüberzittert ins "Hörte jemand mir zu?" - wie der springende Brunnen des "Nachtlieds" und sein Ich übereinkommen... Jemand, der Jemand, nach dem hier die Hoffnung fragt, ist dann Dionysos. Hat er die Seele gehört, erhört? schickt er sich schon an, zu bleiben?

Als Zarathustra kam und blieb, hieß es: "Da, plötzlich, Freundin! wurde Eins zu Zwei -", und das waren denn einstweilen drei, die Seele, Nietzsche und sein Gedanke. Aber das ursprüngliche Denken vermag den Schluß nicht, muß ins Urteil drängen. Der Gott-Mensch in Knechtsgestalt ist der Richter = Urteiler, und Nietzsche notiert 1885: "auf Ein Mal fühlen wir unsre besten Dinge und Augenblicke g e r i c h t e t . Dionysos ist ein R i c h t e r ! - Hat man mich verstanden? - Es ist kein Zweifel, daß die Griechen die letzten Geheimnisse 'vom Schicksale der Seele' (...) sich aus ihren dionysischen Erfahrungen zu deuten suchten: hier ist für alles Griechische die große Tiefe, das große Schweigen" [298]. "Also sprach Zarathustra" ist in seinen drei Teilen, die vom Geist als Kamel, als Löwe und als Kind handeln, ein Buch der Verwandlungen Zarathustras; in "Die sieben Siegel" ist er endlich der geworden, der er ist. Nietzsche bezeugt von ihm 1888: "wie viele neue Götter sind noch möglich! - Zarathustra selbst freilich ist bloß ein alter Atheist. Man verstehe ihn recht! Zarathustra sagt zwar, er w ü r d e ((sc. an einen Gott glauben, der zu tanzen verstünde)) -; aber Zarathustra w i r d nicht..." [299] Und dann, in "Ecce homo", entdeckt Nietzsche, daß der im Ich Zarathustras sich aussprechende Gedanke selber ein Gott ist: "Dergleichen ist nie gedichtet, nie gefühlt, nie g e l i t - t e n worden: so leidet ein Gott, ein Dionysos."

Das sind immer noch drei, Ariadne, Nietzsche und Dionysos. Aber plötzlich, im Januar 1889, sind es nur noch zwei, Ariadne und Der Gekreuzigte-Dionysos-Nietzsche. An Burckhardt: "Nun sind Sie - bist Du - unser großer größter Lehrer ((der Geschichtslehrer nämlich, der Griechenlehrer)): denn ich, zusammen mit Ariadne, habe nur das goldne Gleichgewicht aller Dinge zu sein, wir haben in jedem Stücke Solche, die über uns sind... (('wir sind der Ursprung selber')) / Dionysos." [300] In der dionysischen Dreiheit ist der kierkegaardsche Gott-Mensch in Knechtsgestalt gegenwärtiger Mensch geworden, wird gesehen, gefühlt und gehört. Aber in dieser Dreiheit verschwindet Nietzsche, und sie schlägt selber noch um in Zweiheit, AORISTOS DYAS, Prinzip der (endlosen) Vielheit: "Was unangenehm ist und meiner Bescheidenheit zusetzt, ist, daß im Grunde jeder Name in der Geschichte ich bin." [301]

Und auch Ariadne entzieht sich, verweigert die Verwandlung: "Der R e s t für Frau Cosima... Ariadne... Von Zeit zu Zeit wird gezaubert..." [302] - der Zauberer im vierten Teil des "Zarathustra" und Sänger der Dionysos-Dithyramben ist Richard Wagner. Der letzte Satz von "Ecce homo" lautet: "- Hat man mich verstanden? - Dionysos <u>gegen</u> den Gekreuzigten..." Aber <u>Dionysos</u> ist der Richter, auch er

Selbstkenner!...

Selbsthenker!...[303]

Was zuletzt bleibt, ist dies, daß durch die verschwindende Mitte der Menschen - Cosima Wagner, Richard Wagner und Friedrich Nietzsche - der erste und der zweite Gott des ursprünglichen Denkens gegenwendig eins wurden: der Gekreuzigte (der Gott-Mensch in Knechtsgestalt) <u>und</u> Dionysos. Wer sind sie?

VIII. DER URSPRUNG ALS URSPRUNG

In seinem kierkegaardschen Stadium kehrt das ursprüngliche Denken sich zum ersten Mal um: die Differenz geht ihm auf als der untilgbare, wiewohl auszugleichende Unterschied von Bewußtsein und Sein. Indem dieses, als der Ursprung, sich entspringen muß, setzt sich das ursprüngliche Denken ins Werk. Bis dahin war es kraft der Kontinuität von Sein und Denken, der ursprünglichen Bestimmung des dogmatischen Nachscheins der neueren Philosophie, verstehend gewesen. Jetzt ist es nicht länger nur essentiell, sondern existentiell produktiv: be-dingt sich durch die zur Welt gebrachte ursprüngliche Individualität als die zu Stand gebrachte und angeschaute Lebens-Zeit, das Ding.

Im marxschen Stadium ist das Sein zunächst die nunmehr menschliche als weltliche Produktivkraft, sodann deren materiale Voraussetzung, die Natur, aber als Natur für die Arbeit, d. h. Erde, endlich das beide zur Wirklichkeit (der Dinge) zusammenbindende ursprüngliche Verhältnis, die Gesetzlichkeit der Produktion - des Progresses im Rückstoß der Produktion in sich aus dem Produkt kraft seines Umschlags zum Mittel der Produktion: die, hiermit geschichtliche, Notwendigkeit.

Indem diese formale Voraussetzung der Revolution des Seins = der Welt von Nietzsche in ihrer Ursprünglichkeit gedacht wird, nämlich als ohne Grund, Ungrund, ist das demiurgische Schaffen seines Ariadne-Fadens, der Gesetzlichkeit und also auch seiner wissenschaftlichen Faßbarkeit, beraubt und dem Zufall überliefert. Das ist die weltliche Wiederherstellung der kierkegaardschen Welt:

das Schaffen jetzt selbst als zufällig. Damit ist es im ganzen in sich zurückgestoßen. Das Menschenwesen, bei Marx die unbefangene, weil von der Notwendigkeit gehaltene Arbeitskraft, geht in sich und wird Seele.

Die Frage, die das ursprüngliche Denken sich zu beantworten hat, ist nun nicht mehr: Als was ist das Schaffen der Dinge umzukehren, damit es sich in ihnen genieße? sondern: Wie muß das Schaffen sich selber umschaffen, damit es überhaupt als Schaffen sei? Der Gedanke des Schaffens, so in sich hineinhörend, entdeckt es, dem es nicht mehr zuerst um etwas zu tun ist, sondern um sich, und dem das Ding nicht mehr Zweck oder auch nur Mittel der äußern Existenz ist, sondern reiner Spiegel seiner selbst, unmittelbar als künstlerisches. Der Arbeiter ist zum Künstler geworden, Marx' Terminus ad quem zum Terminus a quo Nietzsches, die kommunistische Produktionsweise zur artistischen, die statt des Schaffens des "Scheins" - der Dinge als Spiegel - nur der Schein des Schaffens ist, seine bloße Gebärde. Ihre verheerende Wirklichkeit ist die Kunst Wagners.

Als die vollständige Vor-Stellung des kierkegaardschen Seins, seine radikale Rückbindung in die ästhetische Existenz, ist sie die Sedimentierung der Sache des verstehenden Denkens zur Weltlichkeit und die totale Hypostasierung seiner bisherigen Geschichte. In dieser Verdinglichung, die ihre Erlösung zum Gedanken erst noch erwartet in der Kritik der politischen Ökonomie, ist das Kunst-Werk des ursprünglichen Denkens sein blinder Spiegel. Die Er-Innerung daraus in das Schaffen durch die Mitte seines Als-was im marxschen Stadium hat aber nicht den Trost, bei sich anzukommen als der Macht des Sich-Spiegelns. Der eine Spiegel bleibt blind, die andern sind rein verschwindende - die "nächsten" Dinge -: das Schaffen fällt sich nicht zu.

Der Entzug, den jede Gestalt des ursprünglichen Denkens als seine Tiefe faßt - das principium individuationis (Schopenhauer), die Herrschaft des theologischen Verstehens (Feuerbach), die Angst (Kierkegaard), die Herrschaft der kapitalistischen Produktionsweise (Marx) -, ist jetzt das Nicht-zu-sich-entspringen-Können des sich entspringenden Ursprungs, seine Unheimlichkeit als das Sich-nicht-empfangen-Können des Schaffens. Hier ist das ursprüngliche Denken dazu gekommen, das Herz seiner Sache zu erfahren, den Ursprung als Ursprung. Die Mitte seiner Bahn ist erreicht. "Ich kenne mein Los. Es wird sich einmal an meinen Namen die Erinnerung an etwas Ungeheures anknüpfen, - an eine Krisis, wie es keine auf Erden gab." [304]

In der Tat: in diesem geschichtlichen Augenblick schlägt die Ursprungsgeschichte des ursprünglichen Denkens um in seine Verzichtsgeschichte. Denn auch der zweite Gott dieses Denkens - der das Schaffen umschüfe zum (Sich-)Empfangen - kommt nicht an, kann nicht ankommen: er ist selber der Ursprung...

Weil Nietzsche den Ursprung denkt als Ursprung, als das Sich-Entspringen und sonst Nichts - das Sein als die Welt, die Welt als Geschichte, die Geschichte als Schicksal, das Schicksal als Sich-ihr-Zuschicken der Seele, dieses als Zu-Fallen und das Zu-Fallen als ursprüngliches oder Springen -, hat er das Sich-Entspringen des Ursprungs zu denken als eine Folge von Sprüngen, deren Minimum drei sind: der Ab-Sprung - Sokrates; der Um-Sprung - Schopenhauer; der Zu-Sprung - Nietzsche selbst. Die beiden ersten sind aber nur die Ent-Sprünge des dritten, der als das Sich-zu-sich-Entspringen erst der Ursprung als Ursprung ist. In seinem Springen aufgesucht nimmt er das ursprüngliche Denken rein in seinen geschichtlichen Anfang zurück, in den Gedanken Schopenhauers, und läßt es dort umspringen als in die ursprünglichere Ursprünglichkeit der Lebens-Kunst, die eigne nämlich bestimmt als das Von-her: Dionysos. Das ist der Name des seine Ankunft entziehenden Gottes gedacht aus dem vor-läufigen Über-Sprung des Ab-Sprungs. Und dieser Über-Sprung ist nötig, damit der Ursprung gedacht sei als Ursprung, d. h. im ganzen. Der Gedanke dieser Ganzheit heißt die ewige Wiederkunft des Gleichen. Als Glaube - Fides - ist er der Augenblick der innersten Innerlichkeit des ursprünglichen Denkens:

An der Brücke stand
jüngst ich in brauner Nacht.

IX. ALSO SPRACH ZARATHUSTRA

Der nietzschesche Gedanke fängt sich an in der "Geburt der Tragödie": "Dieser Anfang ist über alle Maßen merkwürdig. Ich hatte zu meiner innersten Erfahrung das einzige Gleichnis und Seitenstück, das die Geschichte hat, entdeckt, - ich hatte ebendamit das wundervolle Phänomen des Dionysischen als der Erste begriffen (...) Ich sah zuerst den eigentlichen Gegensatz: - den entartenden Instinkt, der sich gegen das Leben mit unterirdischer Rachsucht wendet (...) und eine aus der Fülle, der Überfülle geborene Formel der höchsten Bejahung, ein Jasagen ohne Vorbehalt, zum Leiden selbst, zur Schuld selbst, zu allem Fragwürdigen und Fremden des Daseins selbst... Dieses letzte, freudigste, überschwänglich-übermütigste Ja zum Leben ist nicht nur die höchste Einsicht, es ist auch die tiefste" [305]. Wie tief sie ist, erfuhr der in sich gehende Gedanke auf seinem Weg bis zur "Fröhlichen Wissenschaft" und weiter durch den "Zarathustra" und noch einmal bis zu "Ecce homo" - und noch darüber hinaus bis zu den Briefen vom "Sanctus Januarius" 1889.

Der Weg begann mit jener entscheidenden Entdeckung - und der sich vergreifenden Hoffnung auf die Allianz des Theatermanns mit dem Philosophen. In diesem Sinn waren die vier "Unzeitgemäßen Betrachtungen" mit ihrem Schlußstück "Richard Wagner in Bayreuth" durchaus kriegerisch" [306]. Dann aber kommt der Gedanke in Bewegung, der Gang in die Tiefe, in den Ursprung fängt an - im Verzicht: "'Menschliches, Allzumenschliches' ist das Denkmal einer Krisis. Es heißt sich ein Buch für freie Geister: fast jeder Satz darin drückt einen Sieg aus - ich habe mich mit demselben vom Unzugehörigen in meiner Natur freigemacht."[307] Das nächste ist die "Morgenröte. Gedanken über die moralischen Vorurteile". Der Untertitel ist streng zu nehmen: die moralischen Vorurteile sind nicht irgendwelche unter anderen, sondern das Vor als die Basis aller Urteile - der Totalität des Bewußtseins, das Nietzsche angegriffen hatte als die zeitgenössische Bildung und Wissenschaft. Die zweite "Unzeitgemäße", erinnert "Ecce homo", "bringt das Gefährliche, das Leben-Annagende und -Vergiftende in unsrer Art des Wissenschafts-Betriebs ans Licht -: das Leben krank an diesem entmenschten Räderwerk und Mechanismus, an der 'U n - persönlichkeit' des Arbeiters, an der falschen Ökonomie der 'Teilung der Arbeit'. Der Zweck geht verloren, die Kultur: - das Mittel, der moderne Wissenschafts-Betrieb, barbarisiert... In dieser Abhandlung wurde der 'historische Sinn', auf den dies Jahrhundert stolz ist, zum ersten Mal als Krankheit erkannt, als typisches Zeichen des Verfalls.-"[308] Das historische Bewußtsein ist so nur die äußerliche Erscheinung eines Innern als des bewußtlosen Vorurteils, das die Moral ist. Die späte Vorrede zur "Morgenröte" beginnt daher: "In diesem Buche findet man einen 'Unterirdischen' an der Arbeit, einen Bohrenden, Grabenden, Untergrabenden (...) Gewiß, er wird zurückkehren: fragt ihn nicht, was er da unten will, er wird es euch selbst schon sagen, dieser scheinbare Trophonios und Unterirdische, wenn er erst wieder 'Mensch geworden' ist."[309]

Wann ist er wieder "Mensch geworden", dieser "Unterirdische"? Unter seinen Himmel wird er zwar zurückkehren, aber mit einem weiteren Schritt in die Tiefe: Das Vor des historischen Bewußtseins ist die Moral als die vernichtende Macht der Kultur, das Vor der Moral jedoch das Leben, die Macht selbst, d. h. das Schaffen. Hier ist der Gedanke hinaus über Schopenhauer, Wagner, auch Dilthey. In dieser Tiefe erst begegnet er seiner wahren

Vor-Gabe, deren Geber er nie mit Namen kennenlernen wird, dem marxschen Gedanken. Fand er das Leben krank am Wissenschafts-Betrieb, dann erwartet ihn hier die Genesung: "'Fröhliche Wissenschaft': das bedeutet die Saturnalien eines Geistes, der einem furchtbaren langen Drucke geduldig widerstanden hat - geduldig, streng, kalt, ohne sich zu unterwerfen, aber ohne Hoffnung -, und der jetzt mit Einem Male von der Hoffnung angefallen wird, von der Hoffnung auf Gesundheit, von der Trunkenheit der Genesung." [310]

In seiner ersten Hoffnung hatte Nietzsche sich vergriffen, und das Loslassen war eine Gewalttat des Gedankens gegen sich selber gewesen. Der scheinbare Trophonios stirbt aber nicht wie der andre, sondern verwandelt sich, und dem Scheintod entspringt die verwandelte Hoffnung als die "höchste": "Was hier 'höchste Hoffnung' heißt, wer kann darüber im Zweifel sein, der als Schluß des vierten Buchs die diamantene Schönheit der ersten Worte des Zarathustra aufglänzen sieht?" [311] Der Agamedes Wagner mußte erschlagen werden. Der Schlag war ein Rückschlag. Die Genesung hieß Inspiration[312]:

> Da, plötzlich, Freundin! wurde Eins zu Zwei -
> - Und Zarathustra ging an mir vorbei ...

- um zu verweilen. Und da ist die "Triple alliance" [313], die die Mitte des nietzscheschen Denkwegs bestimmt: Nietzsche, die Seele und der ursprünglich gewordene Gedanke. Die Hoffnung auf die Kunst Wagners, auf irgendeine zeitgenössische Kunst, war ein Irrtum gewesen. Die Voraussetzung eines neuen tragischen Zeitalters, entdeckte der Nietzsche der "Fröhlichen Wissenschaft", mußte die Wiederholung des tragischen Pathos als tragische Weisheit so sein, daß diese Weisheit sich selber hervorgebar als Kunst-Werk [314]: "Dieses Werk steht durchaus für sich. Lassen wir die Dichter bei Seite: es ist vielleicht überhaupt nie Etwas aus einem gleichen Überfluß von Kraft heraus getan worden." [315]

Wer ist Nietzsches Zarathustra? Zunächst ein Pseudonym des Gedankens wie die kierkegaardschen. Aber Kierkegaards Pseudonyme sind "ideell", vermögen nicht, die Existenz ihres Erfinders zu korrodieren. Zarathustra hingegen, und mehr noch Dionysos, ist der Gedanke des Seins selbst. In der Bucht von Rapallo "fiel mir der ganze erste Zarathustra ein, vor Allem Zarathustra selber, als Typus: richtiger, er überfiel mich..." [316], und: "Alles geschieht im höchsten Grade unfreiwillig, aber wie in einem Sturme von Freiheits-Gefühl, von Unbedingtsein, von Macht, von Göttlichkeit..." [317] Kein Zweifel: der Gedanke hat seinen Denker, hat den Menschen in der Gewalt, denn 'der Schein' bedeutet "die Realität n o c h e i n m a l , nur in einer Auswahl, Verstärkung, Korrektur" [318], weshalb die Realität umgekehrt auch der Schein noch einmal ist, nur verworren, abgeschwächt, richtungslos. Zarathustra ist Nietzsches Gedanke, nicht als ein Bewußtseins-Produkt, sondern als der sich in der ursprünglich gestimmten Sprache gehörige Ursprung selber - die mittlere Gestalt dieses existentiell sich suchenden Gedankens. Die erste war die kritische: das Fassen des "eigentlichen Gegensatzes" - der entartende Instinkt der Terminus a quo, die Formel der höchsten Bejahung der Terminus ad quem -, und dann der Rückgang aus dem historischen Bewußtsein in die Moral als seine ursprüngliche Verfassung und weiter in deren Ursprung.

Daß Zarathustra sich selber noch verwandelt, besagen die letzten drei Abschnitte des ihm in "Ecce homo" gewidmeten Kapitels. Dann heißt es: "Die Aufgabe für die nunmehr folgenden Jahre war so streng als möglich vorgezeichnet. Nachdem der jasagende Teil meiner Aufgabe gelöst war, kam die neinsagende, n e i n t u e n d e Hälfte derselben an die Reihe: die Umwertung der bisherigen Werte selbst, der große Krieg, - die Heraufbeschwörung eines Tags der Entscheidung." [319] Das ist nicht mehr das kritische Neinsagen, das, indem es der Gegenwart an die Wurzel geht, erst auf dem Weg zum Ursprung und zum Ja ist, sondern das Nein aus dem Ja, aus dem Ursprung - der Versuch seiner Verwandlung: Nietzsche verschärft: die "n e i n t u e n d e Hälfte", denn für die höchste Bejahung durfte es mit der bloßen Formel nicht sein Bewenden haben.

Diese Welt-Formel ausgeführt sind die ersten drei Teile des "Zarathustra"; zu ihrer Verwirklichung, Verwandlung des Terminus a quo in den Terminus ad quem - vergleichbar der marxschen Revolution, die ihrerseits nicht nur wissenschaftlich, durch die Kritik der politischen Ökonomie, sondern agitatorisch vorbereitet sein will -, gibt Nietzsche zu bedenken, "ist eingerechnet der langsame Umblick nach Verwandten, nach Solchen, die aus der Stärke heraus zum Vernichten mir die Hand bieten würden." [320] Und zur Tat der "Umwertung der bisherigen Werte selbst" macht der vierte Teil des Zarathustra den Übergang, der nämlich nur vom "Mitleiden mit dem höheren Menschen" handelt und schließt: " D a s - hatte seine Zeit! / Mein Leid und mein Mitleiden - was liegt daran! Trachte ich denn nach G l ü c k e ? Ich trachte nach meinem W e r k e ! / Wohlan! Der Löwe kam, meine Kinder sind nahe, Zarathustra ward reif, meine Stunde kam: - Dies ist m e i n Morgen, m e i n Tag hebt an: Herauf nun, herauf, du großer Mittag!' - - / Also sprach Zarathustra und verließ seine Höhle, glühend und stark, wie eine Morgensonne, die aus dunklen Bergen kommt." [321] Das ist Zarathustras endgültiger Untergang und die Verwandlung des nietzscheschen Gedankens in seine letzte, dionysische, Gestalt.

Wer ist dieser "große Zweideutige und Versucher-Gott" [322]? Eine vorläufige Antwort hat das Gedicht "An der Brücke" gegeben: Nietzsches Denken (jedenfalls bis zum "30. September der falschen Zeitrechnung" [323]) steht in eben dem Verhältnis zu Dionysos, in dem das Kierkegaards zum Gott-Menschen in Knechtsgestalt stand. Wie dieser als das absolute Paradoxon dem Menschen die Bedingung gibt, sich selber zu verstehen und also, dem (historischen) Verstehen entsagend, kraft des Mitleidens mit dem Gott selbst aus dem sinnlosen Leiden in den Glauben zu springen als in das Erleiden des Worts, das der Sinn ist, berührt jener die schaffende Seele, daß sie sich selbst aus ihrem Schaffen zu empfangen, bei sich zu sein vermöchte. Daß er berührend vorbeigeht, ist das Geschenk des Schaffens überhaupt - und schon dies ist die, freilich selber noch übergängliche, Überwindung des Nihilismus -, aber daß er vorbeigeht, läßt den Gedanken vor-läufig bleiben, nicht immer zwar im "Gleichmaß der Vormittagsseele", aber bis zuletzt als "die Philosophie des Vormittages" [324].

Alles ursprüngliche Denken ist vor-läufig, muß es sein oder gibt sich auf, und der "Ecce homo"-Rückblick kündigt das reine sich Aufgeben dieses Denkens in sich selbst an, wo es, in der Mitte seines Wegs, den Ursprung als Ursprung zu denken hatte. Äußerlich gescheitert: "Wenn Nichts sich fing, so liegt die Schuld nicht an mir. Die Fische fehlten..." [325]; als Gedanke vollendet: "Theologisch geredet - man höre zu, denn ich rede selten als Theologe - war es Gott selber, der sich als Schlange am Ende seines Tagewerks unter den Baum der Erkenntnis legte: er erholte sich so davon, Gott zu sein... Er hatte Alles zu schön gemacht... Der Teufel ist bloß der Müßiggang Gottes an jedem siebenten Tage..." [326], und: "Am 30. September großer Sieg; siebenter Tag; Müßiggang eines Gottes am Po entlang." [327] Im Januar werden Nietzsche, Dionysos und der Gekreuzigte Derselbe sein, und diese Identität, in der die alte, schaffende, Triple alliance endgültig verschwunden ist, bezeichnet das Zu-sich-Entsprungensein des Ursprungs an ihm selbst, die Mitte der Null des ursprünglichen Denkens auf seinem Weg von Nichts zu Nichts. "Ich bin kein Mensch, ich bin Dynamit" [328], und das ursprüngliche Denken, zum Ursprung als Ursprung gekommen, das Entspringen als Schaffen denkend, das Sich-zu-sich-Entspringen als Sich-Schaffen, sprengt sich selbst in die Luft (die Hegel "das Bleibende rein allgemeine durchsichtige Wesen"[324] genannt hat).

Der Ursprung hält die Identität nicht aus, das in sich aufgehobne Sein als die einfache Offenbarung des Grundes. Das vor-läufige Denken des Schaffens muß schaffend auf das Verweilen seines Gottes zudrängen, ist gerade wie das vorläufige Denken des Paradoxons diese Leidenschaft zum Untergang, aber der Gott, der nur für es ist, ist auch nur im Vorbeigehen und zerstört die Seele, in die er eintritt, statt sie in Ariadne zu verwandeln: sein Leiden ist, nicht eintreten zu können; er leidet dasselbe Leiden wie der Gott-Mensch in Knechtsgestalt. Vorbeizugehen - das ist seine Liebe zu sich selber wie zum Menschen[330]: in diesem Augen-Blick ist die Seele Ariadne, aber auch nur für diesen Augenblick. Da empfängt sie sich in dem Augenblicklichen, das das Sprach-Kunst-Werk ist, das nicht schon aufgeht im Lesen, sondern erst im Eingestimmtsein des "Wiederkäuens"[331]. Das spekulative Analogon dieser schaffenden Seele ist die "schöne", von der Hegel sagt: "Die absolute Gewißheit seiner selbst schlägt ihr also als Bewußtsein unmittelbar in ein Austönen, in Gegenständlichkeit seines Fürsichseins um; aber diese erschaffne Welt ist seine R e d e , die es ebenso unmittelbar vernommen, und deren Echo nur zu ihm zurückkommt. Diese Rückkehr hat daher nicht die Bedeutung, daß es an und für sich darin ist; denn das Wesen ist ihm kein ansich, sondern es selbst; ebensowenig hat es Dasein, denn das Gegenständliche kommt nicht dazu ein Negatives des wirklichen Selbsts zu sein; so wie dieses nicht zur Wirklichkeit. Es fehlt ihm die Kraft der Entäußerung, die Kraft sich zum Dinge zu machen, und das Sein zu ertragen."[332]

Die Rede der schönen Seele des ursprünglichen Denkens, das Kunstwerk der tragischen Weisheit, ist ihr Äußerstes, und Zarathustra kann nichts anderes sein als der Fürsprecher des Dionysos[333]. Das "Neintun" zu diesem Jasagen bedachte noch die Bedingung seiner Möglichkeit und brachte sich und sie zum Ende. Was übrigblieb, waren die - nunmehr gottverlassenen - Wörter, nämlich nicht die "nächsten", sondern die alltäglichen. "Sanctus Januarius" 1889: Null. Kein historisches Bewußtsein mehr; keine "Bildung" mehr - die Kunst muß neu anfangen; keine Wissenschaft mehr - die Wissenschaft muß neu anfangen; bloß noch Wörter - die Philosophie muß neu anfangen: "Der Gedanke ist der sinnvolle Satz." [334]

Daß Zarathustra der Fürsprecher des Dionysos ist, ist seine geheime Bestimmung. Die unverfänglichere ist die, ein Gegen-Ideal zu sein. Die dritte Abhandlung der "Genealogie der Moral" "gibt die Antwort auf die Frage, woher die ungeheure Macht des asketischen Ideals, des Priester-Ideals, stammt, obwohl dasselbe das schädliche Ideal par excellence, ein Wille zum Ende, ein décadence-Ideal ist. Antwort: nicht, weil Gott hinter den Priestern tätig ist, was wohl geglaubt wird, sondern faute de mieux, - weil es das einzige Ideal bisher war, weil es keinen Konkurrenten hatte. 'Denn der Mensch will lieber noch das Nichts wollen als n i c h t wollen'... Vor allem fehlte ein Gegen-Ideal - bis auf Zarathustra." [335] Wer - denn der "Typus" stellt sich dem nietzscheschen Denken immer dar als Individualität - ist der "Priester", dessen "erste Psychologie" jene Abhandlung enthält?

... "so finde ich, als Vorzeichen, eine plötzliche und im Tiefsten entscheidende Veränderung meines Geschmacks, vor Allem in der Musik. Man darf vielleicht den ganzen Zarathustra unter die Musik rechnen; - sicherlich war er eine Wiedergeburt in der Kunst zu h ö r e n , eine Vorausbedingung dazu (...) - die Schlußpartie (...) wurde genau in der heiligen Stunde fertiggemacht, in der Richard Wagner in Venedig starb." [336] Daß Zarathustra ein Gegen-Ideal ist, erinnert Nietzsche eigens für jene dritte Abhandlung. Dort heißt es gleich im ersten Kapitel: "Daß aber überhaupt das asketische Ideal dem Menschen so viel bedeutet hat, darin drückt sich die Grundtatsache des menschlichen Willens aus, sein horror vacui: er braucht ein Ziel, - und eher will er noch d a s N i c h t s wollen, als n i c h t wollen. - Versteht man mich?... Hat man mich verstanden?... 'Schlechterdings nicht! mein Herr!' - Fangen wir also von vorne an." Und dann beginnt das zweite: "Was bedeuten asketische Ideale? - Oder, daß ich einen einzelnen Fall nehme, in Betreff dessen ich oft genug um Rat gefragt worden bin, was bedeutet es zum Beispiel, wenn ein Künstler wie Richard Wagner in seinen alten Tagen der Keuschheit eine Huldigung darbringt?"[337]

Hingegen "Mein ganzer Zarathustra ist ein Dithyrambus auf die Einsamkeit, oder, wenn man mich verstanden hat, auf die Reinheit... Zum Glück nicht auf die reine Torheit"[338] oder auf den "Parsifal" als auf das gegenwärtige Kunstwerk des Priester-Ideals, zu dem das (musikalische) Kunstwerk der tragischen Weisheit das Gegen-Ideal ist. Wogegen also? Gegen die sich selber vorstellende - repräsentierende: bloß repräsentierende - Verdinglichung der menschlichen Produktivkraft, des "Lebens"; gegen seine im Äußersten herrschende, weil artistische décadence; gegen die Attitüde der Erlösung; gegen den Tod. Zarathustra, das Gegen-Ideal des Priester-Ideals, ist zuhöchst der Fürsprecher des Dionysos. Er ist demzuvor der Fürsprecher Ariadnes als der schaffenden Seele. Sie gehört dem "Labyrinth des Daseins"[339], das der Versucher-Gott selbst ist[340].

1. Zarathustras Vorrede

Sie gilt, wie spätestens das Symbol der ewigen Wiederkunft im zehnten Stück deutlich macht, dem ganzen Werk. "Als Zarathustra dreißig Jahr alt war, verließ er seine Heimat und den See seiner Heimat und ging in das Gebirge. Hier genoß er seines Geistes und seiner Einsamkeit" - seiner Reinheit als des Gegensatzes der "reinen Torheit": seiner reinen Weisheit - "und wurde dessen zehn

Jahre nicht müde." In "Ecce homo" nennt Nietzsche die Teile des "Zarathustra" "Zehn-Tage-Werke"[341] und sagt vom zweiten: "Zehn Tage genügten; ich habe in keinem Fall, weder beim ersten, noch beim dritten und letzten mehr gebraucht."[342] Die Zahl ist ihm bedeutsam: daß das ganze Werk geschaffen sei in dreimal zehn Tagen.

a. Zarathustras Untergang

Zehn Jahre bleibt Zarathustra im Gebirge, zehn Stücke hat die Vorrede, zehn Sätze hat die Rede, die er der aufgehenden Sonne hält:

> 1) "Du großes Gestirn! Was wäre dein Glück, wenn du nicht Die hättest, welchen du leuchtest!"

Dies Urteil verwandelt die alte Anfänglichkeit der Sonne in Ursprünglichkeit. Bei Platon[343] hieß sie: Sproß des Guten, und war gedacht als die sinnlich-gegenwärtige Ursache des irdischen Gedeihens. Als gut sich selbst genug, als bewegt aber noch einem Höheren zugewandt, dem seienden Guten, und durch dieses dem Guten selbst, das "jenseits" ist, weil über aller Zweiheit, auch noch der des Seins als der Selbigkeit-mit-sich, schlechthin es selbst - kraft dieses Bei-sich- als Bei-ihrem-Selbst-Seins ist die platonische Sonne gut für das, was unter ihr ist, und selig, "glücklich", durch diese Bedürfnislosigkeit aus Fülle. Das zarathustrische Glück hingegen wäre, weil das Fürsichseiende ursprünglich bewegt ist von dem Drang, sich zu entspringen, nicht Sein-für-sich, sondern Sein für andere:

> 2) "Zehn Jahre kamst du hier herauf zu meiner Höhle: du würdest deines Lichtes und dieses Weges satt geworden sein, ohne mich, meinen Adler und meine Schlange."

Das gegenwärtig höchste Ziel der Erde ist die reine Weisheit Zarathustras mit ihrem Stolz (ihrer Höhe) und ihrer Klugheit (ihrer Tiefe), weil diese Weisheit empfänglich ist für das Sich-Entspringen des Ursprungs:

> 3) "Aber wir warteten deiner an jedem Morgen, nahmen dir deinen Überfluß ab und segneten dich dafür."

Das Schaffende ist bedürftig, bedarf der Abnehmer - und solcher, wie Zarathustra und seine Tiere sind. Sie warteten an jedem Morgen nicht nur <u>auf</u> die Sonne, sie warteten <u>ihrer</u>: <u>besorgten</u> sie. Was ist das Besorgliche am Schaffen? Das spekulativ gedachte Gute konnte "überfließend" genannt werden, weil es sich, als Gutes, nicht vorenthält; mochte dieser Überfluß gedacht sein als POIÄSIS, Creatio und Salvatio oder Manifestation, notwendig ist der Überfließende "abgeschieden und leidlos und ungemischt, in seiner Seiendheit seiend Wirklichkeit" [344]. Hier stattdessen hat das Überfließen den Charakter des Schwellens, sich aus sich Herausdrängens, Übergehens in andre, des Sich-Entspringens: der Ursprung hält es nicht aus bei sich, gebiert sich hervor und bedarf zur Niederkunft, durch die er sich <u>von sich</u> erlöst, der entbindenden Hilfe. Aber das ist nur die Seite seines Sich-<u>Entspringens</u>; Nietzsche denkt sein Sich-<u>zu-sich</u>-Entspringen, Sich-<u>zu-sich</u>-Erlösen: das Besorgliche am Schaffen ist, daß es nicht vermöchte, <u>seinesgleichen</u> zu schaffen.

Die Sonne wird ihrer Heraufkunft nicht müde, weil diese Abnehmer nicht irgendein Geschaffenes, sondern <u>das Schaffen selber</u> abzunehmen vermögen. Es ist der Segen solcher Abnahme, daß sie Zunahme ist, das Schaffen sich im Abnehmen nicht verliert, sondern findet, der Ursprung in seinem Sich-Entspringen zu sich entspringt. Aber Schaffen - des <u>Neuen</u> nämlich - heißt sich verwandeln und ist so zugleich die eigne Verwandlung. Das schaffende <u>Leben</u> der Erde ist abgenommen und verwandelt in den <u>Geist</u> Zarathustras:

> 4) "Siehe! Ich bin meiner Weisheit überdrüssig, wie die Biene, die des Honigs zu viel gesammelt hat, ich bedarf der Hände, die sich ausstrecken."

Das schaffende Leben ist gesammelt zum Geist als zum Geiste des

Lebens, und dieser Geist will nicht begriffen, sondern ergriffen werden wie er selber ergreift, weil er seiner Manifestation durch die Abnehmer (der Erlösung durch die Erlösten) bedürftig ist. Diese Ergriffenheit des Geistes ist die Rückwendung seiner Schärfe ins Leben, das sich aus dem Schnitt entspringt. In der Rede von den berühmten Weisen heißt es: "Geist ist das Leben, das selber ins Leben schneidet: an der eignen Qual mehrt es sich das eigne Wissen." [345] So und nur so entspringt es sich zu sich, erleichtert sich von sich ohne abzunehmen, wird es leicht (der "Geist der Schwere" ist darum der Feind des Schaffens):

> 5) "Ich möchte verschenken und austeilen, bis die Weisen unter den Menschen wieder einmal ihrer Torheit und die Armen wieder einmal ihres Reichtums froh geworden sind."

Zarathustras Weisheit ist schenkend, weil ihr Reichtum nichts als des Segens bedarf, worin sie zu sich entspringt, indem sie darin sich bezeugt, d. h. bezeichnet findet ('segnen' meint ursprünglich 'bezeichnen' und dieses 'einschneiden'). Sie will nichts als sich selber schenken, d. h. sich austeilend ihrem Gesammeltsein entspringen (wie die marxsche Produktivität partizipativ, "kommunistisch", werden will). In ihrem Sich-Austeilen ergänzte sie die menschliche Weisheit um die ihr eigne Torheit: zur tragischen, und die menschliche Armut um den ihr eignen Reichtum: das gegenwärtige Leben zum tragischen. So ist Zarathustras Weisheit die Vor-Läuferin eines tragischen Zeitalters, in dem die Menschen Schaffende, d. h. ihrer selbst, und demzuvor des Geistes, und demzuvor des Lebens "froh" geworden sind (die Wurzel dieses Worts bedeutet 'springen'):

> 6) "Dazu muß ich in die Tiefe steigen: wie du des Abends tust, wenn du hinter das Meer gehst und noch der Unterwelt Licht bringst, du überreiches Gestirn!"

- in die Tiefe steigen, "wo das Ideal heimisch ist, - wo es seine Burgverliese und gleichsam seine letzte Sicherheit hat. Eine Fackel in den Händen, die durchaus kein 'fackelndes' Licht gibt, mit einer schneidenden Helle wird in diese Unterwelt des Ideals hineingeleuchtet" [346]: durch seine kritische Arbeit kam Nietzsche die tragische Weisheit - jetzt ist die Hoffnung, daß sie zu sich komme, d. h. als der ekstatische Geist des Lebens (kunstreich: durch den Schnitt) das Leben selber entbände:

7) "Ich muß, gleich dir, untergehen, wie die Menschen es nennen, zu denen ich hinab will."

Untergang ist der Sinn des Ursprungs seit er entsprang als der Wille zum Leben. Der Untergang des Willens ins Nirwana, des theologischen Bewußtseins in die familiäre Konversation, der verstehenden in die glaubende Existenz, der kapitalistischen in die kommunistische Produktion - was jeweils darin gegenwärtig wäre, ist der zu sich erlöste Ursprung, wie der Schluß des "Parsifal" ihn artistisch repräsentiert hat. Er bedürfte nicht länger der Metaphysik, neuen Philosophie, indirekten Mitteilung oder Kritik der politischen Ökonomie, aber als das ekstatische Leben des tragischen Zeitalters wäre er nicht ohne Weisheit: um des als Ursprung gedachten Ursprungs willen ist der Untergang, den Zarathustra sucht, auf tiefere Weise Übergang als bisher - siebenmal heißt es zum Schluß des dritten Zarathustra: "Denn ich liebe dich, oh Ewigkeit!" Seine Weisheit ist tragisch, weil sie nicht nur wie die Kritik, die eigne oder ältere, der ursprünglich gedachten Zukunft, sondern sich selber vor-läuft [347] - immer ebenso sich faßt und nicht faßt, bei sich ist und nicht. Auf diese Weise sich entgehend, aber sich entgehend, ist sie als rein gestimmtes Wort: das ist ihr (flüchtiges) Sich-Begegnen überhaupt [348]. Auch die tragische Weisheit kann, dem spekulativen Wissen analog, "ein Kreis von Kreisen" [349] genannt werden, aber nicht als Reichtum der Gegenwart des Selbst und bei ihm, sondern als dies Ereignen des sich Wartens und Erwartens:

8) "So segne mich denn, du ruhiges Auge,
das ohne Neid auch ein allzugroßes Glück
sehen kann!"

Die Sonne, die alles sehend macht, ist selber Auge: das schaffende Sehen ist Sich-Hinsehen, und ruhig, stet, weil nichts als Sich-Hinsehen: so soll das Vor-Bild des Schenkens das der schenkenden Weisheit segnen, wie diese, segnend, sich zum Überfließen verwandelt hat, und so vermag das ruhige Auge "ohne Neid" auch ein allzugroßes Glück, worin das Leben leicht wird, sich gelingt, zu sehen, weil es nur sich darin ersieht. "Diesem gelingt Etwas nicht; schließlich ruft er empört aus: 'so möge doch die ganze Welt zu Grunde gehen!' Dieses abscheuliche Gefühl ist der Gipfel des Neides, welcher folgert: weil ich E t w a s nicht haben kann, soll alle Welt N i c h t s haben! soll alle Welt nichts s e i n ! "[350]: der Neid wendet sich zuletzt vom Geschaffnen ab gegen das Schaffen selbst.

9) "Segne den Becher, welcher überfließen will, daß
das Wasser golden aus ihm fließe und überallhin
den Abglanz deiner Wonne trage!"

Zarathustra ist als das Gefäß der tragischen Weisheit der wahre Gral, aus dem nämlich nicht das Blut dessen fließt, der vor Mit-Leiden mit den Menschen gestorben ist, sondern das Wasser des Lebens. Überallhin soll es den Abglanz des Sonnen-Wesens tragen, die Wonne des neidlosen - bejahenden - Sich-Hinsehens, denn "das P e r s p e k t i v i s c h e" ist "die Grundbedingung alles Lebens"[351]. Die höchste, die schaffende Perspektive aber ist die der "goldnen Natur": "Höher als 'du sollst' steht 'ich will' (die Heroen); höher als 'ich will' steht 'ich bin' (die Götter der Griechen)", und: "Zu Zarathustra: 'die Goldenen' als höchste Stufe"[352].

10) "Siehe! Dieser Becher will wieder leer werden,
und Zarathustra will wieder Mensch werden."

Seine Katabasis wiederholt als tragische Weisheit den Gang, den der nietzschesche Gedanke schon getan hat als der "scheinbare Trophonios", der wieder "Mensch werden" sollte[353]. Stattdessen verwandelte er sich in Zarathustra. Nun will Zarathustra wieder Mensch werden - und wird sich in Dionysos verwandeln. Denn "Mensch werden" - das bedeutete die Abnahme der Lehre durch die Menschen, aber "Die Fische fehlten..." für dieses Wasser des Lebens. "- Also begann Zarathustras Untergang" und wird zu einer Reihe von Untergängen. Der erste ereignet sich als die Schrittfolge der Vorrede selber.

b. Der alte Heilige

Im Zwischenreich zwischen der Einsamkeit des Gebirges und den Stätten der Menschen ist der alte Heilige zu Hause, der mit "Singen, Weinen, Lachen und Brummen" Gott lobt, und Zarathustras erste Erfahrung wird die sein, daß seine Weisheit nicht ab-, sondern zunimmt: "Sollte es denn möglich sein! Dieser alte Heilige hat in seinem Walde noch Nichts davon gehört, daß G o t t t o t ist!"

In seiner Wurzeln suchenden Musikalität ist der Greis zwar kein "Schleiermacher"[354], aber doch ein Wald-Weber, der alte romantische Künstler nämlich, der endet, "wie Romantiker enden, christlich..."[355]. Die Romantik ist die Selbstvergessenheit der Gegenwart, denn die Gegenwart ist keine andere als der Tod Gottes[356], weshalb Zarathustras <u>gegenwärtige</u> Weisheit vor jenem Ende in sich zurückgedrängt ist. Sie muß tiefer untergehen. Das nächste ist der Markt, nicht länger der Produzenten, sondern als Schau-Platz: das <u>Theater</u>.

c. Die Reden vom Übermenschen, von den höheren Menschen und den letzten

Zarathustra hält sie, während die Menschen den Artisten erwarten, der sie für eine kurze Feierstunde von dem Leben erlöste, das die Langeweile ist. Hiermit ist die Gegenwart erreicht, diese "zunehmende Zivilisation, die zugleich notwendig auch die Zunahme der morbiden Elemente, des Neurotisch-Psychiatrischen und des Kriminalistischen mit sich bringt... / eine Zwischenspecies entsteht, der Artist, von der Kriminalität der Tat durch Willensschwäche und soziale Furchtsamkeit abgetrennt, insgleichen noch nicht reif für das Irrenhaus, aber mit seinen Fühlhörnern in beide Sphären neugierig hineingreifend: diese spezifische Kultur-Pflanze, der moderne Artist, Maler, Musiker, vor allem romancier, der für seine Art zu sein das sehr uneigentliche Wort 'naturalisme' handhabt... / Die Irren, die Verbrecher und die 'Naturalisten' nehmen zu: Zeichen einer wachsenden und jäh vorwärts eilenden Kultur - das heißt der Ausschuß, der Abfall, die Auswurfstoffe gewinnen Importanz, - das Abwärts hält Schritt..." [357]

Das Gegen-Ideal verheißt die Rede vom Übermenschen: der <u>schaffende Mensch</u> "ist der Sinn der Erde". Aber anders als für den marxschen Gedanken tut nicht eine <u>Modifikation</u> des Hervorbringens not, die revolutionäre der kapitalistischen Produktion in die kommunistische - <u>das Schaffen selbst</u> muß umgeschaffen, d. h. die Revolution muß aus dem <u>Sein</u> zurückgenommen werden in den <u>Willen</u> zum Sein: "Euer Wille sage: der Übermensch *sei* der Sinn der Erde!", und die Zucht dieses Willens ist das Lernen der wertenden Unterscheidung: "- wir lernen verachten, wenn wir lieben, und gerade wenn wir am besten lieben" [358].

Die Selbstkritik des ursprünglichen Denkens heißt, wo es den Ursprung <u>als</u> Ursprung denkt, "große Verachtung". Sie ist der Schnitt durch die aussätzige Haut des Lebens, schneidet ab

- das kleine Glück, das für eine kurze Feierstunde zu gelingen scheinende Leben, das mit dem Modewort der Zeit "Behagen" heißt,
- die kleine Vernunft, die dazu gehört, weil sie sich dem kleinen Glück andient,
- die kleine Tugend, d.i. die kleine Besonnenheit, die sich überall für sich einzurichten versteht,
- die kleine Gerechtigkeit, die sich an allem rächen will, das mehr hat;

- und endlich schneidet sie aus[359], was nicht nur abgeschnitten werden muß, weil es nicht das Große zu ihm gibt, das große Glück, die große Vernunft, die große Tugend, die große Gerechtigkeit: das ist das Mitleiden, der Neid (auf das Leben = Schaffen selbst) in seiner undurchschaubarsten Verlarvung: "Schopenhauer war in seinem Rechte damit: durch das Mitleiden wird das Leben verneint, verneinungswürdiger gemacht, - Mitleid ist die Praxis des Nihilismus."[360]

Die Lehre vom Übermenschen bleibt unerhört, und nicht aus Dummheit: die Markt-Menschen wollen in ihr eine artistische Exhibition sehen. Zarathustras Rede muß darum einen Schritt tun, und der höheren Menschen gedenkend verwandelt sie die Fünfheit der großen Verachtung in die Brücke zum Übermenschen.[361]

Auch dieser zweite Zuspruch bleibt unerhört: bedurften die Menschen nach der Rede vom Blitz des Übermenschen noch eines zündenden Witzes, um ihre Erstarrung zu überkommen, an das Höhere an ihnen selber erinnert lachen sie auch ohne Witz. Zarathustras Rede muß noch einmal einen Schritt hinab tun, und wie er mit dem Markt die Gegenwart erreichte, erreicht sie seine Rede mit der Belehrung der letzten Menschen: "Seht! Ich zeige euch den letzten Menschen." Aber der Spiegel[362] wird denen zum Vorbild, die immer schon sind, was sie sein möchten, die Ebbe der großen Flut des Lebens, unverwandelbar. Sie "schenken" Zarathustra, was sie nicht abnehmen dürfen, weil ihre Armut so bedürftig ist, daß sie, der alte Heilige wußte das, nurmehr ein Almosen, eine Gabe aus Mitleiden, selber aus Armut, überleben. Und jetzt "ist Eis in ihrem Lachen", die Rachsucht derer, die auch nicht mehr etwas empfangen können.

"Und hier endete die erste Rede Zarathustras, welche man auch 'die Vorrede' heißt": als eigentliche Vorrede ist sie eingelassen in das, was Zarathustra tut, denn "Ich liebe Den, welcher goldne Worte seinen Taten voraus wirft".

In den nächsten fünf Stücken sind keine Worte mehr hervorgehoben, in den ersten fünf waren es: 1) untergehen, 2) Gott tot, 3) Ich lehre euch den Übermenschen, und: sei, und: bleibt der Erde treu, 4) Übergang, und: Untergang, 5) der letzte Mensch, den letzten Menschen. Zarathustra schied von der Höhe, verschwieg seine Weisheit im Zwischenreich und fand sie unabgenommen auf dem Markt. Was möchte ihm noch helfen - wenn nicht der Zufall? Auf dem Ölberge wird er sagen: " - aber mein Wort heißt: 'laßt den Zufall zu mir kommen: unschuldig ist er, wie ein Kindlein!'" [363]

d. Der Sturz des Artisten

Es geschieht etwas, "das jeden Mund stumm und jedes Auge starr machte". Zarathustra ist auf dem Markt, der Markt ist das Theater: die gegenwärtigen Menschen, Nachläufer der theoretischen Kultur, haben einzig noch den Willen zur Zerstreuung. Sie verlangen nach dem Artisten "als nach einem Opiat" [364], und er weiß sich darum, wiewohl verachtet, von ihnen gebraucht.

So macht er sich an sein Werk als Zarathustras Rede vom Menschen zu Ende geht. Er bedarf dieses Seils: obwohl er sich "über dem Markte und dem Volke" bewegt, ist er kein "höherer" Mensch - das Seil wird ihm nicht zur Brücke. Dieses Mangels an Kraft wegen ist ihm eine Gestalt gesellt, die ihn jagt, sich auf sein Geschäft besser versteht als er selbst. Zwar ist sie "einem Possenreißer gleich", aber ihre Stimme ist "fürchterlich", denn sie entdeckt das Tun des Artisten als schon überholt. Diesem seinem bösen Geist kann es in der jäh vorwärts eilenden Kultur nicht schnell genug gehen. Über der Menschheit "schwebte und schwebt fortwährend als ihre größte Gefahr der ausbrechende I r r s i n n - das heißt eben das Ausbrechen des Beliebens im Empfinden, Sehen und Hören, der Genuß der Zuchtlosigkeit des Kopfes, die Freude am Menschen-Unverstande. Nicht die Wahrheit und Gewißheit ist der Gegensatz der Welt des Irrsinnigen, sondern die Allgemeinheit und Allverbindlichkeit eines Glaubens, kurz das Nicht-Beliebige im Urteilen (...) Fortwährend erzeugt jener Glaube als Allerweltsglaube einen Ekel und eine neue Lüsternheit bei feineren Köpfen: und schon das langsamere Tempo, welches er für alle geistigen Prozesse verlangt, (...) macht Künstler und Dichter zu Überläufern: - diese ungeduldigen Geister sind es, in denen eine förmliche Lust am Irrsinn ausbricht, weil der Irrsinn ein so fröhliches Tempo hat!" [365]

Hier geschieht es, daß der Schatten des Artisten über seinen Leib springt - und der Artist stürzt ab. Das historische Schicksal dieser "Zwischenspezies" ist es, ebensowohl den Kopf "mit seinen Fühlhörnern" wie die Basis zu verlieren, den gegenwärtigen Menschen. Er kann das Gleichgewicht nicht halten, auf das sein Beruf ihn anweist: der moderne Artist ist nicht dionysisch [366]. Aber der Absturz, das äußerste Zeichen der jäh vorwärts eilenden Kultur, ist in ironischer Folgerichtigkeit zugleich die Erfüllung seines Auftrags: der Artist zerstreut die Menge in der Tat, und noch im Sterben bekennt er das Priester-Ideal, das ihn vernichtet hat. Seine Existenz hat sich überholt; Zarathustra aber hat auch noch die Seele darin überholt, und diese Überholung ist es erst, die das Leben des Vorläufers rechtfertigt: "du hast aus der Gefahr deinen Beruf gemacht, daran ist Nichts zu verachten." Der Mut macht den Artisten und den Fürsprecher des Lebens zu Brüdern, den passiven und den aktiven Nihilismus, denn: "Der Mut schlägt auch den Schwindel tot an Abgründen: und wo stünde der Mensch nicht an Abgründen!" [367]

e. Zarathustra allein

Dem alten Wurzelsucher enthielt er die Weisheit vor, die nur gebraucht würde, wo die Menschen davon gehört haben, daß Gott tot ist. Ihm seinen Gott zu töten, ist Zarathustras Sache nicht. Aber den Menschen ein Hirt zu sein, die davon gehört haben (und nicht nur gehört), ist ihm auch nicht gegeben: in drei Stößen wird die Weisheit des Volks-Redners in sich zurückgetrieben. So macht er die Erfahrung, die der Nietzsche von "Ecce homo" noch einmal aussprechen wird: die Fische fehlen; und das heißt: "Unheimlich ist das menschliche Dasein und immer noch ohne Sinn: ein Possenreißer kann ihm zum Verhängnis werden."

Das ursprüngliche Denken hatte den Sinn des menschlichen Daseins zuletzt gefaßt als die partizipative Produktion der kommunistischen Gesellschaft, die mit der geschichtlichen Notwendigkeit eintreten sollte, die die Kritik der politischen Ökonomie der historischen Entwicklung der Produktivkräfte unter der Bestimmung von Privateigentum und Kapital abnahm. Diese Notwendigkeit erweist sich jedoch als der Schein von Grund, den der Ursprung sich selber erzeugt, wo er sich ins Entsprungene entsprungen ist. Ihre "eisernen Hände" schütteln nur "den Würfelbecher des Zufalls" [368]. Wie der Mensch es mit ihm hält, diesem "Possenreißer" der Geschichte, das ist sein Geschick und "der ausbrechende Irrsinn" seine "größte Gefahr" [369]. Mit ihr mußte der Artist sich einlassen und ging zugrunde, eigentlich weil er gehorsam dem Priester-

Ideal den Zufall für das Böse nahm[370]; "das Zufällige, das Gesetz des Unsinns im gesamten Haushalte der Menschheit zeigt sich am erschrecklichsten in seiner zerstörerischen Wirkung auf die höheren Menschen" [371], und davon war der Absturz des Artisten das Zeichen.

Aber andrerseits ist dieser Teufel "der älteste Freund der Erkenntnis" [372] und "in allen historischen Mächten die eigentliche Macht" [373]. Ihm mit der Fackel der tragischen Weisheit ins Gesicht leuchten heißt ihn zutraulich machen. Er ist es denn auch, der Zarathustra vom Markt fort auf seinen Weg bringt und ihm noch, wie der Heilige über die Menschen, eine Weisheit mitgibt über Zarathustra selbst: "wahrlich, du redetest gleich einem Possenreißer." Das ist noch ganz zuletzt zu hören: "Da ich verurteilt bin, die nächste Ewigkeit durch schlechte Witze zu unterhalten" [374] ...

Als Zarathustra zehn Jahre "seines Geistes und seiner Einsamkeit" genossen hatte - zurückgelesen die "kritischen" Siebzigerjahre -, "verwandelte sich sein Herz", und nun heißt es schon, dies Herz, das noch kein andres ist als das des Artisten, der Erde zurückzugeben: "Dunkel ist die Nacht, dunkel sind die Wege Zarathustras. Komm, du kalter und steifer Gefährte! Ich trage dich dorthin, wo ich dich mit meinen Händen begrabe" - "Als Zarathustra dies zu seinem Herzen gesagt hatte" ... Zur Sorge für das tote Artisten-Herz der Gegenwart ist hier seine Weisheit verkehrt, und so geht es weiter abwärts in die "Unterwelt" des geistigen Hungers als in die Gegend der Auseinandersetzung mit sich selbst. "Zehn Jahre hinter mir, wo ganz eigentlich die E r n ä h r u n g des Geistes bei mir stillgestanden hatte (...) Ich sah mit Erbarmen mich ganz mager, ganz abgehungert: die Realitäten fehlten geradezu innerhalb meines Wissens (...) Ein geradezu brennender Durst ergriff mich (...) Damals erriet ich auch zuerst den Zusammenhang zwischen einer instinktwidrig gewählten Tätigkeit, einem sogenannten 'Beruf', zu dem man am letzten berufen ist - und jenem Bedürfnis nach einer Betäubung des Öde- und Hungergefühls durch eine narkotische Kunst, - zum Beispiel durch die Wagnerische Kunst." [375] Aber "Es ist nicht möglich, den H u n g e r als primum mobile zu nehmen: ebenso wenig als die Selbsterhaltung: der Hunger als Folge eines nicht mehr Herr werdenden Willens zur Macht / die Zweiheit als Folge einer zu schwachen Einheit" [376]. Dieser Mangel an Einheit, d. h. an Willen zur Macht, d. h. an Willen zum Schaffen ist die Gefahr der Sorge für den toten Artisten (für die Kunst als die "eigentlich metaphysische Tätigkeit dieses Lebens" [377]) statt für das Leben als für das Schaffen selbst, und der Toten-Marsch erweist sich als das erste Vorspiel des Kampfs mit dem Geist der Schwere[378]. Mangel an Einheit: Zarathustra war "noch nicht hundert Schritte gegangen" - "Als er zwei Stunden gegangen war" - "'der Hunger überfällt mich'" - "'Eine böse Gegend ists für Hungernde'" - "und kein Weg zeigte sich ihm mehr" - "Und alsbald schlief er ein, müden Leibes."

Aber in dieser Unterwelt, wo nur noch Hobbes' Wölfe zu hausen scheinen, trifft Zarathustra auch auf die Ur-Menschheit, die noch keinen Unterschied macht zwischen Schlafen und Wachen, Totem und Lebendigem, Tier und Mensch: der Ur-Mensch verbringt sein Leben im "schlimmen Schlafe", und in dieser Folge einer zu schwachen Einheit des Bewußtseins[379] "machen wir das Pensum früheren Menschentums noch einmal durch" [380]. Deshalb ist der Ur-Mensch, aus seinem Schlaf geweckt - Freud wird die wissenschaftliche Methode finden -, auch ein Luzifer. Er spendet das Abendmahl, dessen Zarathustra, der "Gottlose" und "geborne Wassertrinker", der sich auch nicht von Brot ernährt, noch spät gedenkt [381]. Im Nadir seines Abstiegs wird ihm der Hunger ebenso befremdlich gestillt wie er ihn überfiel; gleichwohl schläft er ein "mit einer unbewegten Seele". Allein über Nacht und Vormittag wird sie einer neuen Wahrheit das Leben geben.

f. Die Gefährten

Im Walde lernte Zarathustra, daß er nicht Hirt der Menschen sein könne, und auf dem Markt mußte er es erfahren; in der bösen Gegend des Hungers lernte er, daß noch das ärmste Leben nur mit sich selber zu tun hat - und im Schlaf geht ihm das Licht auf, das "der Alte" trug. Kann er kein Hirt sein, kann er auch kein Totengräber sein; er braucht lebendige Gefährten, denn seine Weisheit ist Geist vom Geiste des Lebens: "Mitschaffende sucht Zarathustra, Miterntende und Mitfeiernde", Seinesgleichen.

Den Übermenschen wollen heißt: die Macht wollen; die Macht: den Willen zur Macht; den Willen zur Macht: die Möglichkeit des Willens; die Möglichkeit des Willens zur Macht wollen heißt: die Menschen zu dieser Möglichkeit züchten, und dies: die Gefährten zu dieser Zucht finden - die "Fische" ... In der Folge wird Zarathustra viele Jünger haben - aber sind sie auch die gesuchten Gefährten, von denen er sagen kann: "und einst noch sollt ihr mir Freunde geworden sein und Kinder Einer Hoffnung: dann will ich zum dritten Mal bei euch sein, daß ich den großen Mittag mit euch feiere"? [382] Auch der vierte Teil schließt noch mit dieser Hoffnung: "meine Kinder sind nahe (...) herauf nun, herauf, du großer Mittag! - -" Die Fische fehlten, aber die Hoffnung fehlt nicht: "- wer weiß? Die Vision eines Festes, das ich noch erleben werde ..." [383]

Die neue Wahrheit bedeutet also die Verwandlung der ursprünglichen Gewißheit, zu den Menschen untergehen zu müssen, in eine neue Tugend Zarathustras, die, geschichtlich, nicht wie die vier in der Rede von den höheren Menschen genannten vorgedacht ist als kardinale, sondern als theologische, und zwar als die mittlere. Und allerdings baut der nietzschesche Gedanke sich so, daß er in seiner Stufung entweder eine leere Mitte überspringt (wie zwischen der Rede vom letzten Menschen und dem Sturz des Artisten) oder diesen Sprung selber noch durch einen Satz bezeichnet, der ihn als das Aufspringen der Hoffnung vernehmen läßt. Die Rede von den Gefährten hat siebzehn Sätze; der achte nennt die Mitschaffenden, der zehnte die Miterntenden und Mitfeiernden, und im neunten heißt es: "denn Alles steht bei ihm reif zur Ernte" - steht, und die Hoffnung geht auf ihren eignen Untergang ins Einbringen, das die Erfüllung der Mitte als der Schluß des Urteils wäre, die Brücke, "da der Mensch auf der Mitte seiner Bahn steht zwischen Tier und Übermensch und seinen Weg zum Abende als seine höchste Hoffnung feiert" [384]. Die Hoffnung geht auf das Ausstehen der leeren Mitte, das die höchste Hoffnung eröffnen würde als auf die Erlösung von der Rache, zuinnerst, der umfänglichen Seele wegen, von der "Rache an sich selber" [385], die die Reue ist (das kierkegaardsche Springen in den Glauben).

Diese eschatologische Hoffnung ist es, die Zarathustras Untergang zum Gang und den Gang zum Untergang des bisherigen Menschen bestimmt. Denn der Gefährte Zarathustras soll sein, den "die Guten und Gerechten", "die Gläubigen aller Glauben" am meisten hassen: "Den, der zerbricht ihre Tafeln der Werte, den Brecher, den Verbrecher: - das aber ist der Schaffende." Den Verbrecher allein, der der Schaffende ist, von dem es in der Phänomenologie des Geistes heißt, daß er die vorgefundene allgemeine Wirklichkeit nicht nur auf einzelne, sondern "auf eine allgemeine Weise und damit für alle" aufhebt und so "eine andere Welt, anderes Recht, Gesetz und Sitten an die Stelle der vorhandenen bringt" [386]. Nur daß hier die Forderung ist, das Schaffen selber umzuschaffen, nicht nur das Geschaffene, die Tafeln selber, nicht nur die darauf geschriebenen Werte: "neue Werte auf neue Tafeln".

Die Verwandlung des Untergangs zum Gang der Hoffnung Zarathustras auf Seinesgleichen ist aber, der Mitte wegen, die zum Sprung: "über die Zögernden und Saumseligen werde ich hinwegspringen. Also sei mein Gang ihr Untergang!" Zarathustra hat nicht nur, wie der Possenreißer es ihm bedeutete, gleich ihm geredet, er will auch gleich ihm tun und hat wohl "goldne Worte seinen Taten voraus" geworfen. Im Winter 1883/84 notiert Nietzsche unter dem Titel "Meine Neuerungen" [387]: "Darauf ging ich weiter in der Bahn der Auflösung, - darin fand ich für Einzelne neue Kraftquellen. Wir müssen Zerstörer sein! - - (/) ich erkannte, daß der Zustand der Auflösung, in der einzelne Wesen sich vollenden können wie nie - ein Abbild und Einzelfall des allgemeinen Daseins ist. Theorie des Zufalls, die Seele" ... Die Theorie des Zufalls ist die der Seele, der Zufall selber nur die verworrene, abgeschwächte, richtungslose Conjunctio der schaffenden Impulse, die Seelen-Nahrung, die sie sich ausliest, sammelt; diese "Auswahl, Verstärkung, Korrektur" ist ihre schaffende Kraft und der geschaffene Schein "die Realität noch einmal" [388] als die künstlerische, dionysische, in der die Seele sich zu spiegeln, aus der sie sich zurückzukommen, durch die sie ihr Schaffen selber zu empfangen vermöchte: die Seele ist der ursprüngliche Künstler.

Zarathustras Untergang zu den Menschen war zum Hinabgang in die, auch physiologische, Basis des Lebens = der Seele geworden. Dort trifft er den nährenden Zufall selber in seiner rudimentärsten Gestalt an als den alten Luzifer, dessen Sakrament ihn rettet: Wotans Wille hatte sich abgewandt von Erda, aber "Nicht ist das m e i n e Art, Urgroßmütter aus dem Schlafe zu wecken, daß ich sie heiße - weiterschlafen!" [389] Die Ur-Gabe im schöpferischen Schlaf auswählend, verstärkend, korrigierend: verdauend, geht sie ihm als die neue Wahrheit auf, die die Hoffnung der Gefährten ist. Die mittlere der vormaligen theologischen Tugenden kommt hier wie sonst aber nicht allein, sondern zusammen mit den beiden andern. Die eine ist der Glaube, die Fides [390]. Zarathustras Untergang verwandelt sich zum Gang, der Gang ist Sprung, der Sprung ist bewegt von der Hoffnung der Gefährten, und dies Bewegtsein, Springen, ist die sich entspringende, diese schaffende

Seele selbst. Der erste Untergang Zarathustras ist die Vorgeschichte ihrer Rettung: ARNYMENOS HÄN TE PSYCHÄN KAI NOSTON HETAIROON [391]. Ob die Hoffnung der Gefährten in Erfüllung gehen mag oder nicht: im zweiten Mittag seines Untergangs hat Zarathustra die Gefährtin vorgefühlt, und die, freilich in der Polyphonie oft nur leise, aber zunehmend deutliche Grund-Melodie wird bis zum "Ja- und Amen-Lied" die ihre sein.

Die dritte theologische Tugend ist die Liebe. Hier ist sie die Lust, die Ewigkeit will [392], ihre "Formel" die der "Wiederkunft" - ihrerseits eine Hoffnung. So greift die mittlere Tugend über die beiden andern über, und der Grund-Satz des nietzscheschen Gedankens, wie er da ist - Typus - als Zarathustra, besagt: die Seele ist guter Hoffnung, sich selber zu empfangen. "Weisheit zeigt sich in der unbedingten Wichtigkeit, welche man seiner Seele beilegt. Eins ist Not." [393]

Indem Zarathustras Untergang zu ihrem Vorgefühl wurde, ist er auf dem Sprung, von allen Künsten, deren die tragische Weisheit bedarf, "die feinste, listigste, letzte und geduldsamste" [394] zu lernen, nämlich die Liebe zu sich selber. Denn: "Ich liebe Den, dessen Seele sich verschwendet", und "Den, dessen Seele übervoll ist, so daß er sich selber vergißt und alle Dinge in ihm sind" [395]. Diese Selber-Liebe ist ersichtlich nicht der lediglich anders bewertete Egoismus, den das ursprüngliche Denken seit Schopenhauer perhorresziert hat, vielmehr dessen ursprünglich verwandeltes Mitleiden, die "Nächstenliebe" - und eben darum "Fernsten-Liebe" [396] als die zu den Mitschaffenden, Miterntenden, Mitfeiernden, zuhöchst die zur eignen Seele. Dies "Etwas am Leibe" [397] ist seine schaffende Kraft als Geist vom Geiste des Lebens selbst und darum zugleich das Nächste und Fernste, ebenso der sich entspringende wie der zu sich entspringende Ursprung. So ist sie der Glaube der Überbrückung von Nähe und Ferne, des Abgrunds, der sie von ihrem Beisichsein trennt und dem sie, als dem Nihilismus, ihr schöpferisches Gespanntsein verdankt. Die Selber-Liebe, die zu lernen Zarathustra hier auf dem Sprung ist, ist diese Liebe der Kind werden wollenden Seele zu sich als zum Sich-Schaffen und Sich-Empfangen des Schaffens, d. h. zur ewigen Wiederkunft des Gleichen als zur Rückkehr in sich.

Wenn es aber, wie es für das ursprüngliche Denken nicht anders sein kann, der Abgrund ist, dem sie ihr schöpferisches Gespanntsein verdankt, dann kann diese Mitte nicht bleibend erfüllt werden, dann kann jenes Stehen nur ein Überfliegen sein - und dazu ist die Selber-Liebe, die Fernsten-Liebe das Vor-Laufen: "Wer die Menschen einst fliegen lehrt, der hat alle Grenzsteine verrückt; alle Grenzsteine selber werden ihm in die Luft fliegen, die Erde wird er neu taufen - als 'die Leichte'."[398]

Zarathustras erster Untergang vollendet sich darum weder als Gang noch auch als Sprung, sondern mit dem Vor-Spiel des Sprungs als Flug und so als erstes Zeichen der ewigen Wiederkunft: "Dies hatte Zarathustra zu seinem Herzen gesprochen, als die Sonne im Mittag stand: da blickte er fragend in die Höhe - denn er hörte über sich den scharfen Ruf eines Vogels. Und siehe! Ein Adler zog in weiten Kreisen durch die Luft, und an ihm hing eine Schlange, nicht einer Beute gleich, sondern einer Freundin: denn sie hielt sich um seinen Hals geringelt." - "Da, plötzlich, Freundin, wurde Eins zu Zwei -": Zarathustra, der wieder Mensch werden wollte, ist augen-blicklich vielmehr bei sich angekommen. Dieser Mittag, Augenblick des kürzesten Schattens, ist die erste schöpferische Conjunctio oppositorum: das Tier des Himmels und das Tier der Erde, die Tiere und Zarathustra, Zarathustra und sein Schatten, der Schatten und die Seele, die Seele und der Zufall. Als Zarathustra die neue Wahrheit ersehen hatte, sprach er: "lebendige Gefährten brauche ich, die mir folgen, weil sie sich selber folgen wollen - und dorthin, wo ich will." Jetzt kann er sagen: "Mögen mich meine Tiere führen!" Denn das macht diese

Conjunctio offenbar: "höher als 'ich will' steht 'ich bin'" [399].

Nietzsche erläutert das 'ich bin' mit "die Götter der Griechen", und allerdings ist der Zufall dieses Mittags, der Zusammenfall der Verwandlung des Untergangs mit der Ankunft der ursprünglichen Gefährten, Parusie des Versucher-Gottes. Der alte Atheist Zarathustra wird hier, wo er zum ersten Mal der Gefährtin nahe kommt, auch zum ersten Mal versucht, und der Versuchung inne gedenkt er der Worte des heiligen Wurzelsuchers - "Möchte ich klüger sein!"

Wie klug möchte er sein? So klug wie das Gleichnis seiner Seele[400], wie die Schlange, die "von Grund aus" klug ist als das Tier der Erde. Aber die Tiefe der Erde, des allgemeinen Lebens, ist dem Gedanken unerreichbar[401]: "So bitte ich denn meinen Stolz, daß er immer mit meiner Klugheit gehe!" Aber sie "liebt es, davonzufliegen", wie die Erde einst, wenn sie den Übermenschen trägt, "die Leichte" heißen soll. Ereignet sich dies, dann wird die Erde in den Himmel gepflanzt sein, den das Jahrhundert "der Schwärmerei, der zerbrochnen Ideale und des f l ü c h t i g e n Glücks" versprochen hatte[402], indem es, Vorspiel des Nihilismus, den "Himmel auf die Erde herunter" [403] verpflanzte. Dann wird auch die Schlange, das Tier der Tiefe, verkehrt sein zum Tier der Höhe, Zarathustras Klugheit, diese große Vor-Sicht, zu ihrem Gegenteil [404], und dann können "die Weisen unter den Menschen" endlich "wieder einmal ihrer Torheit" froh werden wie die Sonnen-Rede es verhieß.

Wieder einmal - wieder einmal die Götter der Griechen - wieder einmal Dionysos... Von diesem Ungesagten versucht, kehrt der Gedanke in sich zurück. Mit der Morgenröte des vergangenen Tags begann Zarathustras Untergang, verwandelte sich zum Gang, zum Sprung, zum Vorspiel des Fliegens; und das Fliegen - über den Ab-Grund Nihilismus nicht zum Grund, sondern zum Ursprung, der zu sich entspränge und deshalb des Grundes nicht bedürfte - wäre der Untergang von Zarathustras erwachsener Klugheit in die Torheit des Kinds.

"Also begann Zarathustras Untergang": zu Beginn lag die Betonung auf "Untergang", jetzt liegt sie auf "begann", denn jetzt ist dem Gedanken die Seele genaht als die Möglichkeit der göttlichen Torheit des Sich-selber-Schaffens. "Wie ferne mag ein solches 'Ferne' sein? was gehts mich an! Aber darum steht es mir doch nicht minder fest -, mit beiden Füssen stehe ich sicher auf diesem Grunde, / - auf einem ewigen Grunde, auf hartem Urgesteine."[405] Zarathustra bleibt selber der Erde treu, und deshalb bleibt auch die Hoffnung bei ihm, die ihn beseelt, d. h. die sein Glaube ist: "einst muß er doch kommen"... Dies 'muß' ist ja als das des großen Hazar nicht die geschichtliche Notwendigkeit, sondern der Sinn des Zufalls, das aus dem Glauben geborne Muß der ewigen Wiederkunft: das Zarathustra-Reich von zehn mal zehn mal zehn Jahren muß kommen, weil es in "Zeit und Überzeit" schon einmal war: Dionysos ...

g. Die Komposition der Vorrede

Sie besteht aus zehn Stücken, die den Beginn von Zarathustras Untergang erzählen. Aber das zweifache "Also begann Zarathustras Untergang" zum Schluß des ersten wie des zehnten Stücks deutet daraufhin, daß dieser Beginn sich in sich verwandelt gehorsam dem Gedanken der ewigen Wiederkunft als dem des zu sich entspringenden Ursprungs: Zarathustra wird, der er ist, und sein Dasein ist dieser ewig sich zu sich erneuernde Untergang: Versuchen. Das versuchende Denken ist aber das der unerfüllten Mitte - und auch nach dieser Bestimmung (nicht nur der vollkommenen Zahl der Pythagoreer als der Musiker unter den Griechen oder auch der zehn Gebote wegen[406]) liegt seinem sich in sich Vertiefen die Bewegung in Dekaden nahe.

Sogleich die Rede des ersten Stücks besteht aus zehn Sätzen, die in den zehn Stücken ihre steigernde Entsprechung haben. Und ebenso korrespondieren die zehn Stücke miteinander. Die Mitte ist der Sprung von Zarathustras Rede zum Sturz des Artisten und damit von Zarathustras Reden überhaupt zum Geschehen als zu seinen den Zufall brauchenden und verwandelnden Taten. Das dritte Stück ist die Rede von der höchsten Hoffnung, das achte, spiegelbildlich, das Abendmahl beim unterweltlichen Luzifer. Die zweite Hälfte wiederholt die erste, aber ebenso gleich- wie gegenlaufend:

A.

1) Zarathustras Untergang und der Sturz des Artisten,
2) der Heilige im Walde und Zarathustra allein,
3) die Rede vom Übermenschen und die Unterwelt des Ideals,
4) die Rede vom höheren Menschen und die von den Gefährten,
5) die Rede vom letzten Menschen und die Wiederkunft.

B.

1) Der Sturz des Artisten und die Rede vom letzten Menschen,
2) Zarathustra allein und die Rede vom höheren Menschen,
3) die Unterwelt des Ideals und die Rede vom Übermenschen,
4) die Rede von den Gefährten und der Heilige im Walde,
5) die Wiederkunft und Zarathustras Untergang.

Auf die Achse: Übermensch - Unterwelt des Ideals, sind also die beiden Gevierte I. der Heilige - der höhere Mensch - Zarathustra allein - die Gefährten, und II. Zarathustras Untergang - der letzte Mensch - der Sturz des Artisten - die Wiederkunft gesetzt, und das Ganze ist seiner Bewegung nach - Wiederholung, Umkehrung, Steigerung - eine "stehende Welle" als das in sich Erzittern des Sprachkörpers durch den Gedanken: seine Seelenhaftigkeit.

Aber der Zehn-Zahl gesellen sich die Vier-Zahl der verwandelten Kardinal- und die Drei-Zahl der verwandelten theologischen Tugenden, also die Sieben-Zahl, von der die Schlußrede des dritten Teils, "Die sieben Siegel", dann durchgängig bestimmt sein wird. Ferner sind, eingedenk der "zitternden zwölf Glockenschläge unsres Erlebnisses, unsres Lebens, unsres Seins" [407], die Zeitbestimmungen umrechenbar. Die Vorrede umfaßt die Zeit von Morgenröte über Morgenröte bis zum Mittag - das sind 24 + 6 = 30 Stunden (genauer, mit den Angaben zur nächtlichen Wanderung, 12 + 4 + 2 + 2 + 10). Zarathustra war dreißig Jahre alt, als er seine Heimat verließ, und zehn Jahre blieb er im Gebirge: diesen vierzig Jahren korrespondiert die vierstündige Einsamkeit vom Sturz des Artisten (sechs Uhr abends entsprechend zu sechs Uhr morgens) bis zur Begegnung mit den Totengräbern, ihr wiederum die vierstündige nächtliche Wanderung - und dann schläft Zarathustra zehn Stunden, in denen die neue Wahrheit sich vorbereitet, wie er zehn Jahre im Gebirge verbracht hatte.

Es ist nach allem zu erwarten, daß die Zahlen von Eins bis Zehn bzw. ihr Vielfaches für den Bau des "Zarathustra", der "vielleicht" ja "unter die Musik" [408] gerechnet werden darf, von kompositorischer Bedeutung sind, wie Zarathustras "lachende wache Tags-Weisheit" spricht: "'wo Kraft ist, wird auch die Z a h l Meisterin: die hat mehr Kraft.'" [409]

Endlich sind die zehn Stücke im ganzen "Zarathustras Vorrede". Das mag eine "Nachrede" erwarten lassen, und wirklich läßt sich der vierte Teil mit seinen zwanzig Stücken so auffassen, insofern er, nach dem "Ja- und Amen-Lied", keinen neuen Gedanken mehr bringt, sondern nur noch von Zarathustras Begegnung und Mitleiden mit den höheren Menschen handelt (entsprechend besteht die dreizehnte Rede "Vom höheren Menschen" ihrerseits aus zwanzig Stücken). Näher können aber auch die ersten drei Teile je für sich noch einmal von Vor- und Nachreden umfaßt gedacht werden, was für den ersten und zweiten Teil jeweils die Folge 1 + 20 + 1, für den dritten 3 + 10 + 3 ergibt; und diese sechzig Stücke des tragischen Corpus fassen ihre sprachlose Mitte mit der Rede "Von den berühmten Weisen" und mit dem "Nachtlied" ein. Diese verglichen mit Kants "Kritik der reinen Vernunft", Fichtes "Grundlage der gesamten Wissenschaftslehre" oder Hegels "Phänomenologie des Geistes" nicht architektonische, sondern kompositorische Organisation des Gedankens vermag gewiß dem "Zufall" ein weites Spiel einzuräumen, ohne darum doch zu seinem Opfer zu werden. Im Blick auf Wagner notierte Nietzsche im Sommer 1878: "Mir schwebte eine sich mit dem Drama deckende Symphonie vor. Vom Liede aus sich erweiternd." [410]

2. Zarathustras Reden

Er hält diese Reden seinen Nächsten, den Jüngern, für seine Fernsten, die "Kinder" [411], in der Stadt, "welcher sein Herz zugetan war und deren Name lautet: 'die bunte Kuh'". Sie ist von Bergen umgeben und hat eine Universität. Nietzsche war von 1869 bis 1879, in seiner "kritischen" Zeit, Professor der klassischen Philologie in Basel, und: "Lieber Herr Professor, zuletzt wäre ich sehr viel lieber Basler Professor als Gott." [412] Basel - Basilia - BASILEIA - BOOOPIS POTNIA HÄRÄ [413]: die "kuhäugige". Um das "Lesen als K u n s t zu üben", tut "Eins vor Allem not, was heutzutage gerade am Besten verlernt worden ist - und darum hat es noch Zeit bis zur 'Lesbarkeit' meiner Schriften -, zu dem man beinahe Kuh und jedenfalls n i c h t 'moderner Mensch' sein muß: d a s W i e d e r k ä u e n ..." [414]

Das bunte Leben der gelehrten Welt-Stadt färbt auf die Reden ab, deren Mannigfaltigkeit nur eine äußerliche Reihung zuzulassen scheint. Zunächst ist ihre Anzahl aber der der Titel des zweiten

Teils gleich, und ferner heben die erste und die letzte sich durch den Hinweis auf die Drei-Zahl hervor: "Von den drei Verwandlungen" - "Von der schenkenden Tugend" mit den Abteilungen 1 bis 3. Die erste Rede beginnt: "Drei Verwandlungen nenne ich euch des Geistes: wie der Geist zum Kamele wird, und zum Löwen das Kamel, und zum Kinde zuletzt der Löwe", so daß die neue Wahrheit, die dem Zarathustra der Vorrede wurde, mit der Stufenfolge 'du sollst', 'ich will', 'ich bin' auch die erste Rede bestimmt, die in den drei Teilen der letzten ihre Entsprechung hat.

Daß mit den Reden von der "schenkenden Tugend" die ganze Reihe beschlossen wird, verdeutlicht die Umkehrung der Schrittfolge vom 'ich bin' über das 'ich will' zum 'du sollst'.

1) Im '<u>ich bin</u>' erscheint die <u>Liebe</u> als die "heilige Selbstsucht" [415] oder der Wille zur Macht, zum Schaffen als zum sich entspringenden Ursprung: "Achtet mir, meine Brüder, auf jede Stunde, wo euer Geist in Gleichnissen reden will: da ist der Ursprung eurer Tugend. / Erhöht ist da euer Leib und auferstanden; mit seiner Wonne entzückt er den Geist, daß er Schöpfer wird und Schätzer und Liebender und aller Dinge Wohltäter" - nach dem Satz aus der Rede vom höheren Menschen: "Ich liebe Den, dessen Seele übervoll ist, so daß er sich selber vergißt, und alle Dinge in ihm sind". Entsprechend heißt es jetzt: "Macht ist sie, diese neue Tugend; ein herrschender Gedanke ist sie und um ihn eine kluge Seele."

2) Im '<u>ich will</u>' erscheint die <u>Hoffnung</u>: "Wachet und horcht, ihr Einsamen! Von der Zukunft her kommen Winde mit heimlichem Flügelschlagen; und an feine Ohren ergeht gute Botschaft (...) Wahrlich, eine Stätte der Genesung soll noch die Erde werden! Und schon liegt ein neuer Geruch um sie, ein Heil bringender, - und eine neue Hoffnung!"

3) Im '<u>du sollst</u>' erscheint der <u>Glaube</u>: "Und einst noch sollt ihr mir Freunde geworden sein und Kinder Einer Hoffnung: dann will

ich zum dritten Male bei euch sein, daß ich den großen Mittag mit euch feiere." Aber wie die Liebe des ursprünglichen Denkens immer eine Hoffnung ist[416] - auch als Mit-Leiden in allen seinen Gestalten nur vor-läufig -, kann der Glaube sich nicht losmachen vom Zweifel: "Man vergilt einem Lehrer schlecht, wenn man immer nur der Schüler bleibt. Und warum wollt ihr nicht an meinem Kranze rupfen? / Ihr verehrt mich; aber wie, wenn eure Verehrung eines Tages umfällt? Hütet euch, daß euch nicht eine Bildsäule erschlage!" Darum wurzeln die Liebe wie der Glaube im 'ich will' der Hoffnung als der einzigen jetzt gegenwärtigen "theologischen" (und eben deswegen nicht länger theologischen) Tugend des ursprünglichen Denkens: "Wahrlich, ich errate euch wohl, meine Jünger: ihr trachtet, gleich mir, nach der schenkenden Tugend (...) Ihr zwingt alle Dinge zu euch und in euch, daß sie aus eurem Borne zurückströmen sollen als die Gaben eurer Liebe", und zum Schluß: "'Tot sind alle Götter: nun wollen wir, daß der Übermensch lebe.' - dies sei einst am großen Mittage unser letzter Wille!-"

Die entscheidende Rede von der "schenkenden Tugend" ist darum die mittlere. Sie besteht (nach dem einleitenden Satz) aus vierzehn Sätzen - die Mitte wird "überflogen": 7. "Noch kämpfen wir Schritt um Schritt mit dem Riesen Zufall, und über der ganzen Menschheit waltete bisher noch der Unsinn, der Ohne-Sinn." - 8. "Euer Geist und eure Tugend diene dem Sinn der Erde, meine Brüder: und aller Dinge Wert werde neu von euch gesetzt! Darum sollt ihr Kämpfende sein! Darum sollt ihr Schaffende sein!" Zarathustra ist das Gegen-Ideal des Priester-Ideals, das der Unsinn der bisherigen Geschichte war. Daß sie das wahre Irrenhaus ist, befinden "die Feinsten"[417] unter den letzten Menschen, und Zarathustra gibt es ihnen wohl zu, nur ist die schenkende Tugend die Macht, auch die Vergangenen zu erlösen[418]. Sich zu verfliegen und zu vergreifen war das bisherige Geschick des Geistes und seiner Tugend; der "Wahn" des sich Verfliegens in Hinterwelten ist darin zur geschichtlichen Wirklichkeit und der "Fehlgriff" zum Willen geworden, daß ein Anderer wolle, zum 'du sollst'. Aber die Verleiblichung von Wahn und Fehlgriff machte den Menschen selber zum Versuch: Versuch zu sein als der Versuchte und der Versuchende ist sein Wesen, Dionysos sein Gott, der Menschen-Gott. So gedacht ist der Wahnsinn von Jahrtausenden nicht das Abgetane oder nur Abzutuende, sondern der Vorschein der höheren Hoffnung. Erbe der Geschichte zu sein ist freilich gefährlich, weil der Zufall nicht als Zufall geerbt wird, sondern in der verkehrten Gestalt der Notwendigkeit. In ihrem Schein kann er, wo die Kultur des "theoretischen Menschen" [419] endlich ihrer Grund-Losigkeit inne wird, nur scheinen als der "Ohne-Sinn": sie endet als Nihilismus. Er ist das Geschick der als Zufall entdeckten Notwendigkeit [420]: "es fehlt das Ziel; es fehlt die Antwort auf das 'Warum?' was bedeutet Nihilism? - daß die obersten Werte sich entwerten."

Das gegenwärtige Resultat der theoretischen Kultur ist die décadence, der passive Nihilismus, der aus Schwäche auf den Kampf mit dem "Riesen Zufall" verzichtet. Der andre ist der aktive Nihilismus "als Zeichen der gesteigerten Macht des Geistes". Diese doppelte Bestimmung der geschichtlichen Gegenwart nennt Nietzsche selbst eine "Hypothese", die ihrerseits eine "Voraussetzung" hat: "Daß es keine Wahrheit gibt; daß es keine absolute Beschaffenheit der Dinge, kein 'Ding an sich' gibt / - dies ist selbst ein Nihilism, und zwar der extremste. Er legt den Wert der Dinge gerade dahinein, daß diesem Werte keine Realität entspricht und entsprach, sondern nur ein Symptom von Kraft auf Seiten der Wert-Ansetzer, eine Simplifikation zum Zweck des Lebens." Was gegenwärtig herrscht, ist mithin ein pathologischer "Zwischenzustand", denn "pathologisch ist die ungeheure Verallgemeinerung, der Schluß auf gar keinen Sinn". Der passive Nihilismus ist, bis in die "Attitüde", das Pathos der Gegenwart. Aber genau in diesem Pathos von Zersetzung "als Folge einer zu schwachen Einheit", in dieser Gegend des Hungers nach Sinn[421] ist es, daß die Weisheit zu sich drängt, die sich "im unlogischen Verallgemeinern und zum letzten Ziele Fliegen" und "in der Beziehung dieser Resultate auf das Leben" zeigt[422].

Die Verallgemeinerung des passiven Nihilismus verbirgt sich aber die Zweideutigkeit, daß der Geist des Lebens, der sich auch die theoretische Kultur erfand, nur noch seine Abdankung zu behaupten scheint und gerade darin rein sich selber behauptet: "diese schaffende Kraft gewöhnlich übersehn! nur als 'passiv' begriffen"[423]. Das bedeutet, daß der Geist des Lebens nicht nur alle Dinge, sondern sich selber perspektivisch sieht, so daß die Setzung seiner Perspektivität als solcher auch nur eine unter unendlich vielen möglichen Perspektiven ist - die einzig gegenwärtige freilich: die Lehre vom Nihilismus ist diejenige Hypothese, die an der Zeit ist. Das erlaubt zwar nicht die Folgerung, daß sie mehr sei als bloß eine Hypothese, fordert aber doch ihre Not-Wendigkeit. Daß der Geist alle Werte setzt, daß er nicht nur sein Setzen als Wert, sondern daß er demzuvor schon sich setzt als der Setzende - daß das Setzen sich selber setzt, das ist der Reflexionsausdruck dafür, daß das Schaffen sich selber schafft - schaffen will - schaffen wollen soll.

Die Hypothese des Nihilismus folgt aus der Theorie des Zufalls; diese "Theorie" - ein Glaube - entspricht der Hoffnung der Seele, und diese Hoffnung - ein Wille - spricht sich in unvorgreiflicher Freiheit - liebend - das Schaffen zu. Die Liebe zum Schaffen entzündet sich am Nihilismus als der Wille zur Macht, und dieser entwirft im Vertrauen auf den Zufall den Gedanken des Übermenschen.

Mit diesem Gedanken schließt der erste Teil. Die umgrenzenden Titel der "überflogenen" Mitten sind im dritten "Von den Abtrünnigen" und "Die Heimkehr", im zweiten "Das Grablied" und "Von der Selbstüberwindung" und im ersten "Vom neuen Götzen" und "Von den Fliegen des Markts". Offenbar steht der erste Teil, die den Taten voraus geworfenen "goldnen Worte", unter der Bestimmung 'du sollst' = Glaube = der Geist als Kamel. In der Rede von der schenkenden Tugend verabschiedet Zarathustra diese Bestimmung und mit ihr die Jünger und begibt sich in seine zweite Einsamkeit. Noch einmal aus ihr untergehend wird er der Gefährtin begegnen.

3. Das Kind mit dem Spiegel

Zarathustras Verwandlungen sind Stadien der schaffenden Existenz. Im 'du sollst' sind die Tat und ihr Ursprung noch außer dem Ich, das Ich ist nur Mittel; im 'ich will' hat es sich zum Ursprung verwandelt, der aber noch nicht zu sich entsprungen ist - erst im 'ich bin' wären Ursprung, Handlung und Tat eins, ginge das Schaffen rein in sich zurück. Als Kamel also hat der Geist wesentlich mit Anderem zu tun, und seine äußerste Erinnerung ist die, die Peitsche nicht zu vergessen, wenn er "zu Frauen"[424] geht. Wie aber, wenn die Frau - die Herrin - die Seele ist? Als Löwe bekommt er es mit sich selber zu tun, geht in sich. Im vorletzten Stück des dritten Teils wird Zarathustra noch einmal das Leben ansingen mit den Worten: "Nach dem Takt meiner Peitsche sollst du mir tanzen und schrein! Ich vergaß doch die Peitsche nicht? - Nein" - und das Leben wird antworten: "Oh Zarathustra! Klatsche doch nicht so fürchterlich mit deiner Peitsche! Du weißt es ja: Lärm mordet Gedanken". Das Schluß-Stück des zweiten Teils heißt "Die stillste Stunde".

In der Abschieds-Rede des ersten Teils bestimmte Zarathustra sein Verhältnis zu den Jüngern ebenfalls aus den drei Stadien der Selbst-Vergegenwärtigung[425]. Glaube: "Ihr hattet euch noch nicht gesucht: da fandet ihr mich. So tun alle Gläubigen; darum ist es so wenig mit allem Glauben." Hoffnung: "Nun heiße ich euch, mich verlieren und euch finden; und erst, wenn ihr mich Alle verleugnet habt, will ich euch wiederkehren. / Wahrlich, mit andern Augen, meine Brüder, werde ich mir dann meine Verlorenen suchen; mit einer anderen Liebe werde ich euch dann lieben" (der Leitspruch des zweiten Teils). Liebe: "Und einst noch sollt ihr mir Freunde geworden sein und Kinder Einer Hoffnung: dann will ich zum dritten Male bei euch sein, daß ich den großen Mittag mit euch feiere." Ein Traum ist es, der Zarathustras Geist aus dem Schiff der Wüste zu ihrem Herrn verwandelt, und damit verwandelt sich auch die Gedanken-Gegend: nicht mehr "die bunte Kuh", sondern Meer und Inseln (Venedig "noch einmal").

"Wahrlich, allzugut verstehe ich des Traumes Zeichen und Mahnung: meine L e h r e ist in Gefahr". In der Rede von der schenkenden Tugend hieß es: "Achtet mir, meine Brüder, auf jede Stunde, wo euer Geist in Gleichnissen reden will: da ist der Ursprung eurer Tugend." Zarathustra versteht also wohl "Zeichen und Mahnung" des Traums - aber auch "allzugut", weil er nicht darauf achtet, daß seine Auslegung wie der Traum selber ein Gleichnis ist, das der Auslegung bedarf. (Mit dieser Selbst-Täuschung kündigt sich die "stillste Stunde" schon an.)

In der Er-Innerung seiner zweiten Einsamkeit wird Zarathustra der eigenen Ursprünglichkeit inne werden, die sein Leben ist: PSYCHÄ. Darum erscheint ihm das Vor-Bild des Schaffens, das Kind: "Unschuld ist das Kind und Vergessen, ein Neubeginnen" [426]. Gegen das 'du sollst' und sein fortwährendes Verschuldetsein ist das Kind Unschuld als Neu<u>beginnen</u>, gegen das Nein des 'ich will' vor dem 'du sollst' ist es Vergessen als <u>Neu</u>beginnen, und als Unschuld <u>und</u> Vergessen das Andre zur Arbeit, Spiel - Kunst: AIOON PAIS ESTI PAIZOON, PESSEYOON· PAIDOS HÄ BASILÄIÄ [427] - auf den nietzscheschen Gedanken hin übersetzt: Ein Kind ist die unendliche Zeit, sich schaffendes Schaffen, den Würfelbecher des

Zufalls schüttelnd: eines Kindes der Weltgewinn" (BASILÄIÄ ist auch "die bunte Kuh": das Bild der Welt) ... "ein aus sich rollendes Rad": Schon der Wald-Heilige sagte von Zarathustra: "Rein ist sein Auge, und an seinem Munde birgt sich kein Ekel" [428], während Wotan bekannt hatte[429]:

Zum Ekel find' ich
Ewig nur mich
In allem, was ich erwirke!
Das andre, das ich ersehne,
Das andre erseh ich nie;

und zu Erda[430]:

Doch deiner Weisheit
Dankt' ich den Rat wohl
Wie zu hemmen ein rollendes Rad?

Als das bejahte Bild des zu sich entspringenden Ursprungs ist das aus sich rollende Rad der unendlichen Zeit "eine erste Bewegung": die Verwandlung der platonischen Bestimmung der Seele in den Gedanken der Ursprünglichkeit.[431] - Das Kind aber erscheint hier nur, um Zarathustras Blick sich "ersehen" zu lassen, und er ersieht sich "eines Teufels Fratze und Hohnlachen". Statt seines reinen Auges (vgl. die Hervorhebung im Leitspruch) blickt ihn sein "alter Erzfeind" [432] an, der Geist der Schwere. Und doch hält das Kind einen Spiegel... "Meine Feinde (...) haben meiner Lehre Bildnis entstellt". Das Bildnis der Lehre sind die Reden, wie die Jünger sie weitersagen, aber die Lehre ist selber noch Bildnis, nicht - platonisch - des Seienden, sondern des Schaffens: "Das Herrenrecht, Namen zu geben, geht so weit, daß man sich erlauben sollte, den Ursprung der Sprache selbst als Machtäußerung der Herrschenden zu fassen: sie sagen 'das i s t das und das', sie siegeln jegliches Ding und Geschehen mit einem Laute ab und nehmen es dadurch gleichsam in Besitz." [433] Ist "meiner Lehre Bildnis entstellt, dann ist das Schaffen selber entstellt, das nämlich, das bisher allein

Zarathustras war: noch nicht einmal in seinem bloßen Sich-Aussprechen entspringt sich der Ursprung zu sich.

Gleich wird es heißen: "Schaffen - das ist die große Erlösung vom Leiden, und des Lebens Leichtwerden (...) Daß der Schaffende selber das Kind sei, das neu geboren werde, dazu muß er auch die Gebärerin sein wollen." [434] Die Seele ist guter Hoffnung, und sie bleibt guter Hoffnung, obwohl sie immer noch nicht ihresgleichen, geschweige sich selber gebiert: all ihre Geburten tragen den Anblick des Geistes der Schwere. Diese Freundin ist es, die Zarathustra verloren hat, und sie zu suchen kam ihm die Stunde, die eben darum noch nicht "die stillste" ist, sondern die Gedanken mordende des Sturms: "Zu langsam läuft mir alles Reden: - in deinen Wagen springe ich, Sturm! Und auch dich will ich noch peitschen mit meiner Bosheit!" [435]

4. Die dreifache Mitte

Deutlicher als die Reden des ersten Teils entsprechen die vom "Kind mit dem Spiegel" und der "stillsten Stunde" umrahmten zwei mal zehn Stücke des zweiten der Schrittfolge der Vorrede. Bevor aber der zweite Teil seine Mitte erreicht, muß die des Ganzen der drei Teile überschritten werden. Das dreißigste Stück, "Von den berühmten Weisen", beschließt die erste Hälfte; es entspricht durch seinen Ort im zweiten Teil dem siebten Stück der Vorrede, das Zarathustra bei Einbruch der Nacht auf dem verlassenen Markt neben der Leiche des Artisten zeigt. Indem er sich von dort aus auf seinen Weg macht, spricht er fünf Sätze, deren mittlerer beginnt: "Ich will den Menschen den Sinn ihres Seins lehren". Die Rede von den berühmten Weisen legt das Gewicht auf das "Ich" jenes Satzes: Zarathustra unterscheidet sich als freier Geist, als der Wüste Herr, von den Philosophen, d. h. von der bisherigen Philosophie überhaupt nach der Weise des ursprünglichen Denkens, wie es sich in jedem seiner Stadien vom "bisherigen" Denken unterscheidet, um mit sich selber je einen neuen Anfang zu machen, dessen Gegenüber in die Bestimmung kommt, ein Überwundenes zu sein. Die beiden mittleren Sätze der Rede sagen von den Philosophen: "Immer nämlich ziehen sie, als Esel - des V o l k e s Karren!" (die Anspielung auf Hegel ist deutlich), und: "Nicht daß ich ihnen darob zürne: aber Dienende bleiben sie mir und Angeschirrte, auch wenn sie von goldnem Geschirr glänzen." Als "Zugtiere" gehören sie wohl in die Gesellschaft des tragenden Tiers, des Kamels, aber ihr Geist vermag diese seine erste Verwandlung nicht, die der Geist Zarathustras schon überwunden hat. Zum Schluß heißt es: "Aber ihr Diener des Volkes, ihr berühmten Weisen, - wie k ö n n t e t ihr mit mir gehn!-"

Verlassenheit ist die unmittelbare Folge dieses Abschieds. Zarathustras "wilde Weisheit", eben noch verglichen mit dem Segel, das "zitternd vor dem Ungestüm des Geistes" über das Meer geht [436], ist <u>isoliert</u>, in sich zurückgedrängt. Die "Weisheit" der einstigen Philosophie war Licht vom Lichte - die ursprüngliche ist Glut und Selbstverzehr [437]:

> Ungesättigt gleich der Flamme
> Glühe und verzehr ich mich.

Das Nachtlied, "die unsterbliche Klage, durch die Überfülle von Licht und Macht, durch seine S o n n e n - Natur, verurteilt zu sein, nicht zu lieben" [438], spricht den Gedanken des völlig in sich zurückgedrängten Ursprungs aus - oder der Ursprung bringt sich in dieser Bedrängnis des Bei-sich-Seins vielmehr selber ins Wort: der Ursprung der Weisheit - hier, an der Mitte des Wegs zwischen der Rede von den drei Verwandlungen und dem Ja- und Amen-Lied entspringt sie - ist unmittelbar die Weisheit des Ursprungs (wie schon in dem Gedicht "Ecce homo" das "<u>gleich</u> der Flamme" umschlägt in das "Flamme <u>bin</u> ich").

Allerdings ist die Qual des in sich Gebundenbleibens im ursprünglichen Denken schon einmal gedacht worden: als das "Ärgernis". Denken ist da wie hier die in ihre Grenze gekommene Leidenschaft, die darin angestoßen den Anstoß übersteigen will. Davor zugleich sich ängstend - vor nichts, denn da ist nichts mehr aufzufassen, und das Denken im kierkegaardschen Stadium versteht sich noch als Auffassen -, flieht sie in sich zurück und stößt mit sich selber zusammen. Und diesen Antagonismus ihrer selbst fliehend will sie untergehen: weil sie sich widerspricht, will sie ihren Untergang, aber weil sie sich vor ihrem Untergang ängstet, flieht sie in sich zurück und widerspricht sich - die ursprüngliche Qual des auffassenden Denkens[439]. - Hier aber hat es sich fortbestimmt zum schaffenden. Was für den kierkegaardschen Gedanken das Jenseits war, ist zum (absoluten) Diesseits geworden, und die Qual ist nicht länger die, sich nicht verlassen, sondern nicht zu sich gelangen, sich nicht empfangen und a fortiori: gar nicht empfangen zu können. Daß Zarathustra im Spiegel nur "eines Teufels Fratze und Hohnlachen" vernahm - hier geht ihm die Wahrheit dieses schlimmen Traums auf. Der Ursprung der Verzerrung des Bilds, des Gleichnisses, d. h. der Gleichung des Ursprungs mit sich selber, ist nicht ein Anderes, die "Feinde", seien es die Priester, die Kreuzspinnen, die letzten Menschen - der Ursprung selber ist sich feind: das ist seine unmittelbare Bestimmung. "Ich kenne das Glück des Nehmenden nicht; und oft träumte mir davon, daß Stehlen noch seliger sein müsse, als Nehmen."

Aber der Ursprung entspringt sich auch in dem Sinn, den die ganze zweite Hälfte des Werks austragen wird, seine unmittelbare Bestimmung zu verkehren und sich freund zu sein. Das Nachtlied ist darum noch nicht der vollständig entwickelte Gedanke des Ursprungs. Es denkt nur erst dessen Unvermögen zu empfangen aus, weshalb es die Sehnsucht, die noch nicht die "große" ist, auch erst nur in die verkehrt, sich vorzuenthalten: "Die Hand zurückziehend, wenn sich schon ihr die Hand entgegenstreckt; dem Wasserfalle gleich zögernd, der noch im Sturz zögert: - also hungere ich nach Bosheit." Mit dem Aussprechen dieser Versuchung, die Hoffnung des Sich-Empfangens preiszugeben an die Dürre des Ansichhaltens, an die Wüste, die wächst, wo ihr Herr zum moralischen Brüllaffen wird [440], mit dieser Gefahr des Ursprungs, sich selber zu verlassen, ohne doch unterzugehen, kommt das Nachtlied an seine Mitte: "Solche Rache sinnt meine Fülle aus; solche Tücke quillt aus meiner Einsamkeit." Daß diese Rache und Tücke Gerechtigkeit heißt, ist nur ihr moralisches Vor-Spiel; ihre wahre Bestimmung findet sich in der Rede von der Erlösung: "Dies, ja dies allein ist R a c h e selber: des Willens Widerwille gegen die Zeit und ihr 'Es war'." [441]

Die ursprünglich gedachte Rache ist das sich Vorenthalten des Ursprungs in den Entsprungenen. Sie kommt darum zum Gedanken, wo der Ursprung sich zu denken gibt als Ursprung, als das sich zu sich schaffende Schaffen: daraufhin ist sie Vorenthalt der Welt als ursprünglich geschaffener. (Heidegger wird das nietzschesche Denken in diesem Sinn in den Gedanken der Erlösung vom Geist der Rache sammeln und muß ihn für das Letzte des "metaphysischen" Denkens nehmen, weil er "die Metaphysik" vom "technischen" Denken her zu fassen hat, das seinerseits schon eine Verwandlung des nietzscheschen "Schaffens" ist - Nietzsches Denken ist noch nicht technisch, wiewohl die unmittelbare Voraussetzung des "Gestells", denn das Denken wird "technisch", weil "Dionysos" nicht ankommt.) Nun ist der Ursprung, ganz abstrakt gedacht, das Sich-Entziehen des Grundes und muß darum überall, auch im Entsprungenen, den Entzug als ursprünglichen geltend machen, so daß er, an sich haltend, die Entsprungenen als Ursprungslose bestehen läßt, er selbst das schopenhauersche Leiden der Welt, die feuerbachsche Verstandesidentität des theologischen Bewußtseins, das kierkegaardsche Ärgernis und seine Angst, das marxsche Kapital. Das Leiden des vorstellenden ursprünglichen Denkens vertieft sich zur Angst des verstehenden und wird tätig als die Rache des schaffenden. Im Horizont des passiven Nihilismus ist sie mithin das Geschick der verkümmernden Hoffnung (als der einzig gegenwärtigen "theologischen" Tugend des ursprünglichen Denkens): der Haß, der sich vorausschickt als Un-Glaube.

Das sich Vorenthalten des Ursprungs, die Rache als das Entstellen des Entsprungenen zum baren Bestand, dessen Gebärden nur noch die Attitüde des Schaffens ist, wendet sich ebenso gegen den Ursprung selber: in der Entstellung des Entsprungenen verrät sich die Ursprünglichkeit überhaupt, entstellt sich als Ursprung. Darum ist die Rache in ihrer Tiefe Reue, nämlich "Rache an sich selber" [442], d. h. die Reue, geschaffen zu haben, "des Willens Widerwille gegen die Zeit und ihr 'Es war'".

Die Zeit ist aber vom Schaffen her gedacht je die meine ('objektive' Zeit bedeutet Naturgesetzlichkeit, Aufgehobensein des Zufalls, weshalb der wissenschaftliche Gedanke von Marx, weil 'Objektivität' überhaupt, auch 'objektive' Zeit voraussetzt): "Ich glaube an den absoluten Raum, als Substrat der Kraft: diese begrenzt und gestaltet. Die Zeit ewig. Aber an sich gibt es nicht Raum, noch Zeit: 'Veränderungen' sind nur Erscheinungen (oder Sinnes-Vorgänge für uns)." [443] Diese Zeit ist die der Existenz, deren 'Zeitigung' nämlich als ihr sich Auslegen, Schaffen, nicht mehr nur Verstehen. Die ins Äußerste gekommene Leidenschaft ist Denken, das ins Äußerste gekommene Denken wäre Glauben, die Grenze der Existenz, an der sie jedoch, sich ängstend, in sich umkehrt, d. h. ihre eigne Möglichkeit wiederholt; und weil die von Kierkegaard gedachte Existenz diesseits des Glaubens zufällig = sinnlos ist, ihr Entwurf vertan, ist die wesentliche Existenz Verzweiflung. Aber genau aus ihrer Grenze ist die verzweifelnde Existenz in der paradoxen Möglichkeit der

Umkehr, die Angst als Angst auszustehen, oder in der Möglichkeit der Reue. Eben dies nun: die Existenz als vertane anzunehmen um der existentiellen Möglichkeit der "Hinterwelt", des "christlichen" Glaubens willen, denkt Nietzsche als die Rache des Schaffens an ihm selber. Das sich *entspringende* Schaffen ist als nicht zu *sich* entspringendes: Rache; der Rückstoß dieses Nicht in das Schaffen selber: Reue, als die Annahme der Sinnlosigkeit der Existenz ("Nihilismus") der Rück-Sog in die vertane Möglichkeit - und gemäß der Logik der Faktizität, die das ursprüngliche Denken behaupten muß, ist jede seiner verwirklichten Möglichkeiten eine vertane: weil der Ursprung nicht zu *sich* entsprang oder zu sich nur als schon entsprungenem.

Wie die Reue für den kierkegaardschen Gedanken erst die Eigentlichkeit, "Einzelheit", der Existenz ist, ist die Einsicht der Reue als Rache des Schaffens ("Lebens") an sich selber für den nietzscheschen Gedanken erst die zu sich verlassene Existenz, ihr *wirkliches Fürsichsein*. Dies *existierende* Leben, die Gegenwendigkeit oder das Erzittern des Ursprungs in sich, denkt Nietzsche als Seele. "Das Unterscheiden der Individualität als für-sich-seiender gegen sich als nur seiender, als unmittelbares Urteil, ist das Erwachen der Seele" [444], lehrt die hegelsche "Anthropologie", und von diesem Unterscheiden handelt auf ursprüngliche Weise auch das "Nachtlied".

Topologisch ist es bezogen auf das achte Stück der Vorrede und entsprechend auf die beiden Reden "Von den Predigern des Todes" (die Nacht ist selber eine Predigerin des Todes[445]) und "Vom Biß der Natter", wo es zum Schluß heißt: "Wie könnte ein Einsiedler vergessen! Wie könnte er vergelten! / Wie ein tiefer Brunnen ist ein Einsiedler. Leicht ist es, einen Stein hineinzuwerfen; sank er aber bis zum Grunde, sagt, wer will ihn wieder hinausbringen?" [446] Nacht ist es, der Einsiedler singt, aber er hat die Erfahrung noch nicht gemacht, von der das Nachtwandler-

Lied wissen wird: "Eben ward meine Welt vollkommen, Mitternacht ist auch Mittag, - / Schmerz ist auch eine Lust, Fluch ist auch ein Segen, Nacht ist auch eine Sonne, - geht davon oder ihr lernt: ein Weiser ist auch ein Narr." [447] Der singt, der nicht vergessen noch vergelten kann - er "möchte" nur wehetun, er "möchte" nur berauben, er "hungert" nur nach Bosheit. Der Geist der Schwere warf einen Stein in ihn, der bis zum Grunde sank. Zwar "Eiskalt sind die innersten Brunnen des Geistes: ein Labsal heißen Händen und Handelnden" [448], aber der Einsiedler selber handelt nicht in seiner Verlassenheit, sondern singt: "nun reden lauter alle springenden Brunnen". Ihr Wasser fällt in sich zurück - dies Sich-Zufallen ist ihre Rede. "Und auch meine Rede ist ein springender Brunnen."

Zu seiner "Heimkehr" wird Zarathustra seine drei Verlassenheiten erinnern[449]: die der Wiederkunft seiner Tiere (in der Vorrede), die des Nachtlieds und die der "stillsten Stunde". Der Mittag jener Wiederkunft brachte das Vor-Gefühl der Gefährtin - jetzt erkennt er sie: "Und auch meine Seele ist ein springender Brunnen." Aber redet sie auch? "Nacht ist es: nun erst erwachen alle Lieder der Liebenden" - das Nachtlied ist das erste Lied im "Zarathustra": "nun erst", nach dem Überfliegen der Mitte, nach dem Abschied von aller bisherigen Philosophie - vom "Tage". Diese Nacht ist als die Inkubation des ursprünglichen Denkens das Analogon jener "Nacht, worin die Substanz verraten ward, und sich zum Subjekte machte" [450], das Analogon, denn hier ist weder Substanz noch Subjekt, sondern Ursprung und Seele: "Und auch meine Seele ist das Lied eines Liebenden." In der Nacht des kraft jenes Abschieds vom Grund, genauer: vom Schein des Grundes und also nicht aus sich, sondern aus anderem zu sich gekommenen Ursprungs, erwacht sein für sich seiendes Leben, und diese erwachend noch einfache Seele ist nicht dies und auch das: der springende Brunnen ist das Lied eines Liebenden. Wer ist er?

Zarathustra? Aber dies Nachtlied ist kein Liebeslied, es gleicht nur einem: "Eine Begierde nach Liebe ist in mir, die redet selber die Sprache der Liebe." Des Rätsels Lösung verrät Zarathustra, kaum daß die ganze Mitte überwunden ist: "Dies nämlich ist das Geheimnis der Seele: erst, wenn sie der Held verlassen hat, naht ihr, im Traume, - der Über-Held" [451], und Nietzsche notiert im Sommer 1883: "Dionysos auf einem Tiger: der Schädel einer Ziege: ein Panther. Ariadne träumend: 'vom Helden verlassen träume ich den Über-Helden'. Dionysos ganz zu verschweigen!" [452], und noch einmal in "Ecce homo": "Die Antwort auf einen solchen Dithyrambus der Sonnen-Vereinsamung im Lichte wäre Ariadne..."

Die Seele ist die Möglichkeit der göttlichen Torheit des Sich-zu-sich-Schaffens, und sie vermöchte diese Selbst-Gebärung, wüßte sie den Gott zu empfangen, der Bringer des Sich-Empfangens ist. Um aber auch nur sich empfangen zu können, muß sie aller Dinge trächtig sein, denn Alles ist Entsprungenes. Zarathustra ist der Lehrer der Seele - als der "Theorie des Zufalls" [453] - allein, weil er demzuvor der Lehrer seiner Seele ist, damit sie "übervoll" werde, "so daß er sich selber vergißt und alle Dinge in ihm sind" [454]. Daß er ein guter Lehrer war, wird er bezeugen in den ersten sechzehn der zweiunddreißig Verse von der "großen Sehnsucht". Aber schon dies Lehren heißt sich selber vergessen, und das ist Zarathustras eigenster Widerstand. Am Schluß der Rede vom "Lesen und Schreiben", die topologisch dem Sturz des Artisten entspricht, sagt er: "Ich habe gehen gelernt: seitdem lasse ich mich laufen. Ich habe fliegen gelernt: seitdem will ich nicht erst gestoßen sein, um von der Stelle zu kommen. / Jetzt bin ich leicht, jetzt fliege ich, jetzt sehe ich mich unter mir, jetzt tanzt ein Gott durch mich" [455], wozu Nietzsche 1888 bemerkt: "Zarathustra geht soweit, von sich zu bezeugen 'ich würde nur an einen Gott glauben, der zu t a n z e n verstünde' (...) aber Zarathustra w i r d nicht..." [456] Das bezeugt er auch selber auf den "glückseligen Inseln": "Aber daß ich euch ganz mein Herz offenbare, ihr Freunde: wenn es Götter gäbe, wie hielte ichs aus, kein Gott zu sein! Also gibt es keine Götter. / Wohl zog ich den Schluß; nun aber zieht er mich.-" [457] Der Schluß, den er da gezogen hat als das, was hinfort ihn zieht, als das Ungestillte, Unstillbare in ihm, das laut werden will, ist der unmittelbare Schluß des ursprünglichen Denkens: der hypothetische Schluß im modus tollens. Wie lang wird Zarathustra aushalten, kein Gott zu sein...? Nicht immer: "Dergleichen ist nie gedichtet, nie gefühlt, nie gelitten worden: so leidet ein Gott, ein Dionysos" - und kurz zuvor nennt Nietzsche Zarathustras Seele, "die höchste Seele", den "Begriff des Dionysos selbst" [458].

Zarathustra weiß: Lehrer der Seele sein heißt sie fliegen lehren - sie fliegen lehren heißt ihr vor-fliegen - ihr vor-fliegen heißt sich von sich unterscheiden ("jetzt sehe ich mich unter mir") - und sich von sich unterscheiden heißt den tanzenden Gott beherbergen. Das ist seine Aporie. Zarathustra ist der Lehrer der Seele, weil des Schaffens, des Übermenschen und darum auch der Brücke zum Übermenschen - er lehrt das Sich-Schaffen des Schaffens. Das Sich-Schaffen ist aber Beginn und Vollendung des Schaffens, sein Siegel: die Ewigkeit. Sie zu gewähren, ist des Gottes. Der Lehrer der Seele muß der Lehrer ihres Gottes sein, während Zarathustra der Gottlose ist, "der da spricht 'wer ist gottloser denn ich, daß ich mich seiner Unterweisung freue?'" [459] Wohin also zieht ihn jener Schluß? Offenbar zur Verwandlung des modus tollens in denjenigen modus ponens, den er einzig aushielte: selber der Gott zu sein. Aber Ein Gott heißt viele Götter, und nur als einer unter vielen vermöchte Zarathustra seiner Seele zu schenken, was er sie unmöglich lehren kann, die Bedingung dazu, sich selber zu empfangen.

Hier steht es mit der nietzscheschen Seele wie mit Kierkegaards "Lernendem": der, der ihm "nicht bloß die Wahrheit gibt, sondern die Bedingung dazu, der ist nicht Lehrer. Alle Unterweisung beruht darauf, daß die Bedingung doch zu guter Letzt anwesend ist; fehlt sie, vermag der Lehrer nichts; denn andernfalls müßte er den Lernenden ja nicht umbilden, sondern umschaffen, bevor er anfängt, ihn zu lehren. Aber das vermag kein Mensch, soll es geschehen, muß es durch den Gott selbst sein."[460] Hier ist diese Bedingung des Bewußtseins, die Wahrheit zu verstehen, verwandelt in die der schaffenden Seele, sich selber zu empfangen, und der Lehrer der Seele hat, als der des Schaffens, die schlechterdings ab-gründige Aufgabe, sich selber zum Gott zu schaffen, der die Bedingung gibt. Aber die Not bleibt dieselbe. Dies Über-sich-hinaus-Schaffen setzt seinerseits das Sich-empfangen-Können als Bedingung voraus, das Zarathustra sowenig schaffen kann wie Kierkegaards Sokrates.

Als Lehrer des Schaffens jedoch vermag er sein Lehren so umzuschaffen, daß ihm die Bedingung zufallen kann. Auch hier heißt seine Grenze wissen sich aufzuopfern wissen[461], und Zarathustra der Lehrer - das verheißt ihm der Traum vom Kind mit dem Spiegel - muß seine Lehre bis zur Grenze der Möglichkeit des göttlichen Zu-Falls steigern, sich, den Gottlosen, bis zur Grenze der Selbstaufopferung - bis zu ihrer Grenze, denn sie gehört dem Zu-Fall. Davon spricht - schreit - der Dithyrambus "Zwischen Raubvögeln"[462]:

Oh Zarathustra!...
Selbstkenner!...
Selbsthenker!...

Das ist der Sinn des Nachtlieds: Zarathustras zweite Verlassenheit ist auch die erste Verzweiflung an seiner Aufgabe. Die Menschheit, heißt es früh, "hat im Ganzen keine Ziele, folglich kann der Mensch, in Betrachtung des ganzen Weltverlaufes, nicht darin seinen Trost und Halt finden, sondern seine Verzweifelung. Sieht er bei Allem, was er tut, auf die letzte Ziellosigkeit der Menschen, so bekommt sein eigenes Wirken in seinen Augen den

Charakter der Vergeudung. Sich aber als Menschheit (und nicht nur als Individuum) ebenso vergeudet zu fühlen, wie wir die einzelne Blüte von der Natur vergeudet sehen, ist ein Gefühl über alle Gefühle. - Wer ist aber desselben fähig? Gewiß nur ein Dichter: und Dichter wissen sich immer zu trösten."[463] Zarathustra findet auf den glückseligen Inseln, diesen Welt-Winkeln des Geistes der Musik, die verlassene Gefährtin und mit ihr seine Aufgabe, an deren Übermenschlichkeit er in der Verlassenheit des Abschieds aller bisherigen Weisheit verzweifelt - und die Verzweiflung stillt sich, vor-läufig, in das erste Lied. Zarathustra erkennt die Gefährtin in den beiden Versen des Anfangs, die der Schluß wiederholt, und die vierundzwanzig Verse, die davon umschlossen werden, sind die Klage der noch sich verheimlichenden Reue. "Das ganze menschliche Leben ist tief in die Unwahrheit eingesenkt; der Einzelne kann es nicht aus diesem Brunnen herausziehen, ohne dabei seiner Vergangenheit aus tiefstem Grunde gram zu werden."[464]

Zarathustras Aufgabe verlangt die vollkommene Unterscheidung von seiner Seele, d. h. ihr Ereignis, was hier aber noch nicht erbracht ist. Das Ich jener zweimal zwölf Verse ist wohl das Zarathustras, aber wie ein Oberton schwingt darin mit das Schweigen der Seele. Die Klage, sich nicht empfangen zu können als den, der das Empfangen vermag, es zu geben vermag, ist zugleich ihre Klage, sich nicht zur Sprache bringen zu können der Schwachheit von Zarathustras Schaffen wegen: "nun bricht wie ein Born aus mir mein Verlangen - nach Rede verlangt mich." Diese Rede, die "Antwort auf einen solchen Dithyrambus der Sonnen-Vereinsamung im Lichte wäre Ariadne ... Wer weiß außer mir, was Ariadne ist!..." Was, nicht: wer - und ein Ausruf-, kein Fragezeichen. "Also sprach Zarathustra. Ein Buch für Alle und Keinen."

Die Mitte der drei Teile ist der Abschied von der bisherigen Weisheit, der Sprung in die Gott-Verlassenheit der Seele. In dieser gemeinsamen Verlassenheit hat Zarathustra die Gefährtin erkannt und mit ihr seine Aufgabe wie seine Schwäche. Später wird er den "Rein-Erkennenden" sagen: "Wo ist Unschuld? Wo der Wille zur Zeugung ist. Und wer über sich hinaus schaffen will, der hat mir den reinsten Willen. / Wo ist Schönheit? Wo ich mit allem Willen wollen muß; wo ich lieben und untergehen will, daß ein Bild nicht nur Bild bleibe. / Lieben und Untergehn: das reimt sich seit Ewigkeiten. Wille zur Liebe: das ist, willig auch sein zum Tode. Also rede ich zu euch Feiglingen!" [465] Der zweite Teil des "Zarathustra" ist die Gegend des Geists als Löwe. Anders als das bloße 'ich möchte' setzt dessen 'ich will' immer eine Entscheidung voraus, hat ein 'ich will nicht' überwunden. Der zweite Teil erzählt diese Auseinandersetzung zwischen Zarathustras 'ich will' und 'ich will nicht', und seine Mitte wird sie auch für Zarathustra selber werden lassen. Die Mitte beider Mitten ist aber zunächst das Tanzlied, das auch das Lied der Unentschiedenheit heißen könnte.

Zarathustra zögert nach dem Nachtlied in der Tat "dem Wasserfalle gleich"; es scheint, er möchte nicht Ernst machen mit seinem Untergang - seiner Liebe. Das Tanzlied nimmt sie nur für Liebelei, und die Begierde drückt die Augen zu als Cupido. Die Seele, die Zarathustra für den Über-Helden mit diesem Schein-Kind und "Tagedieb" abzufinden gedenkt, entindividualisiert sich ihm zum unbestimmten Schwarm der "lieblichen Mädchen", deren Flüchtigkeit - des unbekümmert verrinnenden und verdunstenden Lebens - er selber nennt mit den "schönen Knöcheln". "Was der Rausch Alles vermag, der Liebe heißt und der noch Etwas Anderes ist als Liebe!- (...) Diese jungen Geschöpfe, die dort tanzen, sind ersichtlich jenseits aller Realität: sie tanzen nur mit lauter handgreiflichen Idealen (...) sie glauben an ihren Schneider, wie sie an Gott glauben: - und wer widerriete ihnen diesen Glauben? Dieser Glaube macht selig!" [466] Aber das Tanzlied ist auch eine

Erinnerung aus der Flachheit des Lebens an seine Unergründlichkeit, freilich selber nur eine flache, weil eine unentschiedene. Dies Leben, in dessen Auge Zarathustra "jüngst" schaute, ist wiederum die Seele, und diesmal spricht sie, "die Unglaubliche", deren Name Fides ist - was? Daß sie nichts spricht, als was ihr Lehrer sie gelehrt hat: "ihr Männer beschenkt uns stets mit den eignen Tugenden". Und weil dieser Lehrer nichts Besseres zu geben hat, nicht das Empfangen, das die Hörerin zur Ewigkeit bände, entzieht sie sich ihm im Augenblick, und ist "veränderlich (...) und wild und in Allem ein Weib, und kein tugendhaftes": entzieht sich zum bloßen Gleichnis ihrer selbst, zum Bild, das "nur Bild" bleiben möchte, zu seiner "wilden Weisheit". Hier sind sie sich zum Verwechseln ähnlich - diese Unentschiedenheit spricht seine Seele Zarathustra zu. Bedarf es des Untergangs? Genügt nicht die Weisheit? Ist sie nicht Zarathustras - Frau? "Du gehst zu Frauen? Vergiß die Peitsche nicht!" [467] Aber dieser Zarathustra hat nur Cupido gezüchtigt, und dafür züchtigt ihn nun die Seele. Sie entzog sich ihm in die Mädchen, ins lachende Leben, in die zornige Weisheit, und wieder ins "boshaft" lachende Leben. Und endlich ist sie bei ihm als das, was sie hier zuletzt nur sein kann: als ein unbekanntes PERIECHON [468], aus dem Zarathustra denn die Wahrheit der "schönen Knöchel" anblickt: "Was! Du lebst noch, Zarathustra? / Warum? Wofür? Wodurch? Wohin? Wo? Wie? ist es nicht Torheit, noch zu leben? -" Keine Antwort. Die Nacht der Seele des Nachtlieds ist unversehens in Abend vergangen, die Trauer in Traurigkeit. "Abend ward es: vergebt mir, daß es Abend ward!" Für seinen passiven Nihilismus, aus ihm, bittet Zarathustra um Vergebung - die Reue ist da: das Grablied.

"Das Grablied" und "Von der Selbst-Überwindung" umschließen die Mitte des zweiten Teils, Zarathustras Sprung aus dem 'ich kann nicht' in das 'ich will' des 'ich will', das freilich seine Bewährung noch zu erwarten hat. Es ist der Sprung aus der nicht länger vom Auffassen, sondern vom Schaffen her gedachten Reue als der Rache an sich selber. "Oh ihr, meiner Jugend Gesichte und Erscheinungen! Oh ihr Blicke der Liebe alle, ihr göttlichen Augenblicke!" Solche göttlichen Augenblicke und Blicke der Liebe sind die ins Auge des Lebens, dessen Veränderlichkeit, die es sich lachend zusprach, jetzt gedacht wird als das Umschlagen ins Gegenteil, wie es der Schluß des Tanzlieds schon bedeutete. Der Geist der Schwere weiß sich für ein "Spottlied" wohl zu rächen, und immer noch und gerade hier verhält Zarathustra in seiner Verkennung des Traums vom Kind mit dem Spiegel. Die Rache ist des Willens Widerwille gegen die Zeit und ihr 'Es war' - und dies allein, das 'ich will nicht' in jedem 'ich will', ist der Geist der Schwere, der Erzfeind. Aber wieder scheinen es nur "die Feinde" zu sein, die Zarathustras "fröhliche Weisheit" aus dem Feld geschlagen haben. Die beiden mittleren Verse des eigentlichen Grablieds lauten "Aber da stahlt ihr Feinde mir meine Nächte und verkauftet sie zu schlafloser Qual: ach, wohin floh nun jene fröhliche Weisheit?" und "Einst begehrte ich nach glücklichen Vogelzeichen: da führtet ihr mir ein Eulen-Untier über den Weg, ein widriges. Ach, wohin floh da meine zärtliche Begierde?" Die "Fröhliche Wissenschaft" schloß mit dem Anfang von "Also sprach Zarathustra". Sein "Untergang" war der in die Qual des Nachtlieds, und die Begierde nach glücklichen Vogelzeichen, entzündet zum Schluß der Vorrede, hat nur den Vogel der Minerva über den Weg geführt, den Dämmerungsvogel als die auf Zarathustras Seele zornige Weisheit, die nur das verfängliche <u>Bild</u> des Lebens ist (die Welt als Vorstellung und selber nur vorgestellter Wille). Zarathustra glaubt der einen Freundin, dem Leben, niemals, "wenn sie <u>bös</u> von sich selber spricht" [469], denn es "gehört das höchte Böse zur höchsten Güte: diese aber ist die schöpferische" [470]; wenn aber die andre Freundin, seine Weisheit, "von sich selber <u>schlecht</u> spricht, da gerade verführt sie am meisten" [471], denn sie ist eine Dichterin.

Aber das Grablied ist nicht nur die wirkliche Reue, die sich im Nachtlied erst bedeutet, es ist in dieser Verwirklichung auch der Beginn der Gegenbewegung. Zarathustra läßt "die Feinde" nicht länger im Ungefähren, sondern erinnert sich des eigensten Werkzeugs des Geists der Schwere, des "Sängers" - Wagners, - und damit seiner eigensten Aufgabe: "Nur im Tanze weiß ich der höchsten Dinge Gleichnis zu reden: - und nun blieb mir mein höchstes Gleichnis ungeredet in meinen Gliedern! / Ungeredet und unerlöst blieb mir die höchste Hoffnung!" Dieser noch ungeredeten Rede des höchsten Gleichnisses (im Nachtlied hieß es unbestimmter "nach Rede verlangt mich") läuft der Wille voraus, das 'ich will' des 'ich will', das Zarathustra, sich selbst überwindend, endlich in den "goldnen Worten" von der Selbst-Überwindung bekennt, in denen die Gefährdung der dreifachen Mitte bestanden ist, des Abgrunds, der sich auftut mit der Überwindung der bisherigen Philosophie und des flachen Lebens als das Grab des Lebens.

5. Von der Selbst-Überwindung

Das Grablied erinnert durch die Mitte des Tanzlieds das Nachtlied, die Rede von der Selbst-Überwindung die von den berühmten Weisen; die Rache, die das Nachtlied brütet, ist zutiefst Reue, der Abschied von der bisherigen Weisheit zuhöchst Selbsterkenntnis, Erkenntnis aber zunächst "Wille zur Denkbarkeit alles Seienden": "Glatt soll es werden und dem Geiste untertan, als sein Spiegel und Widerbild." Zarathustra erkannte sich nicht im Spiegel, den das Kind ihm vorhielt: seine Reden hatten das Seiende nicht denkbar gemacht, nicht <u>so</u> denkbar, daß sein Geist darin sich hätte spiegeln können. Dieser Geist aber ist befehlend, weil Geist des Schaffens, und seine Schwäche nicht die zur <u>Denkbarkeit</u> des Seienden, sondern zu ihrem <u>Machen</u>, des Willens nicht zum Leben, sondern des Lebens, das Zarathustra erst begegnete als das "boshaft" lachende über seine Unentschiedenheit zwischen ihm und seiner Weisheit. Das Leben selber freilich ist seine Weisheit, und beider Geheimnis - ein und dasselbe - gibt es ihm preis, nachdem er zum Schluß des Grablieds seine Traurigkeit verabschiedet und sich auf seinen Willen besonnen hat. Das Leben, als das lachende "veränderlich (...) und wild und in Allem ein Weib, und kein tugendhaftes", ist in der Tiefe nichts anderes als das Muß der Selbst-Überwindung, das 'ich bin' im 'ich will'. "Siehe, sprach es, ich bin das, was sich immer selber überwinden muß." Es wäre durchaus, was es ist, höchstes Gleichnis, Gleichheit mit sich selber, wo es aus sich zu sich würde.

Fichte leitet seine "Grundlage des Naturrechts nach Prinzipien der Wissenschaftslehre" (1796) mit den Worten ein: "Der Charakter der Vernünftigkeit besteht darin, daß das Handelnde, und das Behandelte Eins sei, und eben dasselbe; und durch diese Beschreibung ist der Umkreis der Vernunft, als solcher erschöpft. - Der Sprachgebrauch hat diesen erhabnen Begriff für diejenigen, die desselben fähig sind, d. h. für diejenigen, die der Abstraktion, von ihrem eignen Ich fähig sind, in dem Worte: Ich, niedergelegt; darum ist die Vernunft überhaupt durch die Ichheit charakterisiert worden. Was f ü r ein vernünftiges Wesen da ist, ist i n ihm da; aber es ist nichts in ihm, außer zu Folge eines Handelns auf sich selbst (...) das Ich selbst ist nichts anders, als ein Handeln auf sich selbst." [472] Die Analogie, die ihren Grund in der poietischen Bestimmung ebensowohl des fichteschen wie des nietzscheschen Denkens hat, läßt sehen, wie sich der "Charakter der Vernünftigkeit" an der Sache des ursprünglichen Denkens aufdeckt. Das Leben - der Ursprung - ist das auf sich gewendete Schaffen: "was sich immer selber überwinden muß". Der Wille zur Macht ist Gespanntsein gegen Widerstand und ursprünglich gegen denjenigen, den er sich selber schafft, indem er sich ausführt. Das Übersetztsein des Schaffens ins Geschaffene, der ausgeführte Wille ist dann ein Nicht-mehr-Wollen, Nichtwollen überhaupt: im Geschaffenen ist das Schaffen sich fremd geworden - wäre sich fremd geworden, heißt das, wenn es das Geschaffene nicht als das <u>seine</u> vernähme, empfinge als den <u>eignen</u> Widerstand. Wille ist also Leben, wo er den Widerstand zu vernehmen vermag als <u>dasjenige Nichtwollen, das sein eignes Gewollt-Haben</u> ist, und des Willens Widerwille gegen die Zeit und ihr 'Es war' - die Rache - ist die Ohnmacht, <u>das Bestehende als Geschaffenes zu bejahen</u>, d. h. sich <u>selber</u> zu überwinden: zu leben. Wo aber der Wille zur Macht da ist, ist er als Individuum: "Das Individuum ist etwas ganz N e u e s und N e u s c h a f f e n d e s ." - "Das Individuum ist etwas Absolutes, alle Handlungen ganz s e i n eigen" [473], und diese "schaffende Kraft" hatte Nietzsche kurz zuvor Seele genannt. 1887/88 notiert er: "Es gibt keinen Willen: es gibt Willens-Punktationen, die beständig ihre Macht mehren oder verlieren", nämlich "komplexe Gebilde von relativer Dauer des Lebens innerhalb des Werdens", wiewohl "keine dauerhaften letzten Einheiten, keine Atome, keine Monaden (...) Relativ, dürfen wir von Atomen und Monaden reden: und gewiß ist, daß die kleinste Welt an Dauer die dauerhafteste ist..." [474] Die kleinste <u>Welt</u>, d. h. diejenige <u>Seele</u> wäre ewig, deren Peripherie sich vollkommen ins Zentrum zu konzentrieren vermöchte, diejenige aktive Kraft, für die alles Bestehende - die "Welt" - ihr <u>Geschaffenes</u> ist, so daß ihr Sich-Überwinden nicht länger Fortgehen in anderes, sondern Zurückgehen in <u>dasselbe</u> Geschaffene wäre, die Überwindung des Geschaffenen durch das Schaffen mithin das <u>Zurückgehen des Schaffens in sich</u>, und der härteste und ewig überwundene Widerstand der <u>alles</u> Geschaffenen.

"Und wer ein Schöpfer sein muß im Guten und Bösen: wahrlich, der muß ein Vernichter erst sein und Werte zerbrechen. / Also gehört das höchste Böse zur höchsten Güte: diese aber ist die schöpferische. - / Reden wir nur davon, ihr Weisesten, ob es gleich schlimm ist. Schweigen ist schlimmer; alle verschwiegenen Wahrheiten werden giftig." Welches ist das höchste Böse? Das Bestehende vernichten? Alles Bestehende schaffend vernichten. Und darin ist das höchste Böse die höchste Güte: alles Geschaffene schaffend vernichten heißt alles Geschaffene neu schaffen, wiederschaffen ... "Ich liebe Den, dessen Seele übervoll ist, so daß er sich selber vergißt, und alle Dinge in ihm sind: so werden alle Dinge sein Untergang" [475] - wohinein? In sich. Zarathustras erste Verlassenheit hatte den Gedanken seines Untergangs, diesen noch ganz äußerlichen Gedanken "Zarathustra will wieder Mensch werden" [476], verwandelt in den seines Gangs: "Zu meinem Ziele will ich, ich gehe meinen Gang; über die Zögernden und Saumseligen werde ich hinwegspringen. Also sei mein Gang ihr Untergang." [477] Seine zweite Verlassenheit, der Erkenntnis der Gefährtin, seiner Seele, "aktiven Kraft", hat den Gedanken des Gangs verwandelt in den des Untergangs als der Selbst-Überwindung: Zarathustra selber ist der Zögernde und Saumselige. Und noch der Schluß der Rede von der Selbst-Überwindung gibt davon Kunde: indem sie hören läßt, daß alle verschwiegenen Wahrheiten giftig werden, verschweigt sie die höchste - wie nämlich das höchste Böse und die Selbst-Überwindung zusammengehen -, so daß der letzte Satz in seiner Unverbindlichkeit noch vor die erste Verlassenheit zurückfällt: "Und mag doch Alles zerbrechen, was an unseren Wahrheiten zerbrechen kann! Manches Haus gibt es noch zu bauen!"

6. Von großen Ereignissen

Gleichwohl ist die Rede von der Selbst-Überwindung, mit der die Mitte der Gefährdung des 'ich will', die Reue, durch eine "Formel" - "ich bin das, was sich immer selber überwinden muß" - überwunden ist, das "goldne Wort", das der Zarathustra des Löwen-Geists seinen Taten vorauswirft. Die folgenden Reden "Von den Erhabenen", "Vom Lande der Bildung", "Von der unbefleckten Erkenntnis", "Von den Gelehrten" und zuhöchst "Von den Dichtern" sind allesamt solche Selbst-Überwindungen, wie es die Reden des ersten Teils noch nicht sein konnten. Und bedeutete das Tanzlied, die verschwindende Mitte zwischen den Mitten, Zarathustras Unentschiedenheit, dann ist das Stück "Von den großen Ereignissen" nicht nur die Posse des Feuerhunds, sondern auch das Drama Zarathustras. Es erzählt nämlich von dem einen großen Ereignis, das die Unterscheidung Zarathustras von sich, genauer: sein Unterschiedenwerden von ihm selber ist, denn er weiß nicht, was er "davon denken" soll.

"Gegen die Stunde des Mittags aber (...) sahen sie plötzlich durch die Luft einen Mann auf sich zukommen, und eine Stimme sagte deutlich: 'es ist Zeit! Es ist die höchste Zeit!' Wie die Gestalt ihnen aber am nächsten war - sie flog aber schnell gleich einem Schatten vorbei, in der Richtung, wo der Feuerberg lag - da erkannten sie mit größter Bestürzung, daß es Zarathustra sei (...) 'Seht mir an! sagte der alte Steuermann, da fährt Zarathustra zur Hölle!'-" Wieder, wie schon in der Deutung des Traums vom Kind mit dem Spiegel, versieht sich der geborne Rätselrater, wenn er "das Gespenst" für seinen Schatten nimmt - "gleich einem Schatten" fliegt es wohl vorbei gegen die Stunde des Mittags, wo der Schatten am kürzesten wird: "ich muß ihn kürzer halten". Der Mittag ist Zarathustras INCIPIT, aber das Wort von seiner Ankunft erreicht ihn nur durch die Erzählung der Jünger, und so sehr ist er von sich selber befremdet, daß er sich in der Frage "Wozu ist es denn - höchste Zeit?" das Wozu verbirgt, das er dem Feuerhund nicht vorenthalten hatte: "Und glaube mir nur, Freund Höllenlärm! Die größten Ereignisse - das sind nicht unsre lautesten, sondern unsre stillsten Stunden."

So vernimmt Zarathustra sich selber nicht trotz der Einsicht der Selbst-Überwindung: er bringt nicht sein 'ich will' und 'ich will nicht' zusammen. Er vernahm sich nicht im Traum vom Kind mit dem Spiegel und auch nicht im Schluß, den er auf den glückseligen Inseln zog. Aber dieser Schluß zieht ihn - zuerst durch die dreifache Mitte, die überwunden war im Preisgeben des Geheimnisses des Lebens, dann in der Entzweiung mit sich als "Folge eines nicht mehr Herr werdenden Willens zur Macht" [478]. Die Einheit: das "Gefühl des Spiels bei der Überwindung großer Schwierigkeiten, z. B. vom Virtuosen; Gewißheit seiner selber, daß auf den Willen die genau entsprechende Aktion folgt - eine Art Affekt des Übermutes ist dabei, höchste Souveränität des Befehlenden. Es muß das Gefühl des Widerstandes, Druckes dabei sein. - Dabei ist aber eine Täuschung über den Willen: nicht der Wille überwindet den Widerstand - wir machen eine Synthese zwischen 2 gleichzeitigen Zuständen und legen eine E i n h e i t hinein." [479] Das ist der beherrschte Zufall als "das Aufeinanderstoßen der schaffenden Impulse" [480], und die "aktive Kraft" ihrer Vereinigung - das was als Wille erscheint - ist die Seele.

Zarathustra bringt nicht zusammen, nicht sich mit sich, nicht sich mit der Seele, nicht die Seele mit ihr selber. Darum entzieht sich ihm das All des Geschaffenen zum All des Bestehenden, dessen Wahrheit der Wahrsager sagt: "eine Lehre erging, ein Glauben lief neben ihr: 'Alles ist leer, Alles ist gleich, Alles war!'" Alles ist zu bereuen. "Wahrlich, zum Sterben wurden wir schon zu müde; nun wachen wir noch und leben fort - in Grabkammern!" Und diesen allgemeinen Abend, dies allgemeine Grablied muß Zarathustra aus sich selber schöpfen, diese Un-Wirklichkeit selber träumen: den Traum vom Kind mit dem Spiegel noch einmal, aber gesteigert, weil das Leben ihm seither sein Geheimnis verraten hat.

Eines Teufels Fratze: "Aus gläsernen Särgen blickte mich überwundenes Leben an"; und Hohnlachen: "Und ich drückte den Schlüssel und hob am Tore und mühte mich. Aber noch keinen Fingerbreit stand es offen: / Da riß ein brausender Wind seine Flügel auseinander: pfeifend, schrillend und schneidend warf er mir einen schwarzen Sarg zu: / Und im Brausen und Pfeifen und Schrillen zerbarst der Sarg und spie tausendfältiges Gelächter aus. / Und aus tausend Fratzen von Kindern, Engeln, Eulen, Narren und kindergroßen Schmetterlingen lachte und höhnte und brauste es wider mich." Fratzen des Neubeginnens, der Hinterwelt, der Abend-Weisheit, des Ohne-Sinns und der Seele: das ist das Geschenk von Zarathustras wilder Weisheit, die zornig zu ihm sagte: "du willst, du begehrst, darum allein l o b s t du das Leben!" [481] Was - wie wäre hier zu loben? "Gräßlich erschrak ich darob: es warf mich nieder. Und ich schrie vor Grausen, wie nie ich schrie. / Aber der eigne Schrei weckte mich auf: - und ich kam zu mir.-" Zu wem? Zu einem, der eingesehen hat, daß er jenen ersten Traum "allzugut" verstanden hatte: sein Lieblings-Jünger wiederholt ihm nur, gesteigert, die alte Deutung: "Wahrlich, sie selber träumtest du, deine Feinde: das war dein schwerster Traum!" Und zum dritten Mal "schüttelte Zarathustra den Kopf" [482]. Er bringt sich nicht mit sich zusammen.

7. Apex theoriae

Auf den glückseligen Inseln war der Obersatz von Zarathustras Schluß: " w e n n es Götter gäbe, wie hielte ichs aus, kein Gott zu sein!" Jetzt heißt er schon so: "Und wie ertrüge ich es, Mensch zu sein, wenn der Mensch nicht auch Dichter und Rätselrater und der Erlöser des Zufalls wäre!" Und dies ist seine Aufgabe: "Die Vergangenen zu erlösen und alles 'Es war' umzuschaffen in ein 'So wollte ich es!'" Diese Erlösung vom Geist der Rache und Reue ist die Hoffnung des höheren Menschen, von dem Zarathustra schon in der Vorrede gesagt hatte: "Ich liebe Den, welcher die Zukünftigen rechtfertigt und die Vergangenen erlöst: denn er will an den Gegenwärtigen zu Grunde gehen"[483]; der nächste Satz hieß: "Ich liebe Den, welcher seinen Gott züchtigt, weil er seinen Gott liebt: denn er muß am Zorne seines Gottes zu Grunde gehen" (Cupido war nur "ein Wenig" gezüchtigt worden).

Wer ist der Gott dieses höheren Menschen Zarathustra, der hier von sich bekennt: "Ich wandle unter Menschen als den Bruchstücken der Zukunft: jener Zukunft, die ich schaue" (des großen "Hazar"[484])? "Und das ist all mein Dichten und Trachten, daß ich in Eins dichte und zusammentrage, was Bruchstück ist und Rätsel und grauser Zufall", d. h. das 'Es war' des bisherigen Menschenwesens, diese Vielheit = mangelnde Einheit: Bruchstücke der Zukunft. Aber als Bruchstücke der Zukunft sind sie gleichwohl "aktive Kraft" - Dichter, Rätselrater, Erlöser des Zufalls: - Seelen. Und die Seelen sind, als "Willens-Punktationen", der wirkliche Wille (als der schaffende). Sein Wirken - Zarathustras "Dichten und Trachten" - ist es, sich selber in Eins zu dichten und zusammenzutragen: daß sich die Seele mit sich selber zusammentrage - das ist das Schaffen: "Wurde der Wille sich selber schon Erlöser und Freudebringer? Verlernte er den Geist der Rache und alles Zähneknirschen?" OY XYNIASIN HOKOOS DIAPHEROMENON HEOOYTOOI SYMPHERETAI˙ PALINTONOS HARMONIÄ HOKOOSPER TOXOY KAI LYRÄS[485]: "Sie schicken nicht zusammen, wie das Auseinandergetragene sich mit sich zusammenträgt: gegen sich gespannte Stimmung wie des Bogens und der Leier" - HARMONIÄ, Fides, Seele: Wenn sie der Held verlassen hat, der wohl Dichter und Rätselrater und Erlöser des Zufalls, aber all dies selber nur als Bruchstück und Rätsel und grauser Zufall ist - "ein gedunsenes Seelchen" von "mörderischen" Stimmungen -, "dann naht ihr, im Traume, - der Über-Held".

Wer also lehrte den Willen "Versöhnung mit der Zeit und Höheres als alle Versöhnung ist?" Heißt doch 'So wollte ich es' immer noch nicht 'So will ich es' - und 'So will ich es' immer noch nicht 'So werde ichs wollen'. 'So werde ichs wollen' wäre erst der Wille, die Seele, ganz. Denn die Erlösung, "alles 'Es war' umzuschaffen in ein 'So wollte ich es!'", ist die Befreiung von der Reue als das Umschlagen der Verneinung in die Bejahung der vergangenen Existenz: die Versöhnung mit ihr.

Und jetzt zeigt sich der Feind in seiner eigentümlichsten Gestalt. Wenn Leben das ist, "was sich immer selber überwinden muß", dann ist die Verwandlung des 'Es war' ins 'So wollte ich es' allerdings die Ermöglichung des Lebens - aber sogleich auch die Wirklichkeit des Satzes 'So will ich es nicht länger'; und weiter ist der schaffende Wille des 'So will ich es' nur der des 'So werde ichs gewollt haben und so werde ichs nicht länger wollen'... Wie kann das Leben, der Wille, die Seele den Satz 'So werde ichs wollen!' mit sich selber zusammentragen? "Dem Werden den Charakter des Seins aufzuprägen - das ist der höchste Wille zur Macht." [486] Wie kann das Leben, der Wille, die Seele dem Werden - sich selber - den Charakter des Seins aufprägen, ohne sich selber als Stein in sich zu werfen, als "eines alten Gottes Kopf" [487]? Offenbar so allein, daß das Leben auch noch sein Sich-immer-selber-überwinden-Müssen überwindet, daß es sich selber im ganzen überwindet. Entsprechend heißt es im eben zitierten Nachlaß-Stück: "Daß Alles wiederkehrt, ist die extremste Annäherung einer Welt des Werdens an die des Seins: Gipfel der Betrachtung." Im ganzen: das Leben ergänzt sich zwar - das ist seine Bestimmung -, aber eben darum ist es nie das Ganze. Die "Ausdrucksmittel der Sprache sind unbrauchbar, um das Werden auszudrücken: es gehört zu unserem unablöslichen Bedürfnis der Erhaltung, beständig die eine gröbere Welt von Bleibendem, von 'Dingen' usw. zu setzen. Relativ, dürfen wir von Atomen und Monaden reden: und gewiß ist, daß die kleinste Welt an Dauer die dauerhafteste ist..." [488] Wie bringt sich die Seele - dies reine

PERIPHERESTHAI - auf den Punkt? Ist das Leben das, was sich immer selber überwinden muß, dann schließt es die Bedingung aus, ganz zu sein; jedes 'ich will' setzt ein'ich will nicht' voraus, und gesetzt, es ist Alles, sogar 'ich will nichts', in der Tat: den Nihilismus. Das ist allerdings der härteste Gegensatz "zwischen 2 gleichzeitigen Zuständen" [489] - aber wie legte das Leben sich als Einheit hinein in deren Synthese? Wie nähme es nichts für Alles, ohne Alles für nichts zu nehmen? "Daß aber überhaupt das asketische Ideal dem Menschen so viel bedeutet hat, darin drückt sich die Grundtatsache des menschlichen Willens aus, sein horror vacui: er braucht ein Ziel - und eher will er noch d a s N i c h t s wollen, als n i c h t wollen. - Versteht man mich?... Hat man mich verstanden?... 'Schlechterdings nicht! mein Herr!'" [490] Wie - wann hätte der menschliche Wille seinen horror vacui überwunden? Wenn er alle Ziele überwunden hätte, wenn er sogar noch das Nichts als Ziel überwunden hätte: wenn er sich aufgegeben hätte...

Wenn die Seele nicht einmal nichts wollte, ihr Wollen überhaupt ließe, dann überwände ihr künftiges 'ich will' nicht länger einen Un-, Widerwillen, sondern ein Nichtwollen, in dem der Wille nicht schon, als ein anderer, begonnen hat, sondern erst beginnt. Aber nicht so, daß er um seiner selbst willen das Nichtwollen nicht wollte, sondern daß er es wollte um seines Beginnens willen, so daß er sich nicht gegen es wendete, sondern in es, um in ihm unterzugehen. Aber wieder nicht so, daß er sich selber um des Nichtwollens willen nicht wollte, sondern daß er sich wollte um seines Untergehens willen in es, um unterzugehen in sich. Dann wäre das Wollen kein Wille-wider-sich, sondern nurmehr das Wollen seines Beginnens - und das Wollen des Wollens wäre kein Wille-wider-das-Nichtwollen, sondern nurmehr das Wollen des Nichtwollens. Aber wie begänne das Wollen im Nichtwollen - wer weiß? Nur, daß es dort begänne, entspränge - wo sonst? Das Nichtwollen ist der Ursprung alles Wollens. Der Wille wäre nicht Widerwille - weder wider sich: "das Nichts wollen" - noch wider das Nichtwollen: "das Nichts wollen" -, wollte er nichts als seinen Ursprung. Aber wie vermag er ihn? Daran verzweifelnd als an der Gewißheit, daß der Ursprung der seine ist - denn woher die Gewißheit, im Andern zu sich zu kommen? - verzweifelt er am Lernen des Ursprungs, am Lehrer. "Höheres als alle Versöhnung muß der Wille wollen, welcher der Wille zur Macht ist -: doch wie geschieht ihm das? Wer lehrte ihn auch noch das Zurückwollen?" Wie geschieht ihm das?

Der Wille will sich selbst, d. h. er will ursprünglicher, rein zu sich entspringender Wille sein: "Eins". Dem widersetzt sich "die Grundtatsache des menschlichen Lebens": der Mensch braucht ein Ziel. Das ist sein horror vacui: die Angst (Kierkegaards "Begriff"). Es ist die eigne Angst um das Eins[491]: "Eins ist Not." [492] Der Wille will sich selbst, d. h. er ist und ist zugleich auch nicht Eins, "Bruchstück und Rätsel und grauser Zufall", und so ist er in der Angst. Darin lieber noch das Nichts wollend als nicht zu wollen, ist er in der Tat schaffender Wille: er schafft sich, aber er schafft sich auch nichts als die Angst. Denn alles macht Angst, weil alles und jedes, als Bestehendes wie Geschaffenes, als 'Es war', die Schranke des Willens ist, das Sein nämlich und das Gewollthaben. Alles ist Schranke des Wollens und läßt dem Willen nur übrig, nichts zu wollen, das Nichts von allem, nicht das Nichts des Willens, und also die Leere. Die Leere macht Angst. Der Wille, der sich selbst will, und der darum eher noch das Nichts will als nicht zu wollen, der darum das Nichts wollen muß, muß auch die Angst wollen, macht sie sich selber. Alles macht Angst; die Leere macht Angst; der Wille macht sich Angst, und er ganz allein ist ihr Ursprung, weil er sich selbst will, aus sich durch sich für sich, weil er sich selbst nicht loslassen will, um sich zu empfangen - er will das nicht wollen, er hat Angst.

Die Rache ist des Willens Widerwille gegen die Zeit und ihr 'Es war'; die Reue ist des Willens Widerwille gegen sich als gegen seine

Zeitigung im Geschaffenen; die Angst ist das, was der Wille geschaffen hat, was er schafft und schaffen wird: er selber als der Widerwille. Daß er Widerwille ist, ist seine Bestimmung, und daß der Widerwille Angst ist, ist das Offenbarsein des Nichts: der Wille ist der horror sui ipsius. Der Wahrsager sagt es in umgekehrter Reihenfolge: "Eine Lehre erging, ein Glauben lief neben ihr" (ein Glauben, kein Glaube): "'Alles ist leer, Alles ist gleich, Alles war!'" Alles war: des Willens Widerwille; Alles ist gleich: des Willens Widerwille gegen sich; Alles ist leer: der Widerwille seiner selbst - die ewig sich vor sich ängstende, erzeugende, gebärende Angst.

"'Denn der Mensch will lieber noch das Nichts wollen als nicht wollen'... Vor allem fehlte ein Gegen-Ideal - bis auf Zarathustra. - Man hat mich verstanden" [493] - offenbar "allzugut". Der Zarathustra jedenfalls, der hier von der Erlösung redet, fehlt sich selber. Die Angst ist zwar gegenwärtig, aber nur als das äußerste Erschrecken. Doch "wie geschieht ihm das? Wer lehrte ihn auch noch das Zurückwollen?" Und Zarathustra, der schon im Traum "gräßlich erschrak" [494], hielt "plötzlich" inne, indem er "ganz einem Solchen gleich sah, der auf das Äußerste erschrickt". Er sah einem solchen nicht nur gleich - er sah gleich ihm. Was sah er - hindurch durch die Gedanken und Hintergedanken seiner Schüler? "Gut, sagte der Bucklichte; und mit Schülern darf man schon aus der Schule schwätzen. / Aber warum redet Zarathustra anders zu seinen Schülern - als zu sich selber?'-" Zarathustra hat Anlaß, sich auf seine "Menschen-Klugheit" zurückzuziehen, die eine wahre 'morale par provision' ist und deren vierte Maxime heißt: "Und verkleidet will ich selber unter euch sitzen, - daß ich euch und mich verkenne". Die Menschen-Klugheit trägt den Grundtatsachen des menschlichen Lebens Rechnung; Nietzsche schreibt im Rückblick auf "Menschliches, Allzumenschliches": "was wißt ihr davon, was könntet ihr davon wissen, wieviel List der Selbst-Erhaltung, wieviel Vernunft und höhere Obhut in solchem Selbst-Betruge enthalten ist, - und wieviel Falschheit mir noch n o t t u t , damit ich mir immer wieder den Luxus m e i n e r Wahrhaftigkeit gestatten darf?... Genug, ich lebe noch; und das Leben ist nun einmal nicht von der Moral ausgedacht; es w i l l Täuschung, es l e b t von der Täuschung..." [495] Mit Zarathustras Menschen-Klugheit wäre es nicht weit her, wenn sie nicht schon in der Mitteilung ihrer Maximen selber am Werk wäre: " - daß ich euch und mich v e r k e n n e : das ist nämlich meine letzte Menschen-Klugheit. / Also sprach Zarathustra." Also sprach er da, wo ihm seine Menschen-Klugheit ausging; aber, bemerkte der Bucklichte, Zarathustra redet "anders zu seinen Schülern - als zu sich selber". Sich selber muß er den Akzent anders setzen (nicht zum ersten Mal): " - daß ich euch und mich verkenne". Zarathustra redet anders zu den Schülern als zu den Bucklichten und anders zu sich selber als zu den Schülern - und er redet anders zu sich selber... Er hat noch eine andre Klugheit, die keine Menschen-Klugheit ist.

8. Die stillste Stunde

> I am soft sift
> In an hourglass
> Hopkins

Die erste Gott-Verlassenheit des Gottlosen war das Vorgefühl der Seele, die zweite ihre Erkenntnis, die dritte vollendet das große Ereignis ihrer Unterscheidung: "Ach, wie bin ich all des Unzulänglichen müde, das durchaus Ereignis sein soll!" [496] In der Rede vom Übermenschen hieß es: "Was ist das Größte, das ihr erleben könnt? Da ist die Stunde der großen Verachtung." [497] Jetzt erlebt Zarathustra die seine, und sie spricht als die Zeit des Über-Helden zu ihm in seinem dritten Traum, so ohne Gesicht wie ohne Stimme: kein Geschaffenes, nicht das Schaffen - die Möglichkeit seiner Möglichkeit. Dieser Traum beginnt mit dem Erschrecken, das die beiden ersten endete, der Boden weicht, das Vakuum ist da.

Eins! "Du weißt es, Zarathustra?" Er weiß, wie dem Willen geschieht, welcher der Wille zur Macht ist, und wer ihn auch noch das Zurückwollen lehrte. Er weiß es, weil der Schluß ihn zieht, den er auf den glückseligen Inseln gezogen hatte.

Zwei! "Du weißt es, Zarathustra, aber du redest es nicht!" Er will nicht reden, weil er der Gottlose ist.

Drei! "Verstecke dich nicht in deinen Trotz!" Er will nicht nur nicht reden - er kann nicht.

Vier! "Sprich dein Wort und zerbrich!" In der Erwartung der Gefährten hatte er sich "den Brecher, den Verbrecher" [498] gelehrt - aber er kann kein Schaffender sein, und darum ist sein Wort nicht das seine: "Wer bin ich? Ich warte des Würdigeren; ich bin nicht wert, an ihm auch nur zu zerbrechen."

Fünf! "Die Demut hat das härteste Fell" - die zur Moral gewordene Feigheit [499]. Aber nicht seine Höhen machen diese Feigheit, sondern seine Niederungen, nicht sein 'ich will', sondern sein 'ich will nicht'.

Sechs! "Oh Zarathustra, wer Berge zu versetzen hat, der versetzt auch Täler und Niederungen." Und doch erreicht sein Reden die Menschen nicht - sein Wort kommt nicht an.

Sieben! "Was weißt du d a v o n ?" Er weiß davon, daß die Menschen "meiner Lehre Bildnis" [500] entstellen: sein Wort verkehren.

Acht! "Das ist dein Unverzeichlichstes: du hast die Macht, und du willst nicht herrschen." Er will sich nicht selbst überwinden, denn er kann nicht: ihm fehlt "des Löwen Stimme zu allem Befehlen".

Neun! Diesmal hört Zarathustra es nicht wie sonst "ohne Stimme", sondern "wieder wie ein Flüstern": "Die stillsten Worte sind es, welche den Sturm bringen. Gedanken, die mit Taubenfüßen kommen, lenken die Welt" - "u n h ö r b a r dreht sie sich"[501] um diese Herrscher.

Die Tauben von San Marco seh ich wieder:
Still ist der Platz, Vormittag ruht darauf.
In sanfter Kühle schick ich müßig Lieder
Gleich Taubenschwärmen in das Blau hinauf -
Und locke sie zurück,
Noch einen Reim zu hängen ins Gefieder
- mein Glück! mein Glück![502]

Lieder sind diese Gedanken, und Zarathustra soll gehen "als ein Schatten" - als der Dichter - "dessen, was kommen muß". - "Und ich antwortete: 'Ich schäme mich.'"[503]

Zehn! "Du mußt noch Kind werden und ohne Scham. (...) aber wer zum Kinde werden will, muß auch noch seine Jugend überwinden." Im Grablied hatte Zarathustra zu seinem Willen gesprochen: "In dir lebt auch noch das Unerlöste meiner Jugend; und als Leben und Jugend sitzest du hoffend hier"[504] - dieser zehnte Glockenschlag fordert, daß er seinen Willen überwinde, der ein Widerwille ist. "Und ich besann mich lange und zitterte. Endlich aber sagte ich, was ich zuerst sagte: 'Ich will nicht.'" Im ersten Traum war es eines Teufels "Hohnlachen", im zweiten zerbarst der Sarg der Seele "und spie tausendfältiges Gelächter aus" - als "ein Lachen um mich" geschieht jetzt das Unbekannte, das nach dem Tanzlied um Zarathustra war und nachdenklich blickte: "Wehe, wie dies Lachen mir die Eingeweide zerriß und das Herz aufschlitzte!" Davon redet im letzten Dionysos-Dithyrambus[505] Zarathustras "Wahrheit":

Du siehst aus, wie Einer,
Der Gold verschluckt hat:
man wird dir noch den Bauch aufschlitzen!...
(...)
Du möchtest schenken, wegschenken deinen Überfluß,
aber du selber bist der Überflüssigste!

Elf! "Und es sprach zum letzten Male zu mir: 'Oh Zarathustra, deine Früchte sind reif, aber du bist nicht reif für deine Früchte!" Das waren aber die ersten Worte, die er auf den glückseligen Inseln gesprochen hatte: "Die Feigen fallen von den Bäumen, sie sind gut und süß; und indem sie fallen, reißt ihnen die rote Haut: Ein Nordwind bin ich reifen Feigen. / Also, gleich Feigen, fallen euch diese Lehren zu, meine Freunde." [506] Zarathustra, der Lehrer, muß selber noch zur Lehre werden.

Zwölf! "Und wieder lachte es und floh: dann wurde es stille um mich wie mit einer zwiefachen Stille." Zwiefach und zweideutig erscheint die Stille nach dem Zwiegespräch mit der Seele, die - fordernd - nicht länger das lachende Leben oder die zornige Weisheit ist, sondern die "furchtbare Herrin". "Ich aber lag am Boden": die Leere hat sich erfüllt, die Angst ist fort. Jetzt kann Zarathustra sagen, daß er eine Wahrheit noch verschweigen will - daß er sie noch nicht reden kann. Offenbar ist sie immer noch "Tarantel" [507], ihr Gift noch nicht giftig genug.

So verklingen "die zitternden zwölf Glockenschläge" [508] der stillsten Stunde - so still ist sie, daß länger keine akustische Täuschung möglich ist -, des Antiphons jenes andern Stundenliedes, welches das Ja- und Amen-Lied einläutet: Der erste trifft das Verschweigen von Einem, der zweite das nicht sagen Wollen, der dritte das nicht Können. Zarathustra schweigt, weil er nicht reden will, und er will nicht, weil er nicht kann - warum kann er nicht? Der vierte trifft seine Demut, der fünfte seinen Kleinmut [509], der sechste die Unzulänglichkeit seiner Rede. Zarathustra kann nicht reden, weil er demütig ist, er ist demütig, weil er kleinmütig ist, und er ist kleinmütig, weil seine Rede unzulänglich ist. Der siebte trifft die Verkehrung seiner Rede, der achte sein Unvermögen zu befehlen, der neunte seine Scham. Zarathustras Lehre ist nicht unzulänglich, wiewohl sie verkehrt wird. Aber er soll nicht gehorchend lehren,sondern befehlen, und er kann befehlen, und er darf sich nicht zu befehlen schämen. Der zehnte trifft das wiederholte "Ich will nicht das 'Ich will nicht' überwinden": sich. Der elfte läutet das Reifen des Lehrers zur Lehre ein, und der zwölfte läutet die stillste Stunde aus in Zarathustras dritte Einsamkeit - seine Verlassenheiten sind vorüber, die Seele hat sich ereignet, es wird stille um ihn "wie mit einer zwiefachen Stille".

So sind die zwölf Glockenschläge ein Vor- und ein Nachläuten, denn sie lassen, von der stillsten Stunde angefangen, mit jedem Glockenschlag zurückhören um eine der Reden, die allesamt von Zarathustras Selbst-Überwindung handelten - so daß der zwölfte Glockenschlag das Grabgeläut des Grablieds selber ist. Das Leitwort für den dritten Teil von "Also sprach Zarathustra" ist aus der Rede vom Lesen und Schreiben genommen und erinnert den Vers: "Wer auf den höchsten Bergen steigt, der lacht über alle Trauer-Spiele und Trauer-Ernste."

9. Vor der Genesung

Als "Wanderer", dessen Auge rein ist und an dessen Mund sich kein Ekel birgt, der dahergeht wie ein Tänzer[510] - in allem ein Gegen-Ideal Wotans -, ist Zarathustra auf dem Weg in seine dritte Einsamkeit. Das Ereignis der Seele hat ihn zu sich gebracht als zu dem, der vermag, in Eins zu dichten und zusammenzutragen, was er im Widerstreit des 'ich will' und des 'ich will nicht' nur als Bruchstück und Rätsel und grauser Zufall war: "Die Zeit ist abgeflossen, wo mir noch Zufälle begegnen durften; und was k ö n n t e jetzt noch zu mir fallen, was nicht schon mein Eigen wäre!" Nicht mehr die alten Tafeln zerbrechen, nicht mehr das Umschaffen alles Bestehenden zum Geschaffenen, zum Werk des Willens und Widerwillens - die Sammlung alles Geschaffenen ist Zarathustras neue Aufgabe, denn das Ereignis der Seele ist die zugefallene Möglichkeit, "daß er sich selber vergißt, und alle Dinge in ihm sind"[511]. Was ihm nun noch zufallen kann, ist allein sein Selbst: "Es kehrt nur zurück, es kommt mir endlich heim - mein eigen Selbst, und was von ihm lange in der Fremde war und zerstreut unter alle Dinge und Zufälle." Das ist die Hoffnung, die den Wanderer zieht, und die ihn weiterziehen will durch seine dritte Einsamkeit hindurch zu den Menschen.

Das erste der dreißig Stücke von alten und neuen Tafeln, unmittelbar nach den beiden Reden "Vom Geist der Schwere", heißt: "Hier sitze ich und warte, alte zerbrochene Tafeln um mich und auch neue halb beschriebene Tafeln. Wann kommt meine Stunde? / - die Stunde meines Niederganges, Unterganges: denn noch Ein Mal will ich zu den Menschen gehn. / Des warte ich nun: denn erst müssen mir die Zeichen kommen, daß es *meine* Stunde sei, - nämlich der lachende Löwe mit dem Taubenschwarme" - der Löwe von San Marco. "Inzwischen rede ich als Einer, der Zeit hat, zu mir selber. Niemand erzählt mir Neues: so erzähle ich mir mich selber.-" Ich - mir - mich - selber: die Sammlung zum Heraufruf des "abgründlichen Gedankens". Wenn zuletzt das Zeichen kommt, wird Zarathustra sagen: "Trachte ich denn nach *Glücke*?" - nach dem Vormittags-Glück von San Marco - "Ich trachte nach meinem *Werke*!"[512] Dies Werk: "Von da an sind alle meine Schriften Angelhaken: vielleicht verstehe ich mich so gut als Jemand auf Angeln?..." - so gut als die Weisheit - das Leben...[513] Und dann die Einsicht: "Wenn Nichts sich fing, so liegt die Schuld nicht an mir. Die Fische fehlten..."[514]; hatte Zarathustra doch gesprochen: "wer dort fischt, wo es keine Fische gibt, den heiße ich noch nicht einmal oberflächlich!"[515] Das ist der Zarathustra vor der Genesung, der ungeachtet des Einspruchs der stillsten Stunde immer noch glaubt, etwas "davon" zu wissen.

Aber man erlebt endlich nur noch sich selber[516] - "so erzähle ich mir mich selber". Der Untergang zu den Menschen - dies Werk - verwandelt sich zum Untergang ins "Ecce homo", in jenes Werk, dessen Vorspruch mit den Worten schließt: "Wie sollte ich nicht meinem ganzen Leben dankbar sein? Und so erzähle ich mir mein Leben." Ich - mir - mein - Leben: Ich - mir - mich - selber: in dieser doppelten Reflexion ist die Gefahr des Einsamsten beschlossen, von der der Wanderer sagt, sie sei "die Liebe zu Allem, wenn es nur lebt!".

Und dann erzählt Zarathustra dem, der "je sich mit listigen Segeln auf furchtbare Meere einschiffte", das "Rätsel", das er "sah, - das Gesicht des Einsamsten". In der Rede von der Erlösung hatte er gesagt: "Ich wandle unter Menschen als den Bruchstücken der Zukunft: jener Zukunft, die ich schaue. / Und das ist all mein Dichten und Trachten, daß ich in Eins dichte und zusammentrage, was Bruchstück ist und Rätsel und grauser Zufall." [517] Man erlebt endlich nur noch sich selber: das Gesicht des Einsamsten ist das des Selbst - es selber ist darin zusammengedichtet und zusammengetragen zum "Bruchstück" (SYMBOLON) des großen "Hazar" [518]. Deshalb ist es das Rätsel. In dies Rätsel aller Rätsel zog Zarathustra der Schluß, den er auf den glückseligen Inseln gezogen hatte: es ist dieser Schluß. Wie halte ichs aus, kein Gott zu sein?: Das ist nicht zu erschließen und deshalb nur "den kühnen Suchern, Versuchern" erzählt, die "eine neue Gattung von Philosophen" sind, die "Philosophen der Zukunft" [519], denen Zarathustra hier zuspricht: " - denn nicht wollt ihr mit feiger Hand einen Faden nachtasten; und, wo ihr e r r a t e n könnt, da haßt ihr es, zu e r s c h l i e ß e n -". Es sind die Wanderer im Labyrinth, die auch noch ihre Erhabenheit als ihren Helden-Willen verlernen wollen, damit "der Äther selber" sie als die Willenlosen hebe[520]. Freilich es gibt sie sowenig wie die "freien Geister", die Nietzsche sich "einstmals, als ich es nötig hatte", erfand. Aber "Ich sehe sie bereits k o m m e n , langsam, langsam;

und vielleicht tue ich etwas, um ihr Kommen zu beschleunigen, wenn ich zum Voraus beschreibe, unter welchen Schicksalen ich sie entstehn, auf welchen Wegen ich sie kommen s e h e ? --"[521]
Das höchste Gesicht ist das des Einsamsten, "für Alle" ein Rätsel "und keinen" das Rätsel, es sei denn für diese Kommenden, die es als das Rätsel ihres Selbst zu lösen wissen, und um derentwillen Zarathustra es leben muß.

Jene freien Geister hatte der kritische Nietzsche erfunden; die "Zwielicht-Frohen" des Torwegs, der "zwei Gesichter" hat, sind die Gefährten, die Zarathustra schaffen muß. "Gefährten suchte einst der Schaffende und Kinder s e i n e r Hoffnung: und siehe, es fand sich, daß er sie nicht finden könne, es sei denn, er schaffe sie selber erst"[522], spricht er, nachdem er das Gesicht des Einsamsten preisgegeben hat. "Noch grünen mir meine Kinder in ihrem ersten Frühlinge, nahe beieinander stehend und gemeinsam von Winden geschüttelt, die Bäume meines Gartens und besten Erdreichs. / Und wahrlich! Wo solche Bäume bei einander stehn, da s i n d glückselige Inseln!" Es scheint, als seien noch einmal die Schüler gemeint, und Zarathustra selber muß es in seiner "Seligkeit wider Willen" so scheinen, wenn er ausruft: "Ich habe euch, meine Kinder!" Aber bei seiner Rückkehr in die "Heimat Einsamkeit"[523] wird er lernen, daß auch dieser selige Schein noch eine Krankheit war: zu seinen Schülern redete er anders als zu sich selber[524] - in der Einsamkeit allein kann er "Alles hinausreden und alle Gründe ausschütten", da kommt das Vor-Gefühl der Gesundheit zu ihm: "Von scharfen Lüften gekitzelt, wie von schäumenden Weinen", ruft der geborne Wassertrinker, "niest meine Seele, - niest und jubelt sich zu: Gesundheit!"
Die glückseligen Inseln sind darum in Wahrheit in der Einsamkeit, und jene grünen Bäume, die "gemeinsam von Winden geschüttelt" werden, sind die Feigenbäume von Zarathustras Lehren[525] - seine Gedanken, denen, nach der Rede vom "Versucher-Gott", der Schluß

des "Vorspiels einer Philosophie der Zukunft" gilt: "Es ist nicht lange her, da wart ihr noch so bunt, jung und boshaft, voller Stacheln und geheimer Würzen, daß ihr mich niesen und lachen machtet (...) Wir verewigen, was nicht mehr lange leben und fliegen kann, müde und mürbe Dinge allein!" - "Du sollst noch mürbe werden", sagte die stillste Stunde - "Und nur euer N a c h m i t t a g ist es, ihr meine geschriebenen und gemalten Gedanken, für den allein ich Farben habe" [526].

An diesem Nachmittag der Seligkeit wider Willen sind Zarathustras Gedanken mürbe geworden: "Ich habe euch, meine Kinder!" Alle - außer einem: "Ach, abgründlicher Gedanke, der du m e i n Gedanke bist! Wann finde ich die Stärke, dich graben zu hören und nicht mehr zu zittern? / Bis zur Kehle hinauf klopft mir das Herz, wenn ich dich graben höre! Dein Schweigen noch will mich würgen, du abgründlich Schweigender! / Noch wagte ich niemals, dich h e r a u f zu rufen: genug schon, daß ich dich mit mir - trug! ..." Aber Zarathustra selber wird mürbe für diesen Gedanken: er wartet auf sein Unglück, er will es, nur die Seligkeit wider Willen ist stärker. Noch ist sie eine "selige Stunde", noch nicht "ein Hauch, ein Husch, ein Augen-Blick" [527], nur die Heiterkeit als

des Todes
heimlichster, süßester Vorgenuß! [528]

Aber welchen Todes? Die andere Hälfte von "Also sprach Zarathustra" begann mit dem Nachtlied: "Ein Ungestilltes, Unstillbares ist in mir; das will laut werden. Eine Begierde nach Liebe ist in mir, die redet selber die Sprache der Liebe." Und nachdem das Gesicht des Einsamsten erzählt ist, heißt es: "Oh meine Brüder, ich hörte ein Lachen, das keines Menschen Lachen war, - - und nun frißt ein Durst an mir, eine Sehnsucht, die nimmer stille wird. / Meine Sehnsucht nach diesem Lachen frißt an mir: oh wie ertrage ich noch zu leben! Und wie ertrüge ichs, jetzt zu sterben! - "

Dahin hat der Schluß der glückseligen Inseln gezogen: die propositio minor 'Nun halte ich es aus, kein Gott zu sein!' hat sich verwandelt in 'Wie ertrage ich noch, kein Gott zu sein!' Aber mit den alten Göttern ging es ja lange schon zu Ende: "Sie 'dämmerten' sich nicht zu Tode, - das lügt man wohl! Vielmehr: sie haben sich selber einmal zu Tode - gelacht! / Das geschah, als das gottloseste Wort von einem Gotte selber ausging, - das Wort: 'Es ist Ein Gott! Du sollst keinen andern Gott haben neben mir!' - (...) Und alle Götter lachten damals und wackelten auf ihren Stühlen und riefen: 'Ist das nicht eben Göttlichkeit, daß es Götter, aber keinen Gott gibt?' / Wer Ohren hat, der höre. -" [529] Auch das Lachen, dessen Sehnsucht schon an Zarathustra frißt, war "keines Menschen Lachen" - und doch auch nicht das jener alten Götter, die ebenso tot sind wie der eifersüchtige "Grimm-Bart" der Moral. Es ist das Lachen eines neuen Gottes - neuer Götter, falls den alten zu trauen ist: " - Und wie viele Götter sind noch möglich! ..." [530]

Der Rede vom Gesicht und Rätsel folgt anders als dem Nachtlied nicht das lachende Leben und seine Traurigkeit, das Grab und sein Wider-Wille, sondern die Seligkeit wider Willen und eine Überwindung, die ein "Vorgenuß" jenes ersehnten Lachens ist: "Gegen Morgen aber lachte Zarathustra zu seinem Herzen und sagte spöttisch: 'das Glück läuft mir nach. Das kommt davon, daß ich nicht den Weibern nachlaufe. Das Glück aber ist ein Weib'", sogar eine Frau ... "Bei dem kleinsten aber und bei dem größten Glücke ist es immer Eins, wodurch Glück zum Glücke wird: das Vergessenkönnen." [531] Und in der Tat: Zarathustra hat seine Peitsche vergessen. Er ging freilich auch nicht "zu Frauen" - das Glück kam zu ihm, vor Sonnen-Aufgang: der Himmel. Unter diesem "Umfang der Umfänge" [532] ist er "zum Segnenden" geworden "und zum Ja-Sagenden (...) Das aber ist mein Segnen: über jedwedem Ding als sein eigener Himmel stehn." [533]

10. Poiäsis

Die stillste Stunde verwandelte Zarathustra zum Wanderer und Fahrenden, dessen letzte Zuflucht ist, keine mehr zu haben, die Entscheidung der letzten Gefahr als der "Liebe zu Allem, wenn es nur lebt!". Dieser Einsamste, Liebendste ist der Seher des Rätsels der Hoffnung, des Sinns der menschlichen Wanderung. In der Sehnsucht nach dem über-menschlichen Lachen, "die nimmer stille wird", hat er sein "eigen Selbst" gefunden, das in der Begierde des Nachtlieds nach Liebe verloren war: "Begehren - das heißt mir schon: mich verloren haben. Ich habe euch, meine Kinder!" Von diesen seinen Gedanken ist jeder eine Tugend, ein "Pfeil der Sehnsucht" [534], und die Sehnsucht darum keine Begierde nach Liebe, weil sie selber Liebe ist als die des Abwesenden, d.i. der Glaube "zu aller Dinge vollerer Vollendung" [535].

Die der Seligkeit wider Willen folgenden neun Stücke wiederholen, von "Vor Sonnen-Aufgang" an, die Schrittfolge der Vorrede als die Zeichen begierdelosen Wartens, von dem es in der Rede vom Geist der Schwere heißt: "Wahrlich, ich lernte das Warten auch und von Grund aus, - aber nur das Warten auf m i c h ." [536] Als der Wartende auf sein Selbst hat Zarathustra sich gefunden, und darum sind seine letzten Worte vor dem Heraufruf des abgründlichen Gedankens: "Oh Wille, Wende aller Not, du m e i n e Notwendigkeit! Spare mich auf zu Einem großen Siege! --" Im entsprechenden Schluß der Rede von den Gefährten hieß es: "Zu meinem Ziele will ich, ich gehe meinen Gang; über die Zögernden und Saumseligen werde ich hinwegspringen. Also sei mein Gang ihr Untergang!" [538] Seit der stillsten Stunde sind Zarathustras Gang und Untergang "in Eins beschlossen" als "Gipfel und Abgrund" [538] und darum auch die "Wende aller Not" und alle Not. Denn der Wille ist alle Not als Widerwille, die Rache, die Reue, die Angst. Diese höchste Sammlung der Not-Wendigkeit als des Schicksals in das Mein ist aber der Heraufruf des abgründlichen Gedankens, und der Sieg, zu dem Zarathustra aufgespart sein will, kann nur der über den Willen sein - der Sieg des Willens über sich selber.

Eines Morgens "sprang Zarathustra von seinem Lager auf wie ein Toller, schrie mit furchtbarer Stimme und gebärdete sich, als ob noch Einer auf dem Lager läge, der nicht davon aufstehen wolle", so daß "alles Getier davon huschte", alles, was zu lieben ist, weil es nur lebt. Allein Zarathustras Tiere kamen "erschreckt" hinzu - die Tiere der Conjunctio[539]. Zarathustra benimmt sich jenem nicht unähnlich, "der am hellen Vormittage eine Laterne anzündete, auf den Markt lief und unaufhörlich schrie: 'Ich suche Gott! Ich suche Gott!'", und zur Rede gestellt gesteht: "Gott ist tot! Gott bleibt tot! Und wir haben ihn getötet!", und fragt: "Wie trösten wir uns, die Mörder aller Mörder?", und der endlich einsieht: "Ich komme zu früh, ich bin noch nicht an der Zeit." [540] An der Zeit war aber schließlich Zarathustra: "Und wahrlich, Zeit wars, daß ich ging; und des Wanderers Schatten und die längste Weile und die stillste Stunde - alle redeten mir zu: 'es ist höchste Zeit!'" [541]

Was aber hier da ist, ein "verschlafener Wurm", die Schlange, von der der lähmende Geist murmelte: "Alle Wahrheit ist krumm, die Zeit selber ist ein Kreis" [542], das ist nicht mehr der Alptraum von der längsten Weile, sondern sie selber, "ce monstre délicat" [543], die zum Weltgeist des ursprünglichen Denkens gewordene Acedia[544]. "Wollen und Streben ist sein ((sc. des Menschen)) ganzes Wesen, einem unlöschbaren Durst gänzlich zu vergleichen. Die Basis alles Wollens aber ist Bedürftigkeit, Mangel, also Schmerz, dem er folglich schon ursprünglich und durch sein Wesen anheimfällt. Fehlt es ihm hingegen an Objekten des Wollens, indem die zu leichte Befriedigung sie ihm sogleich wieder wegnimmt; so befällt ihn furchtbare Leere und Langeweile: d. h. sein Wesen und sein Dasein selbst wird ihm zur unerträglichen Last.

Sein Leben schwingt also, gleich einem Pendel, hin und her, zwischen dem Schmerz und der Langenweile, welche beide in der Tat dessen letzte Bestandteile sind. Dieses hat sich sehr seltsam auch dadurch aussprechen müssen, daß, nachdem der Mensch alle Leiden und Qualen in die Hölle versetzt, für den Himmel nun nichts übrig blieb, als eben Langeweile." [545] Fehlt der Schmerz als das ursprüngliche Stimulans des Lebens, dann ist sogleich das Vakuum da und das Leben wird sich zur unerträglichen Last, es bereut sich - "Eins ist Not: daß der Mensch seine Zufriedenheit mit sich e r r e i c h e - sei es nun durch diese oder jene Dichtung und Kunst: nur dann erst ist der Mensch überhaupt erträglich anzusehen! Wer mit sich unzufrieden ist, ist fortwährend bereit, sich dafür zu rächen." [546]

Der horror vacui, die Rache, die Reue: "Eine Lehre erging, ein Glauben lief neben ihr" [547]... Die beiden letzten Bestandteile des von Schopenhauer gedachten Lebens sind nicht ganz von gleichem Gewicht. Der Schmerz, als Bedürftigkeit Entzug, ist das Motiv des Willens, und die Langeweile ist der Entzug dieses Entzugs, den der Wille sich selber herbeiführt. Er müßte aber ersticken an diesem Mangel seines Sauerstoffs, wenn die Langeweile - der Wille, dem alles zuwillen war -, nicht ihrerseits Motiv für ein Wollen wäre, nämlich für "ein heftiges Nichtwollen, ein Widerstreben": das Gute in der schopenhauerschen Welt wäre die Apathie, aber seine Wirklichkeit ist der <u>Ekel</u> [548]. Descartes bemerkt, "quelquefois la durée du bien cause l'Ennuy, ou le Degoust" [549], und Kant, der Ekel sei "ein Anreiz, sich des Genossenen durch den kürzesten Weg des Speisekanals zu entledigen (sich zu erbrechen)" [550], ein Bedürfnis, das beim "Geistesgenuß" etwa durch die "Einerleiheit" (ein "Reflexionsbegriff" [551]) in der Wiederholung zustande kommt. Nun hatte Hegel wohl gelehrt, daß "das Selbst" den "ganzen Reichtum seiner Substanz zu durchdringen und zu verdauen" [552] habe, aber dies Selbst, kein <u>relativ</u> Gutes, ist der <u>göttliche</u> Geist in seiner Erscheinung. Bei Schopenhauer schlägt der Gedanke darein um, "daß der Wille an sich selber zehren muß, weil außer ihm nichts da ist und er ein hungriger Wille ist. Daher die Jagd, die Angst und das Leiden." [553] Wenn Zarathustra, den abgründlichen Gedanken heraufrufend, spottet: "Nicht ist das m e i n e Art, Urgroßmütter aus dem Schlafe zu wecken, daß ich sie heiße - weiterschlafen!", dann soll die Überwindung die der "letzten Tiefe" von Zarathustras Selbst sein, die Wotan heißt. Die "Urgroßmutter", die der andre Wanderer aus dem Schlafe weckt, um sie weiterschlafen zu lassen, ist Erda, die von sich sagt:[554]

Mein Schlaf ist Träumen,
Mein Träumen Sinnen,
Mein Sinnen Walten des Wissens.

Aber Erda muß selber noch erfahren, was ihr Wissen waltet [555]:

Wirr wird mir,
Seit ich erwacht:
Wild und kraus
Kreist die Welt!

Wotan hatte zu ihr gesprochen[556]:

Doch deiner Weisheit
Dankt' ich den Rat wohl,
Wie zu hemmen ein rollendes Rad?

Er will nämlich <u>sein</u> - <u>das</u> Ende[557]:

Nur E i n e s will ich noch:
Das Ende!-
Das Ende!

denn[558]:

Zum <u>Ekel</u> find' ich
Ewig nur mich
In allem, was ich erwirke!
Das andre, das ich ersehne,
Das andre erseh ich nie (...)

Eher noch das Nichts wollen als nicht wollen - "Versteht man mich?... Hat man mich verstanden?... 'Schlechterdings nicht! mein Herr!' - Fangen wir also von vorne an" [559]: von vorne - mit Wagner, mit Wotan, mit dem Wanderer, der das andre, das er ersehnt, nie ersieht. Das andre ist das Gesicht des Einsamsten. Indem Zarathustra seinen abgründlichen Gedanken heraufruft, hört er in die letzte Tiefe seines Selbst: "horche! Denn ich will dich hören!" Diese Tiefe hat bisher nicht gewollt: "Aller Grund will reißen, aber die Tiefe will nicht schlingen!" [560] Jetzt muß sie schlingen.. Zarathustra ist "der Fürsprecher des Lebens", dessen, "was sich immer selber überwinden muß", und also "der Fürsprecher des Leidens", des Motivs des Willens, und also "der Fürsprecher des Kreises". Und dies ist der abgründliche Gedanke: daß der Kreis der Widerwille seiner selbst wäre, der Ekel.

Schon der kritische Nietzsche hatte ihn entdeckt: "Schalk aller Schalke, du sprichst das Sehnen der jetzigen Menschheit aus: du weißt aber gleichfalls, was für ein Gespenst am Ende dieses Mannesalters der Menschheit, als Resultat jener intellektuellen Ausbildung zur gediegenen Mittelmäßigkeit, stehen wird - der Ekel. Sichtbar steht es ganz erbärmlich, es wird aber noch viel erbärmlicher kommen, 'sichtbar greift der Antichrist weiter und weiter um sich' - aber es m u ß so stehen, es m u ß so kommen, denn mit dem Allen sind wir auf dem besten Wege - zum Ekel an allem Daseienden." [561] Zarathustra ruft: "Gib die Hand --" und entdeckt, daß der abgründliche Gedanke kein Gespenst ist, keine Dichter-Lüge und -Eitelkeit [562] und auch keine Möglichkeit, aus der in die entgegengesetzte zu fliehen wäre. "Allzuklein der Größte! - Das war mein Überdruß am Menschen! Und ewige Wiederkunft auch des Kleinsten! - Das war mein Überdruß an allem Dasein!" Dieser Gedanke des gegenwärtigen Menschenwesens ist der einer geschichtlichen Krisis - "wie es keine auf Erden gab" [563] -, in der es sich selber zum Austrag bringt, entscheidet: das "auch des Kleinsten" in der ewigen Wiederkunft steht als ein Nur zur Entscheidung, und jene beiden Wege, die im "Augenblick"[564] zusammenkommen, könnten heißen: her zum Kleinsten - hin zum Kleinsten: "Das Leben schwingt also, gleich einem Pendel, hin und her, zwischen dem Schmerz und der Langenweile", der Wille ist der Widerwille seiner selbst, alles ist leer, alles ist gleich, alles war. "Was zu fürchten ist, was verhängnisvoll wirkt wie kein andres Verhängnis, das wäre nicht die große Furcht, sondern der große Ekel vor dem Menschen; insgleichen das große Mitleid mitdem Menschen. Gesetzt, daß diese beiden eines Tags sich begatten, so würde unvermeidlich sofort etwas vom Unheimlichsten zur Welt kommen, der 'letzte Wille' des Menschen, sein Wille zum Nichts, der Nihilismus. Und in der Tat: hierzu ist Viel vorbereitet."[565]

Zarathustra tut sein "höchstes Gleichnis", das zu reden ihm der "mörderische Sänger" die Verzückung gemordet hatte[566], mit der ihn wider Willen und Erwarten seine "stillste Stunde" neu begabte, er beißt gleich jenem "Hirten" der Welt-Schlange den "Kopf" ab und speit ihn weg von sich. Den Kopf - "Wo entginge man ihm, jenem verhängten Blick, von dem man eine tiefe Traurigkeit mit fortträgt, jenem zurückgewendeten Blick des Mißgebornen von Anbeginn, der es verrät, wie ein solcher Mensch zu sich selber spricht - jenem Blick, der ein Seufzer ist. 'Möchte ich irgend Jemand Anderes sein! so seufzt dieser Blick: aber da ist keine Hoffnung. Ich bin, der ich bin: wie käme ich von mir selber los? Und doch - ich habe mich satt!' ..."[567] Ich bin, der ich bin... Im Kapitel "Über den Tod und sein Verhältnis zur Unzerstörbarkeit unsers Wesens an sich" schreibt Schopenhauer: "Durchgängig und überall ist das echte Symbol der Natur der Kreis, weil er das Schema der Wiederkehr ist: diese ist in der Tat die allgemeinste Form in der Natur."[568] - "Nun denke man sich jenen Wechsel von Tod und Geburt in unendlich schnellen Vibrationen, und man hat die beharrliche Objektivation des Willens, die bleibenden Ideen der Wesen vor sich, fest stehend, wie der Regenbogen auf dem Wasserfall. Dies ist die zeitliche Unsterblichkeit." [569] - Die "Unendlichkeit der bereits abgelaufenen Zeit, mit der darin erschöpften Möglichkeit ihrer Vorgänge, verbürgt, daß was existiert notwendig existiert. Mithin hat jeder sich als ein notwendiges Wesen zu begreifen, d. h. als ein solches, aus dessen wahrer und erschöpfender Definition, wenn man sie nur hätte, das Dasein desselben folgen würde." [570] So hat das entspringende ursprüngliche Denken den ontologischen Beweis Gottes zu einem von der ewigen Existenz des Menschenwesens umgestülpt, und der Mensch dieses Wesens ist es jetzt, der zu sich sagt, was Gott zu Moses in dessen "stillster Stunde" sagte: EGO SUM QUI SUM [571]. Der Kopf der abgründigen Dreieinigkeit Rache, Reue, Angst ist dies "Ich bin, der ich bin" des Menschen, der Stein, den der ursprüngliche Menschenfischer fischt, "eines alten Gottes Kopf" [572]. Aber hat ihn nicht doch schon der schopenhauersche Gedanke abgebissen? "Demnach können wir jeden Augenblick wohlgemut ausrufen: 'Trotz Zeit, Tod und Verwesung, sind wir noch alle beisammen!' / Etwan Der wäre auszunehmen, der zu diesem Spiele ein Mal aus Herzensgrunde gesagt hätte: 'Ich mag nicht mehr.'" [573] - ich habe mich satt. "Denn nur er will wirklich und nicht bloß scheinbar sterben, folglich braucht und verlangt er keine Fortdauer seiner Person. Das Dasein, welches wir kennen, gibt er willig auf: was ihm statt dessen wird, ist in unsern Augen n i c h t s ; weil unser Dasein, auf jenes bezogen, n i c h t s ist. Der Buddhaistische Glaube nennt jenes N i r w a n a , d. h. Erloschen." [574]

Genau in diesem ursprünglichen Willen zum Erlöschen, entdeckt Nietzsche, "drückt sich die Grundtatsache des menschlichen Willens aus, sein horror vacui". Mit dem schopenhauerschen Gedanken entsprang das ursprüngliche Denken; mit dem nietzscheschen entspringt es zu sich - und kehrt sich in sich um: der Terminus a quo seines Sich-Entspringens (der Wille zum Leben) erweist sich ihm als die bloße Spiegelung seines Terminus ad quem (des Nichts). Das Leben ist der Pendelschlag zwischen Schmerz und Langerweile, ist Rache, Reue, Angst, weil in seinem "Herzensgrunde", in dieser Finsternis, immerzu das Wort Fleisch wird: 'Ich mag nicht mehr'.

Dieser Schlange beißt Zarathustra den Kopf ab, der "Herzensgrund", Kronos des ursprünglichen Denkens, schlingt sein Kind - und speit das Unverdaubare wieder von sich, aber als entseeltes. Zarathustra, der Erhabene, läßt von seinem Willen und ist der Genesende. Willenlosigkeit, nämlich nicht Schwäche des Willens, sondern Stärke, Widerwillenlosigkeit ist die nietzschesche Vergegenwärtigung des schopenhauerschen Nirwana. Erloschen ist derjenige Wille, dessen letzte Bestandteile Schmerz und Langeweile waren, sein Himmel auf die Erde gepflanzt, die Hinterwelt zur Welt umgekehrt, die nicht länger die des Willens und seiner Vorstellung, sondern der "nahen und nächsten Dinge" [575] ist.

"Endlich, nach sieben Tagen, richtete sich Zarathustra auf seinem Lager auf, nahm einen Rosenapfel in die Hand, roch daran und fand seinen Geruch lieblich." Es ist der Augenblick des Gesichts des Rätsels. In den sogenannten Midasgärten "wachsen wilde Rosen, von denen jede sechzig Blätter hat, und die an Duft die andern weit übertreffen. In diesen Gärten wurde auch Silenos gefangen" [576]. Das Vor-Gefühl dieser dionysischen Erkenntnis der Welt war der Traum ihres Gewichts: "Im Traum, im letzten Morgentraum stand ich heut auf einem Vorgebirge, - jenseits der Welt, hielt eine Wage und w o g die Welt (...) - als ob ein voller Apfel sich meiner Hand böte, ein reifer Goldapfel, mit kühl-sanfter samtener Haut: - so bot sich mir die Welt (...) - als ob zierliche Hände mir einen Schrein entgegentrügen." [577]

Den sieben Tagen entsprechen die sieben Reden, die Zarathustra und seine Tiere wechseln:

1) Sie laden ihn zur neuen Welt ein: "Alle Dinge wollen deine Ärzte sein! / Kam wohl eine neue Erkenntnis zu dir, eine saure, schwere? Gleich angesäuertem Teige lagst du, deine Seele ging auf und schwoll über alle ihre Ränder.-"

2) Es ist wahr, Zarathustra ist reif geworden für seine Früchte, und die Seele ist es, die zu ihm kommt als seine Welt: "Zu jeder Seele gehört eine andre Welt; für jede Seele ist jede andre Seele eine Hinterwelt (...) Für mich - wie gäbe es ein Außer-mir? Es gibt kein Außen!" Und also vermag Zarathustra sein Selbst zu lieben, wie er es vorhergesehen hatte: "Ich liebe Den, dessen Seele übervoll ist, so daß er sich selber vergißt, und alle Dinge in ihm sind: so werden alle Dinge sein Untergang." [578] Das ist aber die schenkende Tugend und das Geschenk, dessen er sich nun nicht mehr wie zur stillsten Stunde schämt: "Es gibt kein Außen! Aber das vergessen wir bei allen Tönen; wie lieblich ist es, daß wir vergessen! / Sind nicht den Dingen Namen und Töne geschenkt, daß der Mensch sich an den Dingen erquicke? Es ist eine schöne Narretei, das Sprechen: damit tanzt der Mensch über alle Dinge. / Wie lieblich ist alles Reden und alle Lüge der Töne! Mit Tönen tanzt unsre Liebe auf bunten Regenbögen.-"

3) Von solchem Vergessen und Tanz auf dem Regenbogen, jener "beharrlichen Objektivation des Willens", sprechen auch die Tiere mit ihrer Lehre von der ewigen Wiederkunft: "Alles stirbt, Alles blüht wieder auf, ewig läuft das Jahr des Seins." Aber die Tiere sind nur lebendig - wie könnte ihre Lehre die Zarathustras sein? "Was für das Individuum der Schlaf, ist für den Willen als Ding an sich der Tod. Er würde es nicht aushalten, eine Unendlichkeit hindurch das selbe Treiben und Leiden, ohne wahren Gewinn, fortzusetzen, wenn ihm Erinnerung und Individualität bliebe. Er wirft sie ab, dies ist der Lethe, und tritt, durch diesen Todesschlaf erfrischt und mit einem andern Intellekt ausgestattet, als ein neues Wesen wieder auf." [579] Das wäre die Lehre von der ewigen

Wiederkunft und die Überwindung des Ekels? Dem geschichtlichen Menschenwesen, das sich längst "aus Herzensgrunde" gesagt hat: 'Ich mag nicht mehr!', den Rat zu geben, aus dieser animalischen Lethe zu trinken?

4) Zarathustras Tiere sind der ewig kraft der Lethe sich bejahende Wille zum Leben, von dem es bei Schopenhauer heißt: "Als sich bejahender Wille zum Leben hat der Mensch die Wurzel seines Daseins in der Gattung." [580] Deshalb sagt Zarathustra zu ihnen: "Oh ihr Schalks-Narren und Drehorgeln!" Die Lehre der ewigen Wiederkunft ist nicht die von der Bejahung des Willens zum Leben, nicht der Wille dieser Lethe - solche Liebe ist vielmehr "die Gefahr des Einsamsten" -, sondern die Lehre von der Bejahung des Willens zur Macht, d. h. zum Schaffen, und das ist die sich gebärende und empfangende Seele. Die Tiere sind seelenlos; deshalb schauten sie "dem Allen" zu - ist doch die in der Vollendung der Ursprungsgeschichte des ursprünglichen Denkens gedachte Seele eben nicht THEOORIA, sondern POIÄSIS. In zweiundzwanzig Versen erinnert Zarathustra sich seines Überdrusses "an allem Dasein" - "am Menschen", weil das Menschenwesen die schaffende Seele ist. "Allzuklein der Größte!" - in Ewigkeit - das ist: nie wird der Mensch in dies sein Wesen finden, nie wird er, und auch der Dichter, mehr zu sein vermögen denn "Büßer des Geistes" [581], der zu sich spricht: "Ich bin, der ich bin: wie käme ich von mir selber los? Und doch - h a b e   i c h   m i c h   s a t t !" ...

5) Vom Widerwillen können die Tiere nichts wissen, aber einen Trost, den Trost des Lernens, haben sie bereit: "Geh hinaus zu den Rosen und Bienen und Taubenschwärmen!" Geh hinaus zum Glück - "Sonderlich aber zu den Singe-Vögeln: daß du ihnen das S i n g e n ablernst!"

6) Aber wieder: so wie die Tiere es verstehen, wäre der Trost des Wanderers nichts anderes als seine Verwandlung zum "rasenden Kind" [582], die animalische Lethe, nicht die andre, sich der Seele

zu schenken, nämlich sie zu verlassen um des Über-Helden willen. Und deshalb sagt Zarathustra noch einmal: "Oh ihr Schalks-Narren und Drehorgeln". Das Singen, das sein Trost werden muß, ist nicht die Bejahung des Willens zum Leben, diese LÄTHÄ, sondern die bejahende Erinnerung des Lebens, die ALÄTHEIA - der Dithyrambus.

7) Und nun sagen die Tiere die Wahrheit, die sie nicht wissen können: "Sprich nicht weiter; lieber noch, du Genesender, mache dir erst eine Leier zurecht, eine neue Leier! / Denn siehe doch, oh Zarathustra! Zu deinen neuen Liedern bedarf es neuer Leiern." Die Leier - die Fides[583]: Zarathustras erste Verlassenheit war ihr Vor-Gefühl, die zweite ihre Erkenntnis, die dritte ihr Ereignis. Nun, wo die Stunde kam, "daß der Untergehende sich selber segnet", ist keine Verlassenheit mehr, denn diese Stunde ist das Bleiben der Seele. Was der Wanderer sprach, "man erlebt endlich nur noch sich selber", hat sich erfüllt: "Es gibt kein Außen!" Die Seele ist das PERIECHON - Alles: das erzählen die ersten sechzehn Verse des Liedes von der großen Sehnsucht.

Das Erste war der Preis der nahen und nächsten Dinge: die Welt als Garten (hortus animae). Das Zweite war die Erinnerung von Allem in die Seele. Das Dritte war der Kreislauf von Allem und das Vierte sein abgründlicher Gedanke. Das Fünfte war der Trost und das Sechste seine Verwahrung. Das Siebte ist dies, daß die LÄTHÄ Zarathustra preist als den Lehrer der ewigen Wiederkunft und das Ende seines Untergangs verkündigt. "Als die Tiere diese Worte gesprochen hatten, schwiegen sie und warteten, daß Zarathustra Etwas zu ihnen sagen werde: aber Zarathustra hörte nicht, daß sie schwiegen" - ihre letzte Rede hat ihn nicht mehr erreicht. Die stillste Stunde ist verwandelt in "die große Stille um ihn", und er erinnert sich in dies höhere als das animalische Vergessen, in die ALÄTHEIA, die der AIOON ist: "Unschuld ist das Kind und Vergessen, ein Neubeginnen, ein Spiel, ein aus sich rollendes Rad, eine erste Bewegung, ein heiliges Ja-Sagen." [584] Das ist die Wahrheit: alles ist Seele, alles ist Saitenspiel, alles ist Fides. "Oh meine Seele, nun gab ich dir Alles und auch mein Letztes, und alle meine Hände sind an dich leer geworden: - daß ich dich singen hieß, siehe, das war mein Letztes!" Der Gesang der Seele steigt auf dem entseelten Gedanken 'Ich bin, der ich bin', und "Niemand erzählt mir Neues: so erzähle ich mir mich selber" kann sich verwandeln in "Wie sollte ich nicht meinem ganzen Leben dankbar sein? Und so erzähle ich mir mein Leben".

Aber darin ist auch offenbar, warum Zarathustra, ob "seine strömende Leidenschaft" schon "stille geworden" ist "in der Schönheit" [585], doch nicht ganz dem Gesicht des Einsamsten entspricht. Die Folge seines Bisses ist zwar die Genesung, aber nicht das "Lachen, das keines Menschen Lachen war". Wohl ist er der "Willenlose" geworden als der Zugetraute der "Wende der Not", dem "Schicksal", dem "Umfang der Umfänge", der "Nabelschnur der Zeit" und der "azurnen Glocke", dem "Äther", dem Himmel als der großen Seele - aber sie ist die Wahrheit des Menschenwesens: das Warten: " - schon glühst du und träumst, schon trinkst du durstig an allen tiefen klingenden Trost-Brunnen, schon ruht deine Schwermut in der Seligkeit künftiger Gesänge!--" Jetzt kann sie warten - Zarathustras Genesung hat ihr die Möglichkeit ihres Geheimnisses geschenkt: "erst, wenn sie der Held verlassen hat, naht ihr, im Traume, - der Über-Held" - im Traume der Fides: im Gesang.

Aber noch dieser Abschied zum "Werke" [586] ist nicht ohne Gefährdung. Das ist das alte Zögern als der Zeit-Vertreib: das andere Tanzlied. Eine flüchtige Gefährdung freilich nur, weil eine entseelte Erinnerung: "Oh Zarathustra! Klatsche doch nicht so fürchterlich mit deiner Peitsche! Du weißt es ja: Lärm mordet Gedanken, - und eben kommen mir so zärtliche Gedanken." Denn der

Gesang der Seele ist die auferstandene Verzückung, die einst der "mörderische Sänger" mit seinen Tönen gemordet hatte. Der höchsten Dinge Gleichnis ist geredet, die höchste Hoffnung erlöst. Die stillste Stunde war das Grabgeläut des Grablieds, ihre erste Frage war: "Du weißt es, Zarathustra?" Jetzt antwortet das Leben auf sein geflüstertes Geheimnis: "Du w e i ß t das, oh Zarathustra? Das weiß Niemand. --" Zarathustra, der Gottlose, hat seiner Seele ihren Namen ins Ohr geflüstert...

X. DAS ÄNIGMATISCHE DENKEN

...nul ptyx,
Aboli bibelot d'inanité sonore
"...keine Tafel,
Verlassne Akzidenz klingender Leere"
Mallarmé

Die stillste Stunde hatte Zarathustra mit ihren zwölf Glockenschlägen gelehrt, daß es sein Schicksal sei, aus einem Seil zur Brücke zu werden. Die Mitternacht des anderen Tanzlieds lehrt mit ihren zwölf Glockenschlägen Zarathustras Seele, was die höchste Hoffnung sei - und der letzte hallt nicht ins Schweigen aus, sondern in die sieben Siegel des Ja- und Amen-Lieds: das ist die höchste Hoffnung, daß die Seele singend zur ewigen Wiederkunft werde, die kraft der Parusie des Gottes das sich empfangende Schaffen ist. Auf diesem höchsten Gipfel des nietzscheschen Gedankens entspringt im Augenblick der Ursprung zu sich selber, und das ursprüngliche Denken ist in dieser Vollendung seiner Ursprungsgeschichte die einfache Seele der Welt, die ihrer Verklärung wartet.

Das versöhnende Ja ist gesprochen, aber das Rätsel des Gesichts des Einsamsten ist gleichwohl nicht gelöst. In der Vollendung des neueren spekulativen Wissens war diese Aporie so gedacht: "Insofern das Selbstbewußtsein einseitig nur seine eigne Entäußerung erfaßt, wenn ihm schon sein Gegenstand ebensowohl Sein als Selbst ist und es alles Dasein als geistiges Wesen weiß, so ist dadurch dennoch noch nicht für es der wahre Geist geworden, insofern nämlich das Sein überhaupt oder die Substanz nicht an sich ebenso ihrerseits sich ihrer selbst entäußerte und zum Selbstbewußtsein wurde. Denn alsdann ist alles Dasein nur vom Standpunkte des Bewußtseins aus geistiges Wesen, nicht an sich selbst. Der Geist ist auf diese Weise dem Dasein nur eingebildet"...[587] Und das ist auf dem Standpunkt der vollendeten Ursprungsgeschichte des ursprünglichen Denkens das Schaffen als Schaffen, die ursprüngliche POIÄSIS - Singen...

Das Rätsel ist nicht gelöst. Und der "Sanctus Januarius" 1889 [588] ist nur das "Vorspiel einer Philosophie der Zukunft", die auf ihre Weise mit dem fünften Satz der "Geschichte eines Irrtums" [589] ernst macht: Das Gesicht des Einsamsten - ein Gesicht, das zu Nichts mehr nütz ist, nicht einmal mehr verpflichtend, - ein unnütz, ein überflüssig gewordenes Gesicht, folglich ein widerlegtes Gesicht: schaffen wir es ab! "Zu einer Antwort, die man nicht aussprechen kann, kann man auch die Frage nicht aussprechen. / D a s R ä t s e l gibt es nicht." [590]

Aber das Rätsel gab es.

Paulus schreibt an die Korinther: BLEPOMEN GAR ARTI DI'ESOPTROY EN AINIGMATI [591] - Luther übersetzt: "Wir sehen jetzt durch einen Spiegel in einem dunkeln Wort." Augustinus sagt: "...und je mehr wir in diesem Leben genießen durch den Spiegel oder im Rätsel - vel per speculum vel in aenigmate -, desto geduldiger nehmen wir unsre Wanderung auf und desto glühender sehnen wir uns sie zu vollenden." [592] Das ursprüngliche Denken vertiefte sich zuerst in sich, als Analogon des Glaubens, zum Gedanken des absoluten Paradoxons, sodann, als Analogon der Hoffnung, zum Gedanken des Rätsels. So ist es, diesseits des spekulativen Wissens, änigmatisches Denken.

ANMERKUNGEN

Nietzsche wird zitiert nach der kritischen Gesamtausgabe der Werke und des Briefwechsels, hrsg. von G. Colli und M. Montinari, Berlin 1967ff. Zusätzlich werden folgende Siglen benutzt: GT = Die Geburt der Tragödie, UB = Unzeitgemäße Betrachtungen, MA = Menschliches, Allzumenschliches, M = Morgenröte, FW = Die fröhliche Wissenschaft, Z = Also sprach Zarathustra, JGB = Jenseits von Gut und Böse, GM = Zur Genealogie der Moral, DFW = Der Fall Wagner, GD = Götzen-Dämmerung, DA = Der Antichrist, EH = Ecce homo, DD = Dionysos-Dithyramben, NW = Nietzsche contra Wagner, WzM = "Der Wille zur Macht". Für Z und GM werden die Teile und Kapitel, für DFW, GD, EH und NW die Kapitel und Stücke gezählt. Beim Nachlaß der achtziger Jahre wird hinter der römischen Ziffer (Abteilung) die Bandzahl angegeben. Hegel, Gesammelte Werke Bd. 9, hrsg. von W. Bonsiepen und R. Heede (PhdG = Die Phänomenologie des Geistes), Bd. 11/12, hrsg. von F. Hogemann und W. Jaeschke (WdL = Wissenschaft der Logik), Hamburg 1978ff., Enz. = Enzyklopädie der philosophischen Wissenschaften im Grundrisse (1830), hrsg. von F. Nicolin und O. Pöggeler, Hamburg 1959, Ästh. = Vorlesungen über die Ästhetik, 2 Bd., hrsg. von F. Bassenge, 2. Aufl. Frankfurt a.M. o.J.. Schopenhauer, Sämtliche Werke, hrsg. von E. Grisebach, Leipzig o.J. (WWV = Die Welt als Wille und Vorstellung). Feuerbach, Gesammelte Werke Bd. 5 und 9, hrsg. von W. Schuffenhauer, Berlin 1973, 1982 (VT = Vorläufige Thesen zur Reformation der Philosophie, G = Grundsätze der Philosophie der Zukunft, Paragraphenzählung nach B). Wagner, Gesammelte Dichtungen, hrsg.

von J. Kapp, Leipzig o.J. (Rh = Das Rheingold), W = Die Walküre, S = Siegfried, T = Tristan und Isolde, P = Parsifal). Die Orthographie wurde dem gegenwärtigen Gebrauch angeglichen, Großschreibung und Interpunktion hingegen gewahrt, die Hervorhebungen (Sperrungen) nur, wo im Zusammenhang nötig (Unterstreichungen innerhalb der Zitate von mir).

1 Kierkegaard, Philosophische Bissen (Philosophiske Smuler), Kap.I.A.Abs.2, übers. aus Samlede Vaerker 6, hrsg. von A.B. Drachmann, J.L. Heiberg und H.O. Lange, 3. udg., Copenhagen [2]1978.

2 GD 8.5 (VI.3,154).

3 EH 4.3 (VI.3,310).

4 WWV §52 Abs.3 (I,340).

5 Z 3.15(3) (VI.1,282).

6 EH 4.3 (VI.3,310).

7 GT 14 (III.1,90).

8 GT 12 (III.1,77).

9 GD 4 (VI.3,74).

10 WWV Bd.1, Anhang.

11 GT 18 (III.1,113f.).

12 Marx, Zur Kritik der Politischen Ökonomie, Vorw., in: Karl Marx, Friedrich Engels, Werke, Bd. 13, Berlin 1981, S. 9.

13 GT 21 (III.1,135f.).

14 IV.1, 173f.

15 Vgl. C.-A. Scheier, Kierkegaards Ärgernis. Die Logik der Faktizität in den 'Philosophischen Bissen', Freiburg/München 1983, S. 83.

16 GT 11 (III.1,77).

17 Kant, Kritik der praktischen Vernunft 226f. (Ak.-Ausg. V, 125f.).

18 III.1,9.

19 EH 4.1 (VI.3,307).

20 III.1,20.

21 WWV Kap.29 Abs.1 (II,427).

22 WWV §57 Abs.2 (I,404).

23 WWV §36 Abs.1 (I,251f.).

24 WWV §68 Abs.8 (I,492).

25 WWV §49 Abs.1 (I,311).

26 EH 4.1 (VI.3,307).

27 FW Vorr.4 (V.2,20).

28 GM 3.20 (VI.2,407).

29 JGB Vorr. (VI.2,4).

30 Z 3.12(2) (VI.1,244).

31 JGB Vorr. (VI.2,3).

32 Wagner, Oper und Drama,

hrsg. von K. Kropfinger, Stuttgart 1984, I.7 (S.118).

33 JGB 238 (VI.2,181).

34 DFW 9 (VI.3,28), vgl. Baudelaire, Les Fleurs du Mal XXVII.

35 WWV Kap.48 Abs.9 (II.720).

36 JGB 204 (VI.2,135).

37 VIII.1.7(60) (WzM 481).

38 Z 2.22 (VI.1,185).

39 DD 6 (VI.3,394).

40 GT 14 (III.1,88).

41 Wagner, Oper und Drama, wie Anm. 32, II.5 (S. 222).

42 GD 3.6 (VI.3,73).

43 Keller, Der grüne Heinrich ("Der gefrorne Christ").

44 GM 3.3 (VI.2,360).

45 EH 4.1 (VI.3,308).

46 VT Abs.23 (9,248).

47 GD 9.21 (VI.3,119).

48 Vgl. C.-A. Scheier, wie Anm. 15, S. 48ff.

49 PhdG Einl.Abs.5 (9,55).

50 PhdG Einl.Abs.1 (9,53).

51 PhdG Einl.Abs.6 (9,56).

52 PhdG VI.C.c.Abs.38 (9,360f.).

53 WdL 2.1.2.C.(2) (11,280f.).

54 PhdG VI.C.c.Abs.37-40 (9,360-362).

55 Enz. §573 Anm.

56 PhdG VII.C.Abs.40 (9,421).

57 WdL 2.1.1.A.

58 Hegel, Vorlesungen über die Beweise vom Dasein Gottes V, in: Werke, Berlin ^{2}1840, Bd.11, S. 392; vgl. Enz. §554 Anm. Hierzu C.-A. Scheier, wie Anm. 15, S. 55-63.

59 Ästh.I.Einl.2 (1,108).

60 Enz. §63 Anm.

61 Enz. §424.

62 PhdG VI.C.c.Abs.40 (9,362).

63 PhdG VI.C.c.Abs.37 (9,360).

64 Vgl. WWV §1 Abs.1 (I,33).

65 PhdG VII.C.Abs.14 (9,406f.).

66 Im Medium der zeitgenössischen Rezeption aufgenommen, muß Hegels Gedanke im ganzen (wie Rossinis musikalische Form) der Rückbindung an die Tradition wegen als restaurativ erscheinen.

67 MA 2.1,170 (IV.3,85).

68 WdL 3.1.2.D.c.Abs.2 (12,88).

69 Ästh.I.Einl.1 (1,106f.).

70 Ebd. S. 108f.

71 WWV §68 Abs.7 (I,491).

72 Vgl. WdL 2.3.3.C.

73 WWV §21 (I,163).

74 WWV §68 Abs.4 (I,487f.).

75 Ästh. Einl.III.A.3.c. (1,64).

76 WWV §52 Abs.11 (I,352).

77 Ebd. S. 351.
78 Ebd. S. 352.
79 WdL 3.1.1.B.Abs.12 (12,42).
80 PhdG Einl.Abs.8 (9,58), vgl. C.-A. Scheier, Analytischer Kommentar zu Hegels Phänomenologie des Geistes. Die Architektonik des erscheinenden Wissens, Freiburg/München 1980, S. 433 Anm.
81 Thomas v. Aquin, S.th.1. 45.6.c.
82 WdL 3.3.3.2.Abs.18 (12, 252).
83 WWV Vorr. zur 2. Aufl. (I,19).
84 Vgl. C.-A. Scheier, wie Anm. 15, S. 12-20.
85 Siehe o. Anm. 35.
86 G §5 (9,266).
87 G §6 (9,266f.).
88 Vgl. G §12.
89 WWV §10 Abs.2 (I,91).
90 Vgl. WdL 2.1.3.A.c.
91 WWV Kap.48 Abs.9 (II,720).
92 G §50 (9,333).
93 G §26 (9,305).
94 Ebd.
95 VT Abs.54 (9,258).
96 G §23 (9,301).
97 G §27 (9,305).
98 G §21 (9,295).
99 Vgl. G §53 (9,336).
100 G §41 (9,324).
101 Ebd.
102 VT Abs.23 (9,245).
103 VT Abs.63 (9,261).
104 Feuerbach, Kleine Schriften, Frankfurt a.M. 1966, S. 225.
105 Hierzu ausf. C.-A. Scheier, wie Anm. 15.
106 VT Abs.7 (9,244).
107 Kierkegaard, wie Anm. 1, Vorw.
108 Ebd. Kap.I.A.
109 Ebd. Vorw.
110 G §33 (9,317).
111 Kierkegaard, wie Anm. 1, Kap.II, letzter Absatz.
112 G § 34 (9,319).
113 VT Abs.37 (9,252).
114 G §26 (9,305).
115 siehe o. Anm. 12.
116 Karl Marx, Friedrich Engels, Werke, Ergänzungsband I, Berlin 1973, S. 463.
117 Ästh. I.Einl.1 (1,107).
118 Stendhal, De l'Amour XVII.
119 Raabe, Der Lar, Abschn.26.
120 VIII.3.24 (10).
121 Siehe o. Anm. 1.
122 Vgl.Ästh. III.3.2.1.c.

(2,274,277).
123 MA 2.2.155 (IV.3,255).
124 MA 2.2.157 (IV.3,256), vgl. JGB 245 (VI.2,196).
125 MA 2.2.159 (IV.3,256).
126 Siehe o. Anm. 89.
127 Ästh. III.3.3.C.II.1.b (2,474).
128 Kierkegaard, wie Anm. 1, Kap.III Abs.1.
129 Wagner, Oper und Drama, wie Anm. 32, I.7 (S. 119).
130 T 1597ff.
131 T 308.
132 PhdG Vorr.Abs.16 (9,17).
133 T 2010ff.
134 T 1359ff.
135 T 1937f.
136 T 1969ff.
137 T 1183ff.
138 T 1444ff.
139 T 1756ff.
140 T 912ff.
141 T 2359ff., vgl. Baudelaire, Les Fleurs du Mal IV.14, XXIII.9f.
142 EH 6.5 (VI.3,325).
143 P 162ff.
144 P 471ff.
145 P 147ff.
146 Siehe o. Anm. 135.
147 P 384ff.
148 P 218f.
149 P 1258.
150 P 242.
151 P 253.
152 P 305ff.
153 P 494ff.
154 P 1239ff.
155 Rh nach 196.
156 P nach 425.
157 Rh 252ff. G.B. Shaw hat schon 1898 in "The Perfect Wagnerite" den "Ring" und insb. das "Rheingold" im Blick auf Marx interpretiert.
158 Rh 268ff.
159 P 330, vgl. Anm. 143.
160 P 1074ff.
161 P 1183ff.
162 P 1250ff.
163 NW 8 (VI.3,429).
164 Wagner, Mein Leben, hrsg. von W. Altmann, Leipzig o.J., S. 588f.
165 NW 5 (VI.3,421).
166 NW 1 (VI.3,416).
167 G §43 (9,326).
168 Schopenhauer, Parerga und Paraligpomena Bd. 2, Kap.XV, §177 Abs.9 (V,388).
169 G §27 (9,306).
170 G §12 (9,279f.).
171 Kant, Kritik der reinen

Vernunft B 626 (Ak.-Ausg. III,401).
172 Ebd. B 137 (III,111).
173 G §63 (9,339f.).
174 Feuerbach 5,130.
175 G §7 (9,272).
176 Kierkegaard, wie Anm. 1, Kap.III. Anm.2.
177 Marx, wie Anm. 116, S. 445-463.
178 Ebd. Abs.10 (451).
179 Ebd. Abs.39 (462).
180 DFW 6 (VI.3,20).
181 Heidegger, Nietzsche II, Pfullingen 1961, S. 466.
182 Siehe o. Anm. 41f.
183 NW 2 (VI.3,417f.).
184 NW 4 (VI.3,420).
185 Wagner, Oper und Drama, wie Anm. 32, I.5 (S. 74).
186 Heidegger, Die Sprache, in: Unterwegs zur Sprache, Pfullingen ^{2}1960, S. 22.
187 GD 6.3 (VI.3,85).
188 MA 2.2.5 (IV.3,179).
189 Ebd. 16 (IV.3,189).
190 Ebd. 350 (IV.3,340).
191 FW 354 (V.2,274).
192 Über Wahrheit und Lüge im außermoralischen Sinne 2 (III.2,380).
193 VIII.1.5(22) (WzM 522).
194 Heidegger, Das Ding, in: Vorträge und Aufsätze, Pfullingen ^{4}1978, S. 161.
195 GT, Versuch... (III.1,8).
196 Z 1.4 (VI.1,35).
197 Z Vorr.4 (VI.1,11).
198 EH 2.7 (VI.3,288f.).
199 GT 10 (III.1,68).
200 Z Vorr.4 (VI.1,12).
201 Heidegger, Bauen Wohnen Denken, wie Anm. 194, S. 146f. Gegen den Nietzsche-Nachklang in Rilkes "Weinbergterrassen": "überklingender Übertrag" - Heideggers Entdeckung Rilkes als "metaphysischen" Dichter (Wozu Dichter? in: Holzwege, Frankfurt a.M. ^{4}1963) meint allerdings die Bindung von Rilkes Dichten an Nietzsches Denken.
202 Z Vorr.4 (VI.1,10f.).
203 Z 1.1 (VI.1,25f.).
204 Z Vorr.1 (VI.1,5).
205 Z Vorr.3 (VI.1,9).
206 Z Vorr.4 (VI.1,12).
207 Vgl. "An Goethe" (V.2, 323).
208 MA 2.2.294 (IV.3,323).
209 Z 3.2 (VI.1,195).
210 DA 1 (VI.3,167), vgl. GD 1.44 (VI.3,60).

211 Z 1.1 (VI.1,27).
212 Platon, Phaidros 245c.
213 MA 1, Vorr.5 (IV.2,13).
214 MA 2.28 (IV.3,182).
215 FW 59 (V.2,99).
216 "Mein Glück!" (V.2,332).
217 Z 4.19(10) (VI.1,398).
218 "Ecce homo" (V.2,39).
219 Zum Braun vgl. O. Spengler, Der Untergang des Abendlandes I, München 1923, S. 324ff.: "eine historische Farbe".
220 Z Vorr.3 (VI.1,9).
221 Z 1.16 (VI.1,73f.).
222 MA 2.2.16 (IV.3,189).
223 FW 335 (V.2,240,243).
224 Z 3.14 (VI.1,276).
225 Z Vorr.4 (VI.1,11f.).
226 M 491 (V.1,294).
227 Z 4.12 (VI.1,349).
228 Z 2.10 (VI.1,136).
229 Z 3.14 (VI.1,276).
230 Z 1.22(3) (VI.1,98).
231 Z 3.4 (VI.1,203).
232 Siehe o. S. 11
233 Siehe o. Anm. 27.
234 FW 343 (V.2,256).
235 Z 4.10 (VI.1,339f.).
236 Z 3.14 (VI.1,276).
237 Z 2.9 (VI.1,132).
238 Kierkegaard, wie Anm. 1, Kap.I.B.b.Abs.2.
239 C.-A.Scheier, wie Anm. 15, S. 87f.
240 Z 4.10 (VI.1,340).
241 GM Vorr.1 (VI.2,259f.).
242 Z 2.9 (VI.1,133).
243 "omskabe" sagt Kierkegaard, wie Anm. 1, Kap.I.B.b. Abs.3.
244 "Forløser", ebd. Abs.6.
245 Z 3.14 (VI.1,276).
246 Z 2.7 (VI.1,124).
247 Z Vorr.4 (VI.1,11).
248 FW 272 (V.2,197), vgl. die Kritik der christlichen Hoffnung DA 23.
249 Z Vorr.4 (VI.1,12).
250 Z 3.14 (VI.1,276).
251 Kierkegaard, Zur Selbstprüfung, der Gegenwart empfohlen, III (SV 17, S. 119).
252 M 130 (V.1,120), M 123 (V.1,114).
253 Z 4.1 (VI.1,294).
254 VII.1.24 (28) (WzM 417).
255 "Sils-Maria" (V.2,333).
256 JGB 295 (VI.2,249).
257 Ebd. S. 247.
258 V.2.328.
259 Z 3.14 (VI.1,276).
260 PhdG VII.B.a.Abs.6 (9,380).
261 Enz. §299f.

[262] GM Vorr.1 (VI.2,259).
[263] Siehe o. Anm. 213.
[264] Z 4.17(1) (VI.1,383).
[265] Z 3.7 (VI.1,221).
[266] JGB 295 (VI.2,249).
[267] EH 9.6 (VI.3,343).
[268] Vgl. MA 2.1.99 (IV.3,55).
[269] Vgl. C.-A. Scheier, wie Anm. 15, S. 84ff.
[270] Siehe o. Anm. 42.
[271] Aristoteles, Met.IX.10, vgl. De an. III.5.
[272] Siehe o. Anm. 14.
[273] Von gr. SPHIDES, aber vgl. die alte Etymologie: Fides, genus citharae dicta, quod tantum inter se chordae ejus, quantum inter homines fides, concordent (Festus, zit. nach Totius Latinitatis Lexicion, ed. Facciolati et Forcellini, Leipzig und London 1839). Eine naheliegende Assoziation ist Kellers "Hadlaub".
[274] EH 9.8 (VI.3,346).
[275] JGB 295 (VI.2,248).
[276] JGB 42 (VI.2,55).
[277] G §48 (9,331).
[278] Augustinus, In Joh. Ev. VIII.4.
[279] DD 7 (VI.3,399).
[280] VI.3,39.
[281] M 542 (V.1,316) - geschrieben offenbar im Blick auf Wagner.
[282] DFW 4 (VI.3,14).
[283] VIII.1.8(1) (WzM 805).
[284] Siehe o. Anm. 89, vgl. auch Schopenhauer, Über die vierfache Wurzel..., §34.
[285] G §48 (9,331).
[286] VT Abs.47 (9,255).
[287] Siehe o. Anm. 122; vgl. C.-A. Scheier, Die Selbstentfaltung der methodischen Reflexion als Prinzip der Neueren Philosophie, Freiburg/München 1973, S. 71.
[288] VT Abs.50 (9,256f.).
[289] "Die Philosophie im tragischen Zeitalter der Griechen" 7 (III.2,324).
[290] Titel einer symphonischen Dichtung von Liszt.
[291] Platon, Sophistes 254d.
[292] Siehe o. Anm. 39.
[293] Siehe o. Anm. 5.
[294] JGB 295 (VI.2,247).
[295] GM Vorr.1 (VI.2,259).
[296] Siehe o. Anm. 260.
[297] JGB 296 (VI.2,250); der nur von den "Philosophen der Zukunft" (s.u. S. 210) zu

erratende Vormittag - die Innerlichkeit dieser Nachmittäglichkeit (s.o. S. 21) - ist die tragische Weisheit (vgl. GM Vorr.8, VI.2,268).

298 VII.3.41(7) (WzM 1051).

299 VIII.3.17(4)§5 (WzM 1038).

300 Briefw. III.5.574 (Nr.1245).

301 Ebd. 578 (Nr.1256).

302 Ebd. 579.

303 DD 4 (VI.3,390).

304 EH 14.1 (VI.3,363).

305 EH 4.2 (VI.3,309).

306 EH 5.1 (VI.3,315).

307 EH 6.1 (VI.3,320).

308 EH 5.1 (VI.3,314).

309 V.1,3.

310 FW Vorr.1 (V.2,13). "Poesie soll, wie sie auch in Spanien sonst hieß, die fröhliche Wissenschaft sein und wie ein Tod zu Göttern und Seligen machen." Jean Paul, Vorschule der Ästhetik, § 19.

311 EH 8 (VI.3,331).

312 EH 9.3 (VI.3,337f.).

313 NW Vorw. (VI.3,413).

314 Siehe o. Kap. I.

315 EH 9.6 (VI.3,341).

316 EH 9.1 (VI.3,335).

317 EH 9.3 (VI.3,338).

318 Siehe o. Anm. 42f. (182).

319 EH 10.1 (VI.3,348).

320 Ebd.

321 VI.1,404.

322 JGB 295 (VI.2,248).

323 "Gesetz wider das Christentum" (VI.3,252).

324 MA 1.638 (IV.2,375).

325 EH 10.1 (VI.3,348).

326 Ebd. S. 349.

327 EH 12.3 nach den älteren Ausgaben; VI.3,354 hat statt "siebenter Tag": "Beendigung der Umwertung".

328 EH 14.1 (VI.3,363).

329 PhdG VI.B.I.a.Abs.5 (9,269).

330 JGB 295.

331 GM Vorr.8 (VI.2,268).

332 PhdG VI.C.c.Abs.27 (9,354).

333 Heidegger, Wer ist Nietzsches Zarathustra?, in: wie Anm. 194, S. 119.

334 Wittgenstein, Logisch-philosophische Abhandlung 4.

335 EH 11 (VI.3,351).

336 EH 9.1 (VI.3,333f.).

337 VI.2,357, vgl. JGB 256 und NW 8.

338 EH 1.8 (VI.3,274).

339 FW 322 (V.2,232).

[340] Siehe o. Anm. 279.
[341] EH 9.5 (VI.3,339).
[342] Ebd.
[343] Platon, Rep. 506d-509c.
[344] Aristoteles, De an. III.5, vgl. o. Anm. 271.
[345] Z 2.8 (VI.1,130).
[346] EH 6.1 (VI.3,320f.).
[347] GM Vorr.1 (VI.2,259).
[348] Vgl. JGB 296.
[349] Siehe o. Anm. 82.
[350] M 304 (V.1,226).
[351] JGB Vorr. (VI.2,4).
[352] VII.2.25(355f.) (WzM 940).
[353] S. o. Anm. 309.
[354] EH 13.3 (VI.3,359).
[355] GT, Versuch... 7 (III.1,16), vgl. JGB 245.
[356] FW 125.
[357] VIII.3.14(182) (WzM 864).
[358] JGB 216 (VI.2,158).
[359] Vgl. EH 7.2 (VI.3,329).
[360] DA 7 (VI.3,171).
[361] Siehe o. S. 110f.
[362] Vgl. Z 2.1.
[363] Z 3.6 (VI.1,217).
[364] EH 6.3 (VI.3,323).
[365] FW 76 (V.2,107f.) - solange diese Lust "förmlich" bleibt, ist ihre Musik Offenbachs Cancan...
[366] Siehe o. Anm. 41f.(182,318).
[367] Siehe o. Anm. 209.
[368] Siehe o. Anm. 252.
[369] Siehe o. Anm. 365.
[370] VIII.2.10(21) (WzM 1019), vgl. Kierkegaard, Der Begriff Angst, IV.§2 Abs.18-23 (SV 6, S. 212).
[371] JGB 62 (VI.2,79).
[372] JGB 129 (VI.2,95).
[373] UB 2.9 (III.1,317).
[374] Briefw. III.5,578 (Nr. 1256).
[375] EH 6.3 (VI.3,322f.).
[376] VIII.3.14(174) (WzM 652).
[377] GT Vorw. an R. Wagner (III.1,20).
[378] Vgl. Z 3.2 und Z 3.11.
[379] Vgl. Z 1.2 und Z 3.10(1).
[380] MA 1.12 (IV.2,28).
[381] Vgl. Z 4.12.
[382] Z 1.22(3) (VI.1,98).
[383] EH 4.4 (VI.3,312).
[384] Z 1.22(3) (VI.1,98).
[385] VII.1.16(90).
[386] PhdG V.A.b.Abs.5 (9,169).
[387] VII.1.24(28) (WzM 417).
[388] Siehe o. Anm. 41f. (182, 318, 366).
[389] Z 3.13(1) (VI.1,266), vgl. S 1973-2254.
[390] Siehe o. S. 124f.
[391] Homer Od. 1.5.

392 Siehe o. Anm. 5.
393 Siehe o. Anm. 14.
394 Z 3.11 (VI.1,238).
395 Z Vorr.4 (VI.1,12).
396 Z 1.16 (VI.1,73).
397 Siehe o. Anm. 196.
398 Z 3.11(2) (VI.1,238).
399 Siehe o. Anm. 352.
400 Vgl. Z 1.22(1) (VI.1,95).
401 Vgl. Z 2.10.
402 NW 5 (VI.3,421), vgl. EH 6.1 (VI.3,320).
403 PhdG VI.B.II.b.Abs.8 (9,316); zum Namen "Nihilismus" vgl. Jacobi im Brief an Fichte vom 3.3.1799 (F.H. Jacobi, Werke Bd.3, Leipzig 1816, S. 44).
404 Vgl. FW 20.
405 Siehe o. Anm. 253.
406 Vgl. MA 2.2.167 (IV.3,259).
407 Siehe o. Anm. 262.
408 EH 9.1 (VI.3,333).
409 Z 3.10(1) (VI.1,231).
410 IV.3.30(109) (IV.3,399), vgl. o. S. 74f.
411 Z 4.20 (VI.1,402).
412 Briefw. III.5,577 (Nr.1256).
413 Homer, Il. 1.551 u.ö.
414 Siehe o. Anm. 331.
415 Vgl. VII.1.4(280).
416 Siehe o. S. 119
417 Z Vorr.5 (VI.1,14).
418 Siehe u. Kap. IX.7 und 10.
419 GT 18 (III.1,112).
420 VIII.2.9(35) (WzM 2,22f.).
421 Siehe o. S. 159f.
422 Siehe o. Anm. 14.
423 VII.1.24(28) (WzM 417).
424 Z 1.18 (VI.1,82).
425 Z 1.22(3) (VI.1,97f.).
426 Siehe o. Anm. 211.
427 Heraklit, DK B 52.
428 Z Vorr.2 (VI.1,6).
429 W 1059ff.
430 S 2033ff.
431 Siehe o. Anm. 212.
432 Z 4.17(1) (VI.1,383).
433 GM 1.2 (VI.2,274).
434 Z 2.2 (VI.1,106f.).
435 Z 2.1 (VI.1,103), vgl. Z 3.15(2) (VI.1,280).
436 Z 2.8 (VI.1,131).
437 Siehe o. Anm. 218.
438 EH 9.7 (VI.3,343).
439 Vgl. C.-A. Scheier, wie Anm. 15, S. 80.
440 Z 4.16(2) (VI.1,377).
441 Z 2.20 (VI.1,176).
442 Siehe o. Anm. 385.
443 VII.3.36(25) (WzM 545).
444 Enz. §398.

[445] Siehe o. Anm. 214.
[446] Z 1.19 (VI.1,84f.).
[447] Siehe o. Anm. 217.
[448] Z 2.8 (VI.1,130).
[449] Z 3.9.
[450] PhdG VII.B.Abs.5 (9,377).
[451] Z 2.13 (VI.1,148).
[452] VII.1.13(1) (VII.1,453).
[453] Siehe o. Anm. 387.
[454] Siehe o. Anm. 395.
[455] Z 1.7 (VI.1,45f.).
[456] VIII.3.17(4)5. (WzM 1038).
[457] Z 2.2 (VI.1,106f.).
[458] EH 9.6 (VI.3,342).
[459] Z 3.5(3) (VI.1,211).
[460] Siehe o. Anm. 238.
[461] PhdG VIII.Abs.20 (9,433).
[462] Siehe o. Anm. 303.
[463] MA 1.33 (IV.2,49).
[464] MA 1.34 (IV.2,50).
[465] Z 2.15 (VI.1,153).
[466] VIII.3.17(5) (WzM 807).
[467] Siehe o. Anm. 424.
[468] Vgl. "Umfang der Umfänge", Z.3.14 (VI.1,275).
[469] Z 2.10 (VI.1,136).
[470] Z 2.12 (VI.1,145).
[471] Z 2.10 (VI.1,137), vgl. Z 2.17.
[472] J.G. Fichte, Grundlage des Naturrechts nach Prinzipien der Wissenschaftslehre, Einl. I, in: J.G. Fichte Gesamtausgabe, hrsg. von R. Lauth und H. Jacob, Stuttgart-Bad Cannstatt 1966, I,3,S. 313.
[473] VII.1.24 (32f.).
[474] VIII.2.11(73) (WzM 715).
[475] Siehe o. Anm. 395.
[476] Z Vorr.1 (VI.1,6).
[477] Z Vorr.9 (VI.1,21).
[478] Siehe o. Anm. 376.
[479] VII.2.27(24).
[480] Siehe o. Anm. 423.
[481] Z 2.10 (VI.1,136).
[482] Z 2.18 (VI.1,167).
[483] Z Vorr.4 (VI.1,12).
[484] Siehe o. Anm. 253.
[485] Heraklit DK B 51.
[486] VIII.1.7(54) (WzM 617).
[487] Z 2.17 (VI.1,161).
[488] Siehe o. Anm. 474.
[489] Siehe o. Anm. 479.
[490] GM 3.1 (VI.2,357).
[491] Siehe o. S. 179f.
[492] Siehe o. Anm. 14.
[493] Siehe o. Anm. 335.
[494] Z 2.19 (VI.1,169).
[495] MA 1.Vorr.1 (IV.2,8).

[496] Z 2.17 (VI.1,161).
[497] Z Vorr.3 (VI.1,9).
[498] Z Vorr.9 (VI.1,20).
[499] M 38 (V.1,41), GD 1.31 (VI.3,58).
[500] Z 2.1 (VI.1,102).
[501] Z 2.18 (VI.1,165).
[502] Siehe o. Anm. 216.
[503] Vgl. JGB 40.
[504] Z 2.11 (VI.1,141).
[505] DD 9 (VI.3,404-408).
[506] Z 2.2 (VI.1,105).
[507] Vgl. Z 2.7.
[508] Siehe o. Anm. 262.
[509] Vgl. M 384.
[510] Z Vorr.2 (VI.1,6), siehe o. S. 177
[511] Siehe o. Anm. 395.
[512] Z 4.20 (VI.1,404).
[513] Siehe o. Anm. 228.
[514] Siehe o. Anm. 325.
[515] Z 3.8(2) (VI.1,224).
[516] Z 3.1 (VI.1,189).
[517] Z 2.20 (VI.1,175).
[518] Siehe o. Anm. 253.
[519] Siehe o. Anm. 276.
[520] Z 2.13 (VI.1,147).
[521] MA 1.Vorr.1 (IV.2,9).
[522] Z 3.3 (VI.1,199f.).
[523] Z 3.9 (VI.1,227).
[524] Z 2.20 (VI.1,178).
[525] Siehe o. Anm. 506.
[526] Siehe o. Anm. 297.
[527] Siehe o. Anm. 240.
[528] Siehe o. Anm. 39.
[529] Z 3.8 (VI.1,226).
[530] Siehe o. Anm. 456.
[531] UB 2.1 (III.1,246).
[532] Z 3.14 (VI.1,275).
[533] Z 3.4 (VI.1,205).
[534] Z Vorr.4 (VI.1,11).
[535] Z 3.3 (VI.1,200).
[536] Z 3.11(2) (VI.1,240).
[537] Siehe o. Anm. 477.
[538] Z 3.1 (VI.1,190).
[539] Siehe o. S. 165f.
[540] Siehe o. Anm. 356.
[541] Z 3.3 (VI.1,200).
[542] Z 3.2(1) (VI.1,196).
[543] Baudelaire, Les Fleurs du Mal, Au Lecteur.
[544] Vgl. Thomas v. Aquin S.th. 2.2.35.
[545] WWV §57 Abs.2 (I,404).
[546] FW 290 (V.2,211).
[547] Z 2.19 (VI.1,168).
[548] WWV §40 Abs.2 (I,280).
[549] Descartes, Les Passions de l'Ame LXVII (A.-T. XI, 378).
[550] Kant, Anthropologie 1.T., 1.B. Allg. Anm. über die äußern Sinne (Ak.-Ausg. VII, 157).

551 Vgl. Kant, Kritik der reinen Vernunft B 317 (Ak.-Ausg. III, 215).
552 PhdG VIII.Abs.21 (9,433).
553 WWV §28 Abs.1 (I,216).
554 S 2021ff.
555 S 2068ff.
556 Siehe o. Anm. 430.
557 W 1099ff.
558 Siehe o. Anm. 429.
559 Siehe o. Anm. 490.
560 Z 2.19 (VI.1,168).
561 UB 2.9 (III.1,311).
562 Vgl. Z 2.17.
563 Siehe o. Anm. 304
564 Z 3.2 (VI.1,196).
565 GM 3.14 (VI.2,386).
566 Z 2.11 (VI.1,140).
567 GM 3.14 (VI.2,386), vgl. den Schluß des Tanzliedes.
568 WWV Kap.41 Abs.16 (II,559).
569 Ebd. Abs.20 (II,562).
570 Ebd. Abs.34 (II,574).
571 Exod. 3.14.
572 Siehe o. Anm. 487.
573 WWV Kap.41 Abs.20f. (II,562), vgl. Apostelgesch. 16.28.
574 WWV Kap.41 Abs.52 (II,598).
575 MA 1.Vorr.5 (IV.2,13).
576 Herodot 8.138.
577 Z 3.10(1) (VI.1,231f.), vgl. PhdG VII.C.Abs.6 (9,402): die Seele.
578 Siehe o. Anm. 395.
579 WWV Kap.41 Abs.45 (II,589).
580 Ebd. Abs.46.
581 Z 2.13 (VI.1,146), Z 2.17 (VI.1,162).
582 S 2419.
583 Siehe o. Anm. 273.
584 Siehe o. Anm. 211.
585 Z 2.13 (VI.1,147).
586 Vgl. Z.4.1/20.
587 PhdG VII.C.Abs.9 (9,403f.).
588 Siehe o. S. 146.
589 Siehe o. Anm. 9
590 Wittgenstein, Logisch-philosophische Abhandlung 6.5.
591 1. Kor. 13.12.
592 Augustinus, De doctr. christ. 1.31.

REGISTER

Personenregister

(die Namen Feuerbach, Hegel, Kierkegaard, Marx, Nietzsche, Schopenhauer und Richard Wagner sind nicht berücksichtigt)

Sachregister

(sehr häufig auftretende Begriffe wie Seele, Ursprung, Wille usw. sind nicht berücksichtigt)

Von Claus-Artur Scheier sind außer diesem Buch bei Alber erschienen:

ANALYTISCHER KOMMENTAR ZU HEGELS PHÄNOMENOLOGIE DES GEISTES

Die Architektonik des erscheinenden Wissens

1980. XIV und 766 Seiten. ISBN 3-495-47441-2

Dies ist der erste Kommentar zu Hegels "Phänomenologie des Geistes", der sich detailliert ihres eigentlich "logischen" Baus annimmt, also mehr und anderes bietet als eine Einführung und philosophie- oder rezeptionsgeschichtliche Aspekte. Scheier geht der methodischen Entwicklung der "Wissenschaft des erscheinenden Wissens" in allen ihren Momenten, Schritten und Reflexionstotalitäten nach und läßt ihre dialektisch-spekulative Architektonik auf dem Weg von der "Einleitung" bis zum "absoluten Wissen" entstehen, ohne daß es bei Ansätzen bliebe. Systematische Zusammenfassungen erleichtern die Orientierung und geben präzise Übersicht über Bau und Gehalt jedes einzelnen Abschnitts. Im Ergebnis wird u. a. deutlich, warum die "Phänomenologie" als methodisches Ganzes in der Bestimmung der "offenbaren Religion" gründet, deren Begriff das "absolute Wissen" ist. Der Leser gewinnt neben einem gediegenen Einblick in die schwierige Terminologie und Methode des hegelschen Gedankens eine neue Ansicht des Prinzips, das in der "Wissenschaft der Logik" und der "Enzyklopädie der philosophischen Wissenschaften" zum Austrag gekommen ist.

DIE SELBSTENTFALTUNG DER METHODISCHEN REFLEXION ALS PRINZIP DER NEUEREN PHILOSOPHIE

Von Descartes zu Hegel

1973. 190 Seiten. (Symposion Bd. 42) ISBN 3-495-47275-4

Das Buch gibt einen Grundriß der Prinzipiengeschichte der neueren Philosophie von Descartes über Spinoza, Leibniz, Kant und Fichte bis zum Begriff der "absoluten Negativität" in Hegels "Differenzschrift". Der leitende und die Geschlossenheit der Entwicklung gewährleistende Gedanke ist dabei die Bestimmung von "Prinzip" als die sich selbst methodisch konstituierende Methode, die näher "methodische Reflexion" genannt wird. In Abgrenzung gegen die geläufige Unterbestimmung der neuzeitlichen Reflexion als "Rückbeziehung auf das Subjekt" wird sie gedacht als die "Beziehung der Entgegengesetzten auf ihre Beziehung", nämlich auf die neuzeitliche Gestalt des Grundes, der sich zwar von den "Meditationen" an immer erneut zu einem Bezogenen oder Begründeten macht, seine Zweideutigkeit aber schließlich in der Dialektik der "spekulativen Wissenschaft" tilgt. Im schrittweisen Nachvollzug dieser Selbst-Beziehung des Entgegensetzens wird die methodische Vorgeschichte des hegelschen System-Begriffs durchsichtig.

KIERKEGAARDS ÄRGERNIS

Die Logik der Faktizität in den "Philosophischen Bissen"

1983. VIII und 102 Seiten. ISBN 3-495-47521-4

Dieses Buch beschreibt das "Ärgernis" erstmals als den zentralen philosophischen Gedanken, der das vielschichtige Werk Kierkegaards motiviert. Es zeichnet Kierkegaards reflektierende Vertiefung darein Schritt für Schritt nach; im methodischen Vergleich mit Feuerbach und Schopenhauer kommt der geschichtliche Ursprung der paradoxen "Dogmatik" der "Philosophischen Bissen" ans Licht. Das Buch läßt sehen, wie deren radikale Anti-Metaphysik der modernen Zeitkritik Raum gibt.